大学生安全教育

主　编　王满良　王维群

副主编　唐景嵩

参　编　吴新颖　屈永超　曹东辉
　　　　郑家莹　王娟娟

北京理工大学出版社
BEIJING INSTITUTE OF TECHNOLOGY PRESS

版权专有 侵权必究

图书在版编目（CIP）数据

大学生安全教育/王满良，王维群主编．—北京：北京理工大学出版社，2019.8
（2021.9 重印）

ISBN 978-7-5682-7464-7

Ⅰ. ①大… Ⅱ. ①王… ②王… Ⅲ. ①大学生 - 安全教育 - 高等职业教育 - 教材
Ⅳ. ①G645.5

中国版本图书馆 CIP 数据核字（2019）第 181720 号

出版发行 / 北京理工大学出版社有限责任公司
社　　址 / 北京市海淀区中关村南大街 5 号
邮　　编 / 100081
电　　话 / （010）68914775（总编室）
　　　　　（010）82562903（教材售后服务热线）
　　　　　（010）68944723（其他图书服务热线）
网　　址 / http：//www.bitpress.com.cn
经　　销 / 全国各地新华书店
印　　刷 / 涿州市新华印刷有限公司
开　　本 / 787 毫米 ×1092 毫米　1/16
印　　张 / 13.5　　　　　　　　　　　　　　责任编辑 / 李慧智
字　　数 / 320 千字　　　　　　　　　　　　文案编辑 / 李慧智
版　　次 / 2019 年 8 月第 1 版　2021 年 9 月第 7 次印刷　责任校对 / 周瑞红
定　　价 / 36.00 元　　　　　　　　　　　　责任印制 / 施胜娟

图书出现印装质量问题，请拨打售后服务热线，本社负责调换

前　言

安全重于泰山。安全是人类生存和发展的基础，是社会存在和进步的前提，是人类永恒和常新的话题。

随着我国社会经济的不断进步和高职教育的改革发展，国家、社会和高职院校的安全稳定问题日益凸显，已经成为学生成长成才过程中不可回避的现实问题。社会生活的深刻变革和信息技术、新媒体的迅猛发展，一方面给高职学生的学习、生活和工作带来许多便利，另一方面也带来了许多新的安全隐患和矛盾冲突。高职院校的安全稳定，是高职学生学习、生活、成长和发展的前提，它关系到学生的生命财产安全，关系到学生的健康成长，更关系到千千万万个家庭的幸福。

截至 2019 年 6 月，我国的高职院校已经达到 1 423 所，在校生超过 1 100 万人，从院校数量和在校学生人数等指标来衡量，高职教育已经占据高等教育的半壁江山，成为高等教育不可或缺的一个重要组成部分。培养品德高尚、技能过硬，德、智、体、美、劳全面发展的高素质技术技能型人才是高职教育的历史责任。安全教育作为大学生思想政治教育和素质教育的重要内容，是高职院校坚持立德树人根本任务的需求，是贯彻以人为本、全面发展教育方针的需要，是保证高职学生全面发展和健康成长的需要，是保持高职院校良性运行与社会和谐稳定的需要，也是建设法治国家、法治社会和依法治校、依法治教的需要。

本书结合高职院校人才培养目标及要求，遵循高职学生身心发展的规律及特点，结合安全教育教学和安全管理实践，按照实用、简单、通俗、易懂的原则编写而成，旨在更好地提高高职学生的安全意识，提高其防范各类案件、事故和抵御非法侵害的能力。全书共分十三章，具体内容包括高职学生安全教育概述、国家安全、反恐防暴安全、人身安全、财产安全、交通安全、消防安全、公共安全、心理健康安全、生理健康安全、网络与信息安全、旅游安全及实习与求职安全。希望本书能够使大学生从现实案例中吸取教训，悟出道理，得到警示，掌握技能，促进其全面发展和健康成长，以积极、健康、有效的方式处理生活中遇到的各种问题，促使其更加关注安全，更加关爱生命，珍惜大学时代的美好时光，努力学习，立志成才。

概括来说，本书具有以下特点：

一是内容全面，编排合理。全书结构合理，讲解精练，通俗易懂，使学生能进行轻松、高效的学习。

二是案例丰富，重视实践。书中采用大量的真实案例，以激发学生的阅读兴趣，同时内容讲述紧密结合大学生的学习生活，使其能在实践中应用所学的安全知识。

三是体例丰富，模块多元。正文中穿插多种模块，如"案例""拓展阅读"等，既融汇知识性与专业性，又体现可读性与趣味性，有助于学生理解教学内容，拓宽其视野。

四是微课点播，丰富课堂。本书配置了丰富的微课资源，学生只需"扫一扫"，即能看到精彩教学资料，有助于增强学生对知识的感性认识，增强学习的趣味性。

在本书的编写过程中，编者参考了近年来出版的大学生安全教育方面的专著和教材，在此谨向各位作者表示深深的谢意。

由于时间和水平有限，书中难免存在不足之处，敬请各位专家及广大读者批评指正，以便修订时进一步完善。

编　者

2019 年 6 月

目 录

第一章 高职学生安全教育概述 ... 1
第一节 高职学生安全教育的内涵、特征 ... 1
一、高职学生安全教育的内涵 ... 1
二、高职学生安全教育的主要特征 ... 2
第二节 高职学生安全教育的内容、方法 ... 3
一、高职学生安全教育的内容 ... 3
二、高职学生安全教育的方法 ... 4
第三节 安全教育的意义 ... 5
一、安全教育有利于高职学生的健康成长 ... 5
二、安全教育有利于高校的稳定和健康发展 ... 6
三、安全教育有利于维护国家安全和意识形态安全 ... 7
四、安全教育有利于全面实现高校人才培养目标,有利于全面建成小康社会和实现中华民族伟大复兴 ... 8

第二章 国家安全 ... 10
第一节 总体国家安全观 ... 10
一、总体国家安全观的提出及思想渊源 ... 11
二、总体国家安全观的内容 ... 11
三、危害国家安全罪名 ... 13
四、大学生该如何维护国家安全 ... 14
第二节 保守国家秘密 ... 14
一、国家秘密的主要内容 ... 14
二、国家秘密的分类 ... 14
三、我国保密工作面临的严峻形势 ... 15
四、如何保守国家秘密 ... 15
五、发现秘密即将泄露如何应对 ... 15
六、关于间谍 ... 16
第三节 崇尚科学 抵制邪教 ... 17
一、邪教与宗教的区别 ... 18

二、邪教如何控制信徒·· 18
三、邪教如何发展自己·· 18
四、邪教的本质·· 19
五、邪教的危害·· 19
六、邪教组织的违法活动·· 19
七、大学生要崇尚科学，抵制邪教·· 20

第三章　反恐防暴安全·· 22

第一节　恐怖活动现状·· 22
一、当代国内外恐怖活动状况··· 22
二、恐怖活动对大学生安全的威胁··· 23
三、与我们息息相关的《中华人民共和国反恐怖主义法》·················· 23
四、参与恐怖组织所要担负的法律责任··· 24

第二节　恐怖组织和恐怖分子··· 24
一、恐怖组织·· 24
二、恐怖分子·· 25
三、如何识别恐怖分子和恐怖活动··· 27

第三节　恐怖袭击的应对·· 28
一、遭遇袭击的三大应对法则··· 28
二、遭遇纵火、爆炸袭击怎么办·· 29
三、遭遇枪击袭击怎么办··· 30
四、遇到驾驶机动车冲撞碾轧恐怖袭击怎么办·································· 30

第四章　人身安全··· 32

第一节　防暴力侵害·· 32
一、暴力侵害事件发生的原因··· 33
二、暴力侵害危机的预防··· 37
三、正当防卫·· 41

第二节　防性侵害·· 44
一、高校性侵害案件现状··· 44
二、性侵害案件的预防·· 48
三、性侵害危机的应对·· 51

第五章　财产安全··· 54

第一节　防盗常识·· 54
一、校园盗窃现象概述·· 54
二、防盗的基本措施与技巧·· 57

第二节　防诈骗攻略··· 65

一、高校诈骗现象概述 ································· 65
　　二、防骗的基本措施及技巧 ····························· 75
第三节　防抢、防勒索攻略 ································· 78
　　一、高校抢劫、抢夺及勒索案类型 ······················· 79
　　二、高校抢劫、抢夺及勒索案的预防 ····················· 82
　　三、高校"两抢"、勒索案的应对 ······················· 84

第六章　交通安全 ··· 89

第一节　常见交通事故及其特点 ····························· 89
　　一、交通事故概述 ··································· 89
　　二、大学生易发生的交通事故的主要类型 ················· 90
　　三、交通事故的特点 ································· 92
第二节　交通事故的原因分析 ······························· 93
　　一、人为因素 ······································· 94
　　二、车辆因素 ······································· 95
　　三、道路因素 ······································· 95
　　四、环境因素 ······································· 95
第三节　对交通事故的预防及现场处置 ······················· 95
　　一、发生交通事故怎么办 ····························· 96
　　二、应对紧急情况 ··································· 97
　　三、交通事故处置法律相关规定 ······················· 97
第四节　交通安全常识 ····································· 98
　　一、在路上行走 ····································· 98
　　二、在社会道路上骑自行车 ··························· 99
　　三、在校园内安全驾驶 ······························· 99
　　四、乘车安全 ······································· 99

第七章　消防安全 ··· 101

第一节　消防基础知识 ····································· 101
　　一、火灾的发展规律 ································· 101
　　二、火灾的成因 ····································· 102
第二节　火灾的预防 ······································· 103
　　一、宿舍防火 ······································· 103
　　二、教室、实验室、教研室防火 ······················· 104
　　三、体育馆、报告厅、食堂的防火 ····················· 104
第三节　火灾逃生与自救 ··································· 104
　　一、高楼火灾中的逃生与自救 ························· 104
　　二、公交火灾中的逃生与自救 ························· 105

三、地铁火灾中的逃生与自救 …………………………………………………… 107
　　四、公共娱乐场所火灾中的逃生与自救 …………………………………………… 108
　第四节　火灾的扑救 ………………………………………………………………… 110
　　一、初起火灾 ………………………………………………………………………… 111
　　二、消防灭火 ………………………………………………………………………… 112
　　三、几种常见起火情况的扑救方式 ………………………………………………… 115

第八章　公共安全 …………………………………………………………………… 116

　第一节　气象灾害 …………………………………………………………………… 116
　　一、风灾的安全防范 ………………………………………………………………… 116
　　二、雷电灾害的安全防范 …………………………………………………………… 119
　　三、洪灾的安全防范 ………………………………………………………………… 122
　第二节　地质灾害 …………………………………………………………………… 124
　　一、地震的安全防范 ………………………………………………………………… 124
　　二、泥石流、山体滑坡的安全防范 ………………………………………………… 127
　　三、其他自然灾害的防范和应对 …………………………………………………… 128
　第三节　突发公共卫生事件 ………………………………………………………… 129
　　一、突发公共卫生事件概述 ………………………………………………………… 129
　　二、突发公共卫生事件应对与处置 ………………………………………………… 130

第九章　心理健康安全 ……………………………………………………………… 136

　第一节　人际交往安全 ……………………………………………………………… 136
　　一、如何成为受欢迎的人 …………………………………………………………… 136
　　二、室友关系 ………………………………………………………………………… 137
　　三、如何化解矛盾 …………………………………………………………………… 138
　第二节　大学生心理健康 …………………………………………………………… 140
　　一、心理健康的定义 ………………………………………………………………… 140
　　二、了解心理咨询 …………………………………………………………………… 141
　　三、大学生常见心理障碍的表现和应对 …………………………………………… 142
　第三节　大学生恋爱心理 …………………………………………………………… 145
　　一、恋爱与失恋 ……………………………………………………………………… 145
　　二、恋爱中的性知识 ………………………………………………………………… 148
　　三、恋爱中的纠纷 …………………………………………………………………… 148
　第四节　远离毒品 …………………………………………………………………… 150
　　一、毒品的原理、种类 ……………………………………………………………… 150
　　二、毒品的危害 ……………………………………………………………………… 151
　　三、珍爱生命、远离毒品 …………………………………………………………… 152
　第五节　拒绝赌博 …………………………………………………………………… 153

一、为什么想赌博……………………………………………………… 153
　　二、赌博成瘾的过程…………………………………………………… 153
　　三、如何判断赌博成瘾………………………………………………… 154
　　四、嗜赌的危害………………………………………………………… 155

第十章　生理健康安全……………………………………………………… 156

第一节　重视身体健康…………………………………………………… 156
　　一、培养良好的生活习惯……………………………………………… 156
　　二、科学健身…………………………………………………………… 157
　　三、颈椎病和猝死……………………………………………………… 158
　　四、预防食物中毒……………………………………………………… 160

第二节　运动安全………………………………………………………… 161
　　一、运动前的着装准备………………………………………………… 161
　　二、运动时讲科学……………………………………………………… 161
　　三、运动后要恢复……………………………………………………… 162

第三节　常用急救知识…………………………………………………… 162

第十一章　网络与信息安全………………………………………………… 165

第一节　信息与网络安全事故的表现形式……………………………… 165
第二节　网上不良信息的侵害及预防…………………………………… 168
　　一、防病毒及黑客……………………………………………………… 168
　　二、防网络色情………………………………………………………… 170
　　三、防网络诈骗………………………………………………………… 170

第三节　上网的心理生理安全…………………………………………… 174
　　一、使用电脑的心理健康……………………………………………… 174
　　二、如何预防网络成瘾………………………………………………… 175

第四节　网络违法犯罪的预防…………………………………………… 175
　　一、遵守互联网法律法规……………………………………………… 175
　　二、增强法律意识，预防网络犯罪…………………………………… 177
　　三、做文明网民………………………………………………………… 178

第十二章　旅游安全………………………………………………………… 180

第一节　旅游安全常识…………………………………………………… 180
　　一、跟团游的注意事项………………………………………………… 181
　　二、自助游的注意事项………………………………………………… 182
　　三、旅游装备提醒……………………………………………………… 182
　　四、旅游安全提醒……………………………………………………… 183

第二节　旅途安全………………………………………………………… 183

一、远离黑车 …………………………………………………………… 184

　　二、乘坐交通工具时的注意事项 ………………………………………… 184

　　三、应对突发事件 ………………………………………………………… 186

　　四、旅途中的防骗、防抢、防盗 ………………………………………… 186

第三节　户外旅游安全 …………………………………………………… 188

　　一、户外活动需要注意的事项 …………………………………………… 188

　　二、郊游、野营时需要注意的事项以及自救方法 ……………………… 189

　　三、登山时需要注意的事项和自救措施 ………………………………… 189

　　四、游泳时需要注意的事项和自救措施 ………………………………… 190

　　五、迷路时的自救措施 …………………………………………………… 191

　　六、身体发生突发事件时的自救措施 …………………………………… 191

第十三章　实习与求职安全 …………………………………………… 193

第一节　兼职及社会实践安全 …………………………………………… 193

　　一、参加兼职或者社会实践时容易发生的安全隐患 …………………… 193

　　二、打工时如何防诈骗 …………………………………………………… 194

　　三、如何防范传销 ………………………………………………………… 195

　　四、如何处理劳动纠纷 …………………………………………………… 196

　　五、如何应对家教中的性骚扰 …………………………………………… 197

　　六、家教中的陷阱 ………………………………………………………… 197

第二节　求职安全 ………………………………………………………… 198

　　一、如何避免掉入求职陷阱 ……………………………………………… 199

　　二、避免面试带来的伤害 ………………………………………………… 200

　　三、如何签合同 …………………………………………………………… 201

　　四、报到证和三方协议 …………………………………………………… 203

参考文献 ………………………………………………………………………… 206

第一章　高职学生安全教育概述

安全是人类发展过程中最基本的需求之一，它不仅关乎个体生命财产的安危，关乎家庭的美满幸福，更关乎国家的长治久安。

高职学生作为一个庞大的群体，其安全教育还存在许多薄弱环节，加强高职学生安全教育具有重大的理论和现实意义。

第一节　高职学生安全教育的内涵、特征

十八大以来，我们党和政府比以前更加重视维护高职学生的安全合法权益，把对高职学生进行安全教育、依法治校确定为学校各级领导的法定义务，从而极大地推动了高职学生安全教育工作。当前，高职学生安全教育已经成为高职院校人才培养过程中必不可少的一项重要内容。

一、高职学生安全教育的内涵

什么是安全？所谓安全就是没有受到威胁，没有危险、危害、损失。它既包括国家、社会层面的安全，也包括个体的安全。安全是人类生存和发展最基本的需要，是生命和健康的基本保障。

什么是安全教育？所谓安全教育，既指教育者对教育对象施加的以安全问题为主要内容的系统性教育活动和教育影响，也包括教育对象进行的自我安全教育。

什么是高职学生安全教育？所谓高职学生安全教育，就是指高职院校依照国家有关法律、法规的规定，为了维护高职学生的人身、财产安全和身心健康，提升安全防范意识，增加安全知识，培养他们的自我防范、自我保护技能，组织教师对高职学生进行国家安全法规、学校安全规章及纪律、安全防范知识和技能的教育活动。

高职学生安全教育工作者主要是指高职院校从事安全教育课程教学的教师和其他开展安全教育的实际工作人员，包括保卫部门、学工部门、辅导员、班主任等。在教育过程中，教育者通过宣传教育、案例分析、行为示范、社会实践等活动来引导和促进受教育者的安全意识和行为规范按照一定的方向发展。

二、高职学生安全教育的主要特征

高职学生安全教育既具有教育的一般特征，也具有其特殊性。概括来讲，主要表现为以下五个方面：

1. 高职性

高职学生安全教育的对象是在校在籍高职学生，他们不同于本科生、研究生。他们学制较短，在校学习时间相对不长，加之知识文化基础相对较差，安全意识相对薄弱，安全知识相对较少，安全技能相对不强。这就要求高职学生安全教育要满足其高职性，在安全教育中要以实用、够用为度，要避免一切形式的大而全、深繁杂，重在必须够用的安全知识、技能的提升。

2. 全面性

一方面，安全教育是高职学生综合素质教育的重要组成部分，是面向全体高职学生的安全素质教育；另一方面，安全教育涉及的内容丰富，种类繁多。因此，教师在开展安全教育时要面向全体学生，教育学生全面掌握安全知识和技能，保障和促进高职学生综合素质的整体提升。

3. 实用性和实践性

进行安全教育的最终目的是通过提升高职学生的安全意识，防范安全事故、安全灾害的发生。要实现这样的安全教育目的，只有通过学习、生活、工作中的实践活动。因此，在对高职学生进行安全教育时，教师和安全教育实际工作者不能把安全教育停留在空洞的说教上，不能停留在让学生仅仅了解安全知识和技能上，还应采取现场说法、案例分析、模拟演习、实习实践等形式，让学生在实践中学习、锻炼和提升。

4. 递进性

安全教育不可能一蹴而就，必须递进强化。由于绝大多数高职学生在学习、生活、工作中很难遇到刻骨铭心的安全事故和安全灾害，因此，他们容易对安全教育不以为然，容易认为安全事故、安全灾害离自己很远，故而导致他们自身的安全意识整体不强，加之学习安全知识和安全技能学习后又不经常使用，掌握的安全知识极其容易淡化。所以，高职院校在开展安全教育时，必须根据安全形势的需要，以灵活多样的方式方法，开展经常性的安全教育，使安全教育常态化、制度化、科学化，从而不间断地巩固学生的安全意识、安全知识和技能，实现安全意识、安全知识和技能递进强化的效果。

5. 创新性

随着科学技术的迅速发展和人类生产、生活方式的变化，诱发安全事故、安全灾害的因素也在不断地发生改变。高职学生已有的安全意识、安全知识和技能，随着时间的推移和环境、条件的不断变化，也需要不断地更新和创新。因此，安全教育教师和实际工作者要积极主动地结合新知识、新技术、新案例、新技能，教育高职学生与时俱进地把握安全知识，增强安全意识，提升安全技能，解决学习、生活中的安全隐患，正确应对新型的安全事故和安全灾害。

第二节　高职学生安全教育的内容、方法

高职学生安全教育是高职院校思想政治教育和素质教育的重要组成部分，涉及的内容非常广泛和丰富。同时，高职学生安全教育也要遵循其自身的方法和基本原则，只有这样，才能提高安全教育的实效性、针对性，才能取得事半功倍的效果。

一、高职学生安全教育的内容

高职学生安全教育的内容主要包括与其学习、生活密切相关的安全方面的内容，并不泛指社会生产、社会生活中涉及的所有安全内容。本教材编撰的安全教育内容主要包括国家安全、反恐防暴安全、人身安全、财产安全、交通安全、消防安全、公共安全、心理健康安全、生理健康安全、网络与信息安全、旅游安全、学习与求职安全 12 个方面的具体内容。这 12 个方面的具体内容在后面的各章节中将会逐一阐述。综合分析这 12 个方面的内容，可以分为如下三个层次，它们共同构成了高职院校安全教育内容体系。

1. 安全政策法规和校规校纪的责任教育

我国的法律明确规定，公民年满 18 周岁就是具有完全民事行为能力的人，高职学生绝大多数都已经年满 18 周岁，具有完全民事行为能力，应当依法对自己的行为负责。在预防安全事故、安全灾害，防止危险侵害方面应当积极主动作为，应当采取适当的行为和防范措施，最大限度地减少危险侵害发生的概率，最大限度减轻受到侵害或损伤的程度。高职学生在预防安全事故、安全灾害、防止危险侵害方面该作为而不作为的，对造成的人身伤亡、财产损失等后果应该承担相应的责任。

对高职学生进行政策法规与校规校纪的责任教育，要让他们明确自己应当承担的与安全相关的责任，其目的就是要激发他们关注安全政策法规和校规校纪；了解把握安全政策法规和校规校纪的内涵属性；明确政策法规、校规校纪与安全之间的关系；增强他们的法律意识和遵纪守法的道德观念，增强他们对待安全问题的积极性、主动性和自觉性，从而规范其行为习惯。

2. 安全知识教育

高职学生安全知识是与其学习、生活密切相关的安全知识，包括如下四种类别：

第一类是意识形态、国家安全和网络信息领域的知识，主要包括意识形态、国家安全和网络信息领域的形势、风险和内容，并自觉维护其安全，其目的在于防止高职学生偏离甚至抛弃马克思主义意识形态而接受西方资本主义、非马克思主义意识形态，犯政治上的错误，走到危害意识形态安全、国家安全和网络信息安全的道路上去。

第二类是法律法规中的知识，主要包括交通安全、消防安全、遵守校规校纪和维护自

身权益方面，其目的在于使广大高职学生知法守法，用法律法规来维护自身的合法权益，避免因违法遭到法律的制裁和因违法带来的人身伤亡及财产损失。

第三类是日常安全知识，主要包括自然灾害安全、学习生活安全、人身财产安全、社交安全、公共安全等内容，其目的是使高职学生熟悉安全常识，增强安全意识，尽力避免人身伤害和财产损失。

第四类是身心健康安全的基本知识，包括生理健康和心理健康知识，其目的在于了解和掌握必要的身心健康知识，预防生理健康，增强自己调节心理、情绪的能力，具有正确的人生观和健康的身体、健康的心态，培养珍爱生命、热爱生活、笑对人生的乐观主义态度，极力避免自杀、变态等消极结果的发生。

3. 安全技能教育与实践

安全技能与安全知识在内容方面有部分交叉重叠的地方，但两者绝不等同。安全知识是基础，是应知的内容；安全技能是更高的要求，是应会的内容。应知转化为应会的技能，是安全教育追求的效果和目标之一。

安全技能包含两个方面的含义：一是与专业岗位上要求的操作技能相关的安全技能，在实习、实验和生产实训中避免因违章操作而造成安全事故。高职学生实习、实训的时间相对较长，实习、实训任务相对较重，这方面的安全技能要求尤其突出。二是在自然灾害、公共卫生和社会突发安全事件等面前的一般应对能力。它主要包括在交通安全、自然灾害安全、人身安全、公共安全中的避险与逃生能力，在消防安全中的灭火与自救能力，面对应激情景状态下的心理承受和应激反应能力。这些避险、自救、逃生、应变能力需要通过学习才能获得，更需要通过实践锻炼才能不断提高。其目的在于提升高职学生的自我保护能力，增强其保护自己和他人不受到伤害的意识。

二、高职学生安全教育的方法

高职学生安全教育要加强针对性，突出实效性，教育方法的选择至关重要，概括来讲，主要有三个方面的方法需要加以重视。

1. 课堂教育

课堂教育既包括安全教育教师组织的课堂教育，也包括安全教育实际工作者如辅导员、班主任组织的班课、团课等课堂教育。因为，课堂教育具有计划性、系统性、科学性、思想性等特点，因此，它是教学常用的方法与途径，也是实现安全教育目的、目标的主要的方法与途径。课堂讲授形式应该灵活多样，适合高职学生特点和身心发展，可以采用计算机多媒体教学、实物演示、典型案例分析以及研讨式、演讲式、座谈式、参观式、竞赛式、辩论式教学等方式方法。

2. 实践教育

高职学生安全实践教育主要包含三个方面的内容：一是模拟危险场景演练，比如，火灾、地震等灾害，通过模拟演练，让高职学生身临其境，实践感悟，从而增强自救逃生的意识和能力；二是事故现场参观感悟，比如，带领学生参观泥石流灾害现场，参观安全事故场景等；三是让高职学生积极参与学校安全管理。

强化安全教育实践，开展一次模拟演练，参观一个事故、灾害现场，参加一次安全管理，可能会给学生留下刻骨铭心的深刻认识和感悟，远比一次空洞的课堂说教更能取得好的教育效果。同时，还要经常组织学生参与安全技能实践，熟练掌握和运用一些必要的安全技能，才能在遇到安全事故和安全灾害时灵活正确地应对，最大限度减少安全危害和损失。

3. 自我教育

自我教育是激发高职学生自身安全教育意识和能力的教育途径和方法。高职学生在校学习、生活的几年之中，安全事故、安全灾害并非时时刻刻都会发生，也并非每位学生都会亲身经历。因此，很容易让他们认为安全事故、安全灾害离自己很遥远，从而产生麻痹大意、消极松懈的思想意识，进而导致在行为上疏于采取任何有效的安全防范措施。因此，单纯依靠课堂教育、实践教育这两种途径和方法是远远不够的，还需要高职学生通过自我管理、自我学习、自我教育，把安全教育贯穿于在校学习、生活的全时段、全方位、全过程，做到安全问题年年讲，月月讲，天天讲，时时讲，内化为高职学生自觉的安全意识和能力。采用这种教育途径和方法，需要在教师的引导下，既突出某项专门防范重点，又宣传一般安全知识，寓教于乐，使安全知识、安全信息通过潜移默化的方式深入学生心中。

在安全教育的三种方法之中，课堂教育和实践教育一般来讲都是外在的教育，自我教育却是内在的教育，只有把外在的教育积极转化为内在的教育，把安全教育外在的规范要求、说教转化为学生内在的、自觉的安全意识和安全需要，安全教育的效果才会更加突出和明显。

第三节 安全教育的意义

百年大计，教育为本。安全教育，关系到高职学生的生命及其他安全，关系到高职院校的稳定和发展，安全责任重于泰山。加强和改进高职学生安全教育有利于高职学生的健康成长，有利于高职院校的健康发展，有利于维护国家安全和意识形态安全，有利于全面建成小康社会和实现中华民族伟大复兴，具有十分重要的意义。

一、安全教育有利于高职学生的健康成长

高职学生正处于人格发展与完善的关键时期。这个朝气蓬勃的社会群体，具有自己独特的身心和人格特征：一是生理发育基本成熟但心理发育相对滞后，心理健康问题比较突出；二是人格个性趋于稳定，但可塑性很强；三是智力接近高峰，但还未完全开发；四是学习能力、学习兴趣相对较弱，但实践能力、动手能力较强；五是社会需求强烈，但经验不足，缺少生活经验和社会经验，安全防范意识较差。加之高职学生中独生子女很多，他

们很多人几乎都是在长辈、父母、亲人过多的呵护和中小学老师细致的关心下长大的，人生阅历简单，对于社会的复杂性知之甚少。进入大学，离开父母亲人，开始独立面对纷繁复杂的社会时，对可能发生的各种安全问题往往缺少必要的重视和警觉，缺少必要的防范意识和防范技能，从而给违法犯罪分子提供了可乘之机。

教育理论认为，教育是培养人的社会活动，这个过程就是将社会知识、生活方式、行为规范、意识形态不断地内化于教育对象，使个体不断社会化。在高职学生成长成才的过程中，安全问题成为重要的负面困扰之一，影响了其健康成长。因此，对高职学生进行安全教育是为其健康成长和全面发展打下良好基础，是全面提高高职学生综合素质的保障。

案 例

"一时之快"饮恨一生

2008年3月10日晚自习过后，某高校学生孙某等十多名同学在其宿舍内饮酒、唱歌。其间，孙某想到了刚认识不久的女生董某，就打电话让其来宿舍，董某虽然再三推托，但还是没有经受住孙某的软磨硬泡。为了躲避宿舍楼管员的盘查，孙某等人通过卫生间的窗口将董某拉进男生宿舍楼。董某进入男生宿舍后也跟随这群男生喝酒、唱歌，大约23时30分，孙某将其他同学支出并强行插上门，当晚两次和董某强行发生性关系。第二天，董某在家人的协助下报警，警方介入调查。孙某也交代了违法犯罪事实，被依法刑事拘留。后经法院审理，孙某因强奸罪名成立，被法院判处有期徒刑3年。孙某在校期间不爱学习，经常旷课，沉迷网络，此案更是将他一生的前程毁于一旦。事件发生以后，董某不堪压力，办理了退学手续。

点 评

孙某在校期间不爱学习，沉迷网络，经常旷课逃学，不把学校和老师的教育当回事。由于受网络上一些低级趣味内容的引诱和腐蚀，孙某法律意识和校规校纪观念淡薄，违反学生管理、宿舍管理相关规定，违反国家法律法规，对自己的行为后果认识判断不足，酒精的刺激更使其完全丧失理智，完全迷失了自我。作为女生，董某深夜在男生宿舍饮酒、唱歌，缺乏女生应有的矜持与自重，缺乏安全意识，为事件的发生起到了"推波助澜"的作用。事发时，董某没有选择大声呼救也助长了孙某的不轨行为，造成了可怕的后果。

二、安全教育有利于高校的稳定和健康发展

随着高等教育改革的不断深入，高校后勤社会化的不断深化，高校的国际化、开放性办学的不断推进，高校对外交往越来越频繁，校园越来越开放，社会问题与高校内部问题相互交织，治安问题和政治问题相互影响，人民内部矛盾和敌我矛盾相互渗透，影响高校安全发展的因素呈现多样化、复杂化、常态化的趋势，高校的安全形势和安全环境日趋严峻复杂，主要表现在以下几个方面：

1. 校园环境社会化、复杂化，影响学校安全稳定

高校就是一个开放的、多功能的"小社会"，这种开放复杂的校园环境，客观上给高校的安全造成诸多负面影响。社会上的一些不法分子，时常窜入高校实施盗窃、抢夺、诈骗、行凶等犯罪活动，严重影响和危害广大师生的人身财产安全，直接影响学校的安全稳定。

2. 邪教、宗教和少数敌对势力不断向高校校园渗透

近年来，邪教、宗教和少数敌对势力向高校校园渗透现象有所加剧，他们通过各种非法渠道和手段，或明或暗地在高校吸收信徒，传播宗教，吸收异见分子，成为影响高校安全稳定的重大隐患。

3. 校园周边治安环境复杂，危害校园安全

当前，高校周边安全形势十分严峻，侵害学校师生人身财产安全的治安、刑事案件不断发生，不仅给学生本人及家庭造成伤害，而且直接影响到高校正常的教学、生活、工作秩序，严重的甚至影响到社会的稳定。

4. 部分高校校区多而分散，少数高校异地办学，交通安全隐患突出

由于教育改革和历史等多种原因，部分高校是由一些学校合并而成，存在多个校区办学、异地办学的情况，师生有时需要在不同校区之间学习、工作、生活，形成了校区之间人员流动性大，管理成本、难度增大，交通安全事故呈现突发、多发、易发等特点，影响高校的安全和稳定。

5. 大量外来务工、经商人员成为高校治安管理工作的新难点

随着高校后勤社会化和开放办学的发展，大量外来人员进入高校务工、经商。一些高校由于管理不到位，部分外来人员违法犯罪现象时有发生。根据调查，高校由外来务工、经商人员引发的案件占高校治安、刑事案件的40%以上。

以上这些因素及现象，成为近年来影响高校健康发展、影响高校安全稳定的主要原因。高校在安全发展中如何减少和避免这些不安全因素的冲击和负面影响，其重要的举措就是不断加强对高职学生的安全教育。高职学生是高职院校的主体，如果他们的安全意识较强，安全知识较丰富，安全防范技能较高，就能较为有效地应对突如其来的安全问题，就能够成为维护学校安全的重要力量，进而为学校的安全发展提供充足的人力资源，有利于高职学生健康成长的环境就可能进一步优化完善，危害高职学生身心健康的安全隐患就会大为减少，就能为学校的健康发展创造一种安定团结的环境。可见，加强和改进高职学生的安全教育是高校健康发展、长治久安的重要基础。

三、安全教育有利于维护国家安全和意识形态安全

当前，我国在国家安全和意识形态安全方面面临着国际、国内复杂多变的环境，维护国家安全和意识形态安全的任务非常艰巨，安全形势不容乐观。境外敌对势力、间谍情报机构、受西方控制的非政府组织和舆论工具等，为了围堵遏制中国，为了"西化""分

化"中国，为了搞乱中国的思想、颠覆中国的价值观，一直在打一场没有硝烟的战争。一方面，它们利用多种渠道和手段，以公开或秘密的方式，传播西方的政治和经济模式、价值观念以及腐朽的生活方式，不惜一切与我们争夺青年一代，大学生是它们着力腐蚀、拉拢、争夺的主要对象，妄图在中国内部培育"和平演变"的"内应力量"。另一方面，它们采用金钱收买、物质引诱、色情勾引、出国担保等手段，打着学术交流、参观访问、业务洽谈等幌子，刺探、套取、收买我们的国家和单位秘密。

我们的高职学生中相当一部分人对国家安全、意识形态安全存在如下三个方面的模糊认识：首先，他们对国家安全、意识形态安全的认识还停留在军事、战争、国防、情报、间谍这样一些传统的、局部的认识上。但从事实上来讲，国家安全、意识形态安全不仅包括政治安全、经济安全、国土安全、主权安全、国防安全、国民安全等传统内容，而且包括文化安全、科技安全、金融安全、信息安全等新内容。其次，讲到国家安全、意识形态安全，他们会自然地想到美国的中央情报局、联邦调查局以及国家安全机关、军队、警察等，这种把国家安全、意识形态安全简单等同于间谍情报活动的片面认识，使他们认为国家安全是国家安全机关的事，不能自觉地把维护国家安全、意识形态安全与自身的责任联系起来。再次，由于我国政治非常稳定、经济快速发展、社会安定和谐、人民安居乐业、国际地位和声望空前提高，在经历了几十年和平发展的大环境下，他们不自觉地对国内外敌对势力放松了警惕。由于思想麻痹大意，很容易造成一些国家机密被泄露。更有甚者，少数人经不起金钱、美色等的诱惑，不惜丧失国格、人格出卖情报，对国家安全和国家利益造成重大损失，教训极为惨痛深刻。

总之，我国作为一个人口和经济大国，在和平崛起的过程中，面临着艰巨复杂、严峻凶险的安全形势，高职学生作为一个庞大的在校学生群体，他们的国家安全意识又相对薄弱，因此，加强对高职学生的国家安全、意识形态安全教育，增强他们的国家安全、意识形态安全意识，帮助他们树立全新的国家安全观和意识形态思想认同，既是十分必要的，也是非常紧迫的。

四、安全教育有利于全面实现高校人才培养目标，有利于全面建成小康社会和实现中华民族伟大复兴

我们党历来重视高校人才培养，重视大学生的全面发展和成长成才，党的十八大以来，习近平总书记提出了"四个全面""五位一体"等一系列治国理政的新理念、新思想、新方略，特别重视高校人才培养的性质和方向，特别强调高校为谁培养人、培养什么人、怎样培养人等根本问题。正确认识和切实解决好人才培养这个根本问题，事关中国特色社会主义的成败，事关党和国家的长久治安，事关中华民族伟大复兴的前途命运。

目前，我国在校大学生超过 2 600 万人，其中，高职高专在校的学生占据半壁江山，他们都是未来建设中国特色主义事业的中流砥柱，在他们身上寄托着全面建成小康社会，实现中华民族伟大复兴的历史重任。大学生的安全道德品质，安全文化素质和心理健康素质如何，不仅直接关系到现阶段中华民族的素质，而且直接关系到未来中华民族的素质。要把大学生培养成为中国特色社会主义事业的合格建设者和可靠接班人，不仅要大力提高

他们的科学文化素质和思想道德素质，更要大力提高他们的安全文化素养。培养造就千千万万具有高尚品质和良好安全道德修养、掌握现代化建设所需要的全面安全意识、知识和技能的优秀人才，使大学生们能够与时代同步伐、与社会同发展、与祖国共命运、与人民同奋斗，这对于确保全面建成小康社会的实现和中华民族伟大复兴都具有重大而深远的战略意义。

洗衣房引发的恶性事件

2014年3月13日中午，某高校大学生黄某在公用洗衣房洗衣服，因自己的木桶被吴某挪到了一边，便与其发生了冲突，从破口大骂到相互厮打，后被在洗衣房的其他同学劝开。

吴某洗完衣服后回到宿舍，便将与黄某争吵厮打的事情告诉了同乡好友叶某。其后，叶某找到黄某说："你打我老乡，不赔医药费，那我打了你也是白打。"于是，叶某动手打了黄某两个耳光。黄某和叶某越闹越僵，最后，双方大打出手。在打斗过程中，黄某用随身携带的水果刀将叶某、吴某捅伤。事后，黄某逃离现场。叶某被刺伤右肺，导致重伤，虽然保住了性命，却留下了终身的疤痕和伤痛，吴某也被刺成轻伤。事后，打架双方也都受到了校纪处分：叶某、吴某被给予记过处分，黄某被开除学籍，由公安机关进行拘捕，追究其刑事责任，并赔偿叶某、吴某的医疗费等逾万元。

点 评

此案例的起因就是双方为争一个水龙头，如果当时只要双方互谅互让，矛盾很容易解决。可惜双方都缺乏基本的道德修养，在发生矛盾时，不是互相谦让，而是满口脏话，开口就骂，动手就打，将大学生应当具备的文明修养抛之脑后，互相争强斗狠，以暴制暴，最后两败俱伤。"帮忙客"叶某不是积极化解矛盾，而是兴师问罪，火上浇油，导致矛盾进一步发展。黄某用水果刀将叶某、吴某捅伤，比一般打架斗殴事件的性质更为严重，从一定程度上反映出大学生在发生矛盾时缺乏理智，从而造成严重后果。这既是对别人生命的亵渎，也是对自己极端不负责任的表现。通过本案例，我们要认识到，作为大学生，应该树立正确的生命观、人生观、安全观，不断增强安全意识，切实加强道德修养，逐步养成良好的文明礼让习惯，做遵纪守法、德才兼备的好学生。

扫一扫，进入陕西交院"大学生安全教育"微课

第二章 国家安全

第一节 总体国家安全观

案例1

小徐是一名在校大学生,同时也是一名军事发烧友,在军迷圈子里小有名气。2016年3月的一天,大家正在群里讨论时,有一人突然发问:"谁有二会的资料?"这里所说的"二会"即"两会",每年3月在北京举行,彼时2016年"两会"还没有召开。对方自称是为了学术研究,于是小徐就把自己了解到的有可能成为热点的话题进行了归纳分析并发给对方。没想到,对方表现出极大的兴趣,并主动支付了150元报酬。几天后,对方再次出现,但提出要所有关于军事基地方面资料和飞机情况的"任务"资料,相应的报酬大幅提高至1.5万元。小徐意识到自己可能真的遇上了间谍之类的人员,事情远比自己想象的要复杂得多。可这时,对方开始步步紧逼,常来询问事情核实的进度,并用金钱加以诱惑。小徐想起曾看过一个介绍类似情况的反间谍宣传片,意识到只有依靠国家安全机关才有可能摆脱困境,于是果断地拨打了12339。

案例2

南方某市科研所博士李某,承担一项重大高科技研究项目,在外出工作期间,经常在电话中与同事研讨科研项目进展情况,被境外谍报分子利用高科技手段进行监听。国家安全机关及时发现了这一情况,并立即与科研所取得联系,科研项目不得不做重大修改。

案例3

2001年,吉林省某医学院学生金某被来校讲学的某国教师卡洛尔(实为某国间谍)策反,加入了他们的情报组织,为其收集我国经济、军事、科技情报,后被我国国家安全机关抓获,受到了法律的制裁。

以上这三个案例都是危及国家安全的案例。那么国家安全确切的定义是什么?总体国家安全观又都包括哪些内容呢?

一、总体国家安全观的提出及思想渊源

2014年4月15日，习近平总书记在中央国家安全委员会第一次全体会议上，以统揽全局的战略思维和宽广的世界眼光深刻把握国家安全问题，提出总体国家安全观，擘画了维护国家安全的整体布局，实现了对传统国家安全理念的重大突破，深化和拓展了我们党关于国家安全问题的理论视野和实践领域，是我国国家安全理论的最新成果，标志着我们党对国家安全问题的认识达到了新的高度。

当前，我国面临的国际国内环境正在发生深刻变化。从外部看，当今世界正处于百年未有之大变局，全球经济发展动力不足，局部冲突和动荡频繁。新冠肺炎疫情等重大突发公共卫生事件表明，各种传统安全和非传统安全问题会不断带来新的考验，全球性挑战日益增多，国际形势的不稳定性不确定性上升。从国内看，改革已进入深水区，各种可以预见和难以预见的风险因素明显增多，面临的改革开放考验、市场经济考验、外部环境考验具有长期性和复杂性。站在新的历史起点上，在国内外因素的交织作用下，我国国家安全的内涵和外延比历史上任何时候都要丰富，时空领域比历史上任何时候都要宽广，内外因素比历史上任何时候都要复杂，维护国家安全和社会稳定的任务十分艰巨。

所谓国家总体安全，就是把国家安全视为一个超巨复杂的体系。国家安全体系涵盖13种安全，即政治安全、国土安全、军事安全、经济安全、文化安全、社会安全、科技安全、信息安全、生态安全、资源安全、核安全、海外利益安全及外层空间、国际海底区域和极地安全等。

总体国家安全观是一个富有中国特色的安全概念，可以归纳为"五大要素"和"五对关系"。"五大要素"为：以人民安全为宗旨，就是要坚持以民为本，以人为本，坚持国家安全一切为了人民，一切依靠人民，真正夯实国家安全的群众基础；以政治安全为根本，就是要坚持党的领导和中国特色社会主义制度不动摇；以经济安全为基础，就是要确保国家经济发展不受侵害，促进经济持续健康发展，增强国家经济实力，为国家安全提供坚实物质基础；以军事、文化、社会安全为保障，就是要完善强基固本、化险为夷的各项对策措施，为维护国家安全提供硬实力和软实力的保障；以国际安全为依托，就是要始终不渝走和平发展道路，在注重维护本土国家安全利益的同时，注重维护共同安全。"五对关系"为：既重视外部安全，又重视内部安全；既重视国土安全，又重视国民安全；既重视传统安全，又重视非传统安全；既重视发展问题，又重视安全问题；既重视自身安全，又重视共同安全。

二、总体国家安全观的内容

（一）政治安全

坚持中国共产党领导，维护中国特色社会主义制度，发展社会主义民主政治，健全社会主义法治，强化权力运行制约和监督机制，保障人民当家作主的各项权利。

防范、制止和依法惩治任何叛国、分裂国家、煽动叛乱、颠覆或者煽动颠覆人民民主专政政权的行为；防范、制止和依法惩治窃取、泄露国家秘密等危害国家安全的行为；防范、制止和依法惩治境外势力的渗透、破坏、颠覆、分裂活动。

（二）国土安全

加强边防、海防和空防建设，采取一切必要的防卫和管控措施，保卫领陆、内水、领海和领空安全，维护国家领土主权和海洋权益。

（三）军事安全

加强武装力量革命化、现代化、正规化建设，建设与保卫国家安全和发展利益需要相适应的武装力量；实施积极防御军事战略方针，防备和抵御侵略，制止武装颠覆和分裂；开展国际军事安全合作，实施联合国维和、国际救援、海上护航和维护国家海外利益的军事行动，维护国家主权、安全、领土完整、发展利益和世界和平。

（四）经济安全

维护国家基本经济制度和社会主义市场经济秩序，健全预防和化解经济安全风险的制度机制，保障关系国民经济命脉的重要行业和关键领域、重点产业、重大基础设施和重大建设项目以及其他重大经济利益安全。

健全金融宏观审慎管理和金融风险防范、处置机制，加强金融基础设施和基础能力建设，防范和化解系统性、区域性金融风险，防范和抵御外部金融风险的冲击。

（五）文化安全

坚持社会主义先进文化前进方向，继承和弘扬中华民族优秀传统文化，培育和践行社会主义核心价值观，防范和抵制不良文化的影响，掌握意识形态领域主导权，增强文化整体实力和竞争力。

（六）社会安全

健全有效预防和化解社会矛盾的体制机制，健全公共安全体系，积极预防、减少和化解社会矛盾，妥善处置公共卫生、社会安全等影响国家安全和社会稳定的突发事件，促进社会和谐，维护公共安全和社会安定。

（七）科技安全

加强自主创新能力建设，加快发展自主可控的战略高新技术和重要领域核心关键技术，加强知识产权的运用、保护和科技保密能力建设，保障重大技术和工程的安全。

（八）网络安全

建设网络与信息安全保障体系，提升网络与信息安全保护能力，加强网络和信息技术的创新研究和开发应用，实现网络和信息核心技术、关键基础设施和重要领域信息系统及数据的安全可控；加强网络管理，防范、制止和依法惩治网络攻击、网络入侵、网络窃密、散布违法有害信息等网络违法犯罪行为，维护国家网络空间主权、安全和发展利益。

（九）生态安全

完善生态环境保护制度体系，加大生态建设和环境保护力度，划定生态保护红线，强化生态风险的预警和防控，妥善处置突发环境事件，保障人民赖以生存发展的大气、水、土壤等自然环境和条件不受威胁和破坏，促进人与自然和谐发展。

（十）资源安全

合理利用和保护资源能源，有效管控战略资源能源的开发，加强战略资源能源储备，完善资源能源运输战略通道建设和安全保护措施，加强国际资源能源合作，全面提升应急保障能力，保障经济社会发展所需的资源能源持续、可靠和有效供给。

（十一）核安全

坚持和平利用核能和核技术，加强国际合作，防止核扩散，完善防扩散机制，加强对核设施、核材料、核活动和核废料处置的安全管理、监管和保护，加强核事故应急体系和应急能力建设，防止、控制和消除核事故对公民生命健康和生态环境的危害，不断增强有效应对和防范核威胁、核攻击的能力。

（十二）海外利益安全

依法采取必要措施，保护海外中国公民、组织和机构的安全和正当权益，保护国家的海外利益不受威胁和侵害。

（十三）外层空间、国际海底区域和极地安全

坚持和平探索和利用外层空间、国际海底区域和极地，增强安全进出、科学考察、开发利用的能力，加强国际合作，维护我国在外层空间、国际海底区域和极地的活动、资产和其他利益的安全。

三、危害国家安全罪名

危害国家安全罪名有：叛逃罪，间谍罪，资敌罪，背叛国家罪，分裂国家罪，投敌叛变罪，煽动分裂国家罪，颠覆国家政权罪，武装叛乱、暴乱罪，煽动颠覆国家政权罪，资助危害国家安全犯罪活动罪，为境外窃取、刺探、收买、非法提供国家秘密、情报罪。

即使情节较轻，没有构成犯罪，也可能面临下面的行政处罚：警告、训诫、责令具结悔过、行政拘留、对境外人员限期离境或驱逐出境等。要善于识别各种伪装，懂得国家安全基本知识，不被人利用。

四、大学生该如何维护国家安全

（1）认真学习《中华人民共和国国家安全法》，增强国家安全意识。

（2）要牢固树立国家利益高于一切的观念。国家安全涉及国家社会生活的方方面面，是国家、民族生存与发展的首要保障。

（3）不断提高自身素质。把促进国家安全和社会稳定的思想贯穿在平时的学习、生活中，坚持将维护国家安全和社会稳定作为首要任务，成为国家安全和社会稳定的自觉维护者。

（4）要善于识别各种伪装。在对外交流中，既要热情友好，又要内外有别；既要珍惜个人友谊，又要维护国家利益。

（5）要克服妄自菲薄的不正确思想。要看到我们也有许多的世界第一和中国特色，有一系列国家秘密和单位秘密。

（6）积极配合国家安全机关的工作。如实提供情况和证据，做到不推、不拒，更不以暴力、威胁方式妨碍执行公务，还要切实保守好已经知道的国家安全工作的秘密。

思考题

（1）什么是总体国家安全观？
（2）大学生该如何维护国家安全？

第二节　保守国家秘密

一、国家秘密的主要内容

（1）国家事务中有关重大决策的秘密事项。
（2）国家建设和武装力量活动汇总的秘密事项。
（3）外交和外事活动中的秘密事项以及对外承担保密义务的事项。
（4）国民经济和社会发展中的秘密事项。
（5）科学技术中的秘密事项。
（6）维护国家安全活动和追查刑事犯罪中的秘密事项。
（7）其他经国家保密工作部门确定应当保守的国家秘密事项。

二、国家秘密的分类

我国将国家秘密从高到低分为绝密、机密、秘密三个密级。
（1）绝密：如在军事工业中，核武器杀伤力有多大、是如何研制的等。

（2）机密：如我国研制的具有国际先进水平、经济价值较高的药品的成分、工艺、技术诀窍等都属于机密级别。

（3）秘密：如我国某种传统工艺品的生产流程、制作方法，如陶瓷、刺绣、脸谱等。它们的载体包括纸质文件、地图、电脑、盘、网络空间、建筑、器物等。

根据《国家秘密文件、资料和其他物品标志》的规定，无论何种载体都会在显著位置标明密级、保密期限、发放单位、制作数量等。

三、我国保密工作面临的严峻形势

（1）国际形势变化无常。

一些西方国家，如美国，凭借其高科技的优势，通过海、陆、空和网络渠道对我国进行侦查，窃取我国的国家秘密。

（2）国内形势非常复杂。

我国自实施改革开放以来，对外开放的范围广，领域大，保密的环境十分复杂；深化改革更是触及了深层次的矛盾和问题；信息安全面临着严峻的挑战。

（3）保密工作还存在很多的薄弱环节。

保密工作的薄弱环节包括：思想认识还有偏差；制度落实还不到位；安全防护还有漏洞；载体管控还不严格；网络防范还不主动。

四、如何保守国家秘密

（1）向境外投寄论文、稿件和其他资料时，与境外机构、人员往来信函时，利用互联网或境外通信设备进行通信联系时不要涉及国家秘密。

（2）境外机构和人员来电、来信、来访，了解情况、索取资料时，及时向学校有关部门报告，不要擅自回复，更不要在回复中涉及国家秘密。

（3）不要擅自带领境外人员参观、游览国家控制开放和非开放地区（包括军事禁区）。

（4）出入境外驻华机构、企业和境外人员住处，或陪同境外人员参观、考察、旅游、参加宴会等，不得携带涉及国家秘密的资料及物品。

（5）不要擅自携带属于国家秘密的内部文件、研究资料和其他物品出国、出境。出国、出境期间保持警惕，增强保密意识，不在不利于保密的场合谈论国家秘密事项。

五、发现秘密即将泄露如何应对

发现有人正在打国家秘密的主意，或者发现秘密即将泄露，这时应该怎么办呢？

（1）拾获属于国家秘密的文件、资料和其他物品后，应及时送交有关机关、单位或者保密工作部门。

（2）发现有人买卖属于国家秘密的文件、资料和其他物品时，应及时报告当地国家保密工作部门或者公安、国家安全机关。

（3）发现有人盗窃、抢夺属于国家秘密的文件、资料和其他物品时，应立即报告当地国家保密工作部门或者公安、国家安全机关。

（4）发现泄露或者可能泄露国家秘密的线索时，应及时向有关单位、公安机关或保密工作部门举报。

《中华人民共和国保守国家秘密法》（节选）

第四十八条：

违反本法规定，有下列行为之一的，依法给予处分；构成犯罪的，依法追究刑事责任：

（一）非法获取、持有国家秘密载体的；

（二）买卖、转送或者私自销毁国家秘密载体的；

（三）通过普通邮政、快递等无保密措施的渠道传递国家秘密载体的；

（四）邮寄、托运国家秘密载体出境，或者未经有关主管部门批准，携带、传递国家秘密载体出境的；

（五）非法复制、记录、存储国家秘密的；

（六）在私人交往和通信中涉及国家秘密的；

（七）在互联网及其他公共信息网络或者未采取保密措施的有线和无线通信中传递国家秘密的；

（八）将涉密计算机、涉密存储设备接入互联网及其他公共信息网络的；

（九）在未采取防护措施的情况下，在涉密信息系统与互联网及其他公共信息网络之间进行信息交换的；

（十）使用非涉密计算机、非涉密存储设备存储、处理国家秘密信息的；

（十一）擅自卸载、修改涉密信息系统的安全技术程序、管理程序的；

（十二）将未经安全技术处理的退出使用的涉密计算机、涉密存储设备赠送、出售、丢弃或者改作其他用途的。

有前款行为尚不构成犯罪，且不适用处分的人员，由保密行政管理部门督促其所在机关、单位予以处理。

六、关于间谍

（一）什么是间谍

间谍既指被间谍情报机构秘密派遣到对象国（地区）从事以窃密为主的各种非法谍报活动的特工人员，又指被对方间谍情报机构暗地招募而为其服务的本国公民。广义来说，间谍是指从事秘密侦探工作的人，从敌对方或竞争对手那里刺探机密情报或是进行破坏活动，以此来使其所效力的一方有利。密探是间谍的主要任务之一，就是采取非法或合法手段，通过秘密或公开途径窃取情报。

（二）国际间谍活动

间谍已经有几千年的历史。第二次世界大战后，国际间谍活动日趋严重，到20世纪80年代已经达到了白热化程度。各国间谍不仅疯狂窃取他国的政治、军事情报，而且挖空心思搜集他国经济、技术情报，渗透与反渗透、颠覆与反颠覆、破坏与反破坏的斗争不断激化。

中华人民共和国成立以后，特别是1978年我国实行改革开放以来，隐蔽战线上的斗争出现了许多新情况。以美国为首的西方国家，在对苏联和东欧实施和平演变的战略得手以后，扩大了对我国的情报活动。我国周边的一些国家，无论是历史上与我国友好的，还是近年来实现关系正常化的，也都没有停止过对我国的情报活动。

每一个大学生，对于国外、境外间谍机关疯狂窃取我国政治、经济、科技和军事情报的活动，必须充分重视，保持高度警惕。

（三）间谍的手段

一些国家为了得到别国的国家秘密会派遣或者发展一些间谍，那么，这些间谍会用什么手段来窃取别国的国家秘密，危害别国的国家安全呢？

（1）广泛撒网，重点突破：利用社交平台广泛接触大学生，在了解、熟悉的过程中，逐渐锁定有价值、意志薄弱的对象重点突破。

（2）心怀叵测，蓄意接近：先锁定有价值的突破对象，如某军事专家的子女、参与国家机密项目导师的学生、住在军事基地附近的人等，然后创造机会，步步接近，通过骗取信任或抓住把柄迫使其就范。

（3）假装合法，麻痹思想：先请你从事一些合法的工作，如收集、整理合法公开的国防信息，使你放松戒备，然后逐渐交给你一些涉密工作，让你在不知不觉中走上违法的道路。

思考题

（1）国家秘密包括哪些内容？
（2）如何保守国家秘密？
（3）间谍组织的手段都有哪些？

第三节　崇尚科学　抵制邪教

案　例

邪教的破坏事件

1994年10月，邪教组织53名教徒在加拿大和瑞士集体自杀。

1995年5月，日本邪教组织在东京地铁释放沙林毒气，造成12人死亡，超过5 000

人中毒。

2000年3月，乌干达邪教组织在教堂焚烧信徒，造成超过1 000人死亡。

2001年1月，邪教组织信徒在北京天安门广场自焚，造成2人死亡。

以上都是邪教组织的恶行，邪教是迷信某种理论或行为而结合在一起的组织，迷信是对事物的一种信任和盲目的相信。希望不劳而获的人，内心空虚的人，好奇心强的人，缺乏安全感的人，往往更容易迷信。

迷信危害社会：它导致的犯罪比比皆是，严重危害人民群众的生命安全。

迷信危害家庭：它让一些人淡漠亲情、家庭离散。

迷信危害自己：它让一些人自杀、荒废工作和学业。

邪教为什么让很多人盲目甚至是痴迷地相信呢？那是因为邪教总是自诩宗教或者绝对真理，且与社会中有一定影响的理论结合在一起。美国的人民圣殿教、大卫教派、呼喊派，中国的法轮功、全能神、门徒会，日本的奥姆真理教，韩国的统一教……这些邪教根本不是什么宗教或真理，它们到底跟宗教有什么区别呢？

一、邪教与宗教的区别

邪教：自称是至高无上的神，大肆渲染即将来临的"末世论"，排斥现实世界，扰乱社会秩序。邪教的教义跟现实的法律是相反对的，且打着科学的旗号反科学或攻击科学，例如，很多邪教宣称信教可以包治百病。

宗教：崇拜超自然的神，与社会保持着和谐关系，且教义与现实世界是融合的。戒律大多与法律相符合。对已证实的科学事实接纳并认同，并尽力用之为自己的教义和教徒服务。

二、邪教如何控制信徒

（1）制定规则，严格控制信徒的行为，即便是去厕所可能都有人跟随。

（2）修改资讯再传递，控制信徒获得的信息。信徒得到的信息都是假的，是经过邪教组织人员修改之后的，且这些言论都是有利于邪教组织的。

（3）恐吓和威胁，控制信徒的思维和情绪。一旦有信徒违反了邪教的规定，或者与邪教的想法不同，组织人员就会恐吓信徒，并用言语威胁，让信徒知难而退。

（4）卖大量书籍、资料给信徒，向其敛财，规定信徒定期"奉献"钱财。

邪教会利用教徒来做违法的事情，控制教徒的思想，压榨教徒的钱财，让教徒为邪教奉献出生命。

三、邪教如何发展自己

（一）在地方的渗透

（1）打着宗教的幌子、科学的旗号在地方上吸引人，让人入教。

(2) 以"末日""劫难"恐吓人,并宣扬只有入教才能得到解救,很多人信以为真,从而入教。

(3) 以治病强身的谎言来诱惑人。一些人有病乱投医,不相信科学,却相信入教可以包治百病。

(4) 以给予关心、帮助来拉拢人。人往往在最需要帮助的时候是最脆弱的,邪教就以帮助他人来拉拢人,以壮大自己的队伍。

(二) 在学校的渗透

(1) 假借学生社团或其他团体的名义进行渗透。韩国的"摄理教"在日本假扮"社团",约请学生参加社团活动,灌输"摄理教"教义。

(2) 以情感拉拢并施以小恩小惠进行渗透。全能神在大学里伪装成"大善人",以帮助那些有困难的学生为由,带他们入教。

(3) 邪教还以参加聚会活动、游玩等方式进行渗透。

四、邪教的本质

(1) 反人类:它蛊惑一些"信徒"自杀或者残害他人,并且组织大规模的自焚事件。

(2) 反科学:任何邪教都是反对科学,宣扬神秘主义、封建迷信和伪科学的。

(3) 反社会:邪教逃避现实社会,对抗现实社会,破坏现实社会,一直想建立一个以邪教为中心的"社会"。

五、邪教的危害

(一) 对社会的危害

邪教作为邪恶势力反动政府、仇视社会,煽动邪教组织成员发泄对政府及社会的不满。邪教利用社会矛盾、腐败现象、贫富差距等社会问题,挑拨政府与人民群众的关系,破坏社会稳定。很多成员因邪教鼓吹能进入天国等思想造成家庭悲剧,并影响了正常的社会秩序。

(二) 对人身的伤害

邪教损害教徒身心健康,邪教的共同点都是用异端邪说残害教徒的身心健康。一些邪教的头目借着"神"的名义聚敛钱财,奸淫玩弄女性,严重摧残妇女的身心健康。邪教组织残害生命,制造集体自杀,蛊惑人员自焚等,残害生命,扰乱社会。

六、邪教组织的违法活动

(1) 无视法律的规定,建立非法的组织,进行有组织的违法活动。

（2）编印散发各种非法刊物、传单、书籍，宣传其歪理邪说。
（3）非法举行各种集体练功、讲座和集体活动。
（4）法律明确规定其为非法并予以取缔后，他们继续以非法组织的名义进行有组织的违法活动，公然对抗法律。
（5）聚众组织围攻、哄闹等扰乱社会秩序的违法活动。
（6）公然违反国际公约，频繁攻击卫星电视信号。
（7）通过互联网转接国际 IP 电信线路后自动按打给国内用户，播放他们制作的反动宣传录音或发送传真。
（8）利用移动通信技术群发含有邪教内容的电子邮件和手机短信，传播邪教反动信息和言论。

七、大学生要崇尚科学，抵制邪教

（一）崇尚科学精神，反对迷信思想

科学，是人类对自然规律和社会发展规律的认识与把握，科学的力量改变了世界的面貌，是推动历史进步的杠杆和基石。迷信，则是一种无知，一种对自然力量和社会力量的畏惧和屈服。

大学生要使自己成为国家的有用之才，就应当崇尚科学，坚信科学，学习科学，用科学知识、科学方法、科学思维、科学技术去反对和揭穿一切形式的迷信和邪说。

（二）坚持唯物主义，反对唯心主义

唯物主义认为世界本质上是物质的，是不依赖人的意志而客观存在的，物质是第一性的，意识是物质存在的反映，世界是可以认识的。

唯心主义认为物质世界是意识、精神的产物，意识、精神是第一性的，客观世界是主观意识的体现和产物，"法轮功"等邪教组织所宣扬的是一种唯心主义的神秘论，它宣称拥有使一切问题迎刃而解的灵丹妙药，可以使精神战胜物质。

大学生必须坚持科学的世界观，做一个坚定彻底的唯物主义者。只有这样，才能在错综复杂的形势下，排除任何形式的唯心主义的干扰，始终保持强大的精神力量，为社会主义事业做出应有的贡献。

（三）注意心理健康，不要自我封闭

提高心理素质，是抵御一切错误思潮侵蚀的有效措施之一。大学生要注重培养自己良好的心理品质和自尊、自爱、自律、自强的优良品格，增强克服困难、经受考验、承受挫折的能力，要注意心理健康，积极参加班级的集体活动，多交朋友多谈心，把自己融入集体中去。

（四）正确看待疾病，不盲目入教

因病而练功是很多人加入邪教的主要原因。有了疾病，要及时就医。相信邪教中的治

病方法、采取生病不吃药的糊涂行为,不仅不能治好病,反而会加重病情。大学生要正确看待疾病,不要因病急乱投医而误入邪教。

(五)做到珍爱生命,远离邪教

生命只有一次,请珍爱自己的生命,相信科学,远离邪教。

(1)邪教与宗教的区别有哪些?
(2)如何辨别邪教组织的违法活动?
(3)大学生面对邪教该如何做?

扫一扫,进入陕西交院"大学生安全教育"微课

第三章　反恐防暴安全

恐怖主义的存在由来已久，对人类社会产生了深远的影响，并且随着时代的发展，恐怖主义行为也在不断地变换着形式。随着恐怖主义向校园的渗透，越来越多的校园暴力恐怖事件频繁发生，校园反恐已成为重要的实践课程。

有没有相关的法律对恐怖分子进行制裁，对想要参加恐怖活动的人员进行制约？

如何才能辨认出恐怖分子，让那些单纯的人不轻易上当受骗？

如果真的遇到了恐怖袭击，难道就坐以待毙？

第一节　恐怖活动现状

一、当代国内外恐怖活动状况

案例1

2003年8月1日，俄罗斯北奥塞梯共和国莫兹多克市一家军队医院遭到汽车炸弹袭击造成50多人死亡，50多人受伤。

案例2

2003年8月29日，伊拉克南部伊斯兰教什叶派圣地纳杰夫阿里清真寺发生汽车炸弹爆炸，造成100多人死亡，200多人受伤。伊拉克伊斯兰教什叶派宗教领袖哈基姆在爆炸中遇难。

案例3

2015年11月，法国巴黎市中心发生多起枪击爆炸事件。当晚，巴黎7个不同地点几乎同时发生恐怖袭击事件，包括正在进行比赛的法兰西大球场以及正在进行现场演出的巴塔克兰剧院等，有上百人遇难，逾200人受伤。

 **案例 4**

2015年中国新疆吐鲁番市鄯善县鲁克沁镇发生暴力恐怖袭击案件，多名暴徒先后袭击鲁克沁镇派出所、巡警中队、镇政府和民工工地，放火焚烧警车，造成24人遇害。

进入21世纪以来，恐怖活动对国际社会的冲击明显加剧，已成为影响地区和世界安全局势的一个新的不稳定因素。特别是近几年，恐怖活动在一些国家此起彼伏，劫机、爆炸、绑票与劫持人质、劫船、劫车、暗杀、袭击等形式的恐怖行为急剧增多。2001年发生在美国的"9·11"恐怖袭击则把恐怖活动推向了高潮。

当前恐怖活动在我国的特点主要呈现为：带有强烈意识形态色彩的民族分裂组织和极端宗教势力活动频繁，以极端暴力手段进行的社会攻击性恐怖活动、以个人利益为目的的恶性恐怖犯罪、帮派及黑社会势力进行的带有强烈社会恐怖效应的暴力犯罪活动等不断发生。

二、恐怖活动对大学生安全的威胁

在"基地"组织的恐怖手册中，明确把学校列为恐怖活动的重要目标，"因为那是异教徒中的精英和未来所在，防备松懈……"。

近年来，北京、山东、江苏、湖南等地校园相继爆发了一系列针对学校学生的暴力恐怖事件。个别高校的学生收到过恐怖信件、恐怖电子邮件和恐怖手机短信，还发生过大学校长被绑架的案件。这表明，学校由于其易受袭击的脆弱性和恐怖事件所产生的独一无二的轰动效应，开始成为恐怖组织和严重刑事犯罪分子所青睐的袭击目标。

爆炸和劫持人质是恐怖分子在校园中使用最多的恐怖活动手段。爆炸（包括自杀性爆炸和遥控装置爆炸）以巨大的声响、大面积的破坏和人员伤亡为特点，十分符合恐怖活动以少数人的力量制造轰动效应和威胁压力的要求；而劫持人质可通过现代新闻网络瞬间传遍全球，从而给学生家长和整个社会造成一种挥之不去的恐怖心态，恐怖分子就是希望借助媒体实现骇人听闻的政治目的和报复社会的心理目的。

三、与我们息息相关的《中华人民共和国反恐怖主义法》

恐怖活动威胁校园的安定和谐，威胁社会的稳定发展。曾经，反恐是一个又敏感、又棘手的难题——该怎样给这些恐怖分子定罪？恐怖袭击事件是刑事案件还是治安案件？到底有没有权力查抄他们的资产（设备）？

如果说以前这些问题还没有确切的答案的话？现在就可以有根据地去回答了。因为，2016年1月1日，《中华人民共和国反恐怖主义法》正式实施了。

《中华人民共和国反恐怖主义法》是为了防范和惩治恐怖活动，加强反恐怖主义工作，维护国家安全、公共安全和人民生命财产安全，根据《宪法》而制定的。由中华人民共和国主席于2015年12月27日发布，2016年1月1日起施行。这是我们每个大学生都应该好好了解、学习的法律知识。

"编造、传播虚假恐怖事件信息；报道、传播可能引起模仿的恐怖活动的实施细节，发布恐怖事件中残忍、不人道的场景……"是违法的！

四、参与恐怖组织所要担负的法律责任

（1）参与恐怖活动，组织、策划、准备实施、实施恐怖活动，宣扬恐怖主义，非法持有宣扬恐怖主义的物品，为恐怖组织、人员提供帮助的依法追究刑事责任。

（2）只要参与，即使情节十分轻微不构成犯罪，依然是违法的，将由公安机关处以10日以上15日以下拘留，而且可以并处1万元以下罚款。

（3）明知他人有恐怖活动行为却窝藏、包庇，情节轻微尚不构成犯罪或司法机关向其调查情况时，拒绝提供信息的将由公安机关处以10日以上15日以下拘留，而且可以并处1万元以下罚款。

（4）编造、传播虚假恐怖事件信息，报道、传播可能引起模仿的恐怖活动的实施细节，发布恐怖事件中残忍、不人道的场景，未经批准报道、传播工作人员或人质身份信息的由公安机关处以10日以上15日以下拘留，还可以并处1万元以下罚款。

思考题

（1）公民对于反恐都有哪些义务和责任？
（2）参与恐怖组织要担负哪些法律责任？

第二节　恐怖组织和恐怖分子

反恐是每个公民的责任和义务，一旦发现绝不姑息。

可是什么样的人才是恐怖分子？什么样的组织才是恐怖组织？他们都有什么特点？如何才能辨认出呢？

一、恐怖组织

（一）什么是恐怖组织

恐怖组织是一些反社会和反国家的人组织在一起，而恐怖分子就是恐怖组织的成员，他们有组织、有目的地对人民和对国家进行惨无人道的恐怖行动。

（二）恐怖组织的特点

（1）以暴力恐怖为手段，从事危害社会安全、破坏社会稳定、危害人民群众生命财产安全的恐怖活动。

(2) 具有一定的组织领导或分工体系。

(3) 针对非战斗人员或群体。

(4) 曾组织、策划、煽动、实施或参与实施恐怖活动，或者正在组织、策划、煽动、实施或参与实施恐怖活动。

(5) 资助、支持恐怖活动，建立恐怖活动基地，或有组织招募、训练、培训恐怖分子。

(三) 恐怖活动的性质

1. 具有政治目的性

即恐怖主义具有政治动机和目的，目的是反对国家，反对政府。

2. 手段的暴力性

恐怖主义的主要手段是暴力或以暴力相威胁，具有严重的社会危害性，一般都构成严重的犯罪行为。

3. 思想的极端性

恐怖主义根据非常原始的、非黑即白的模式，将世界分成朋友与敌人、善与恶两个对立部分，对事物的认识非常偏激。

二、恐怖分子

(一) 恐怖分子的心理解读

现代犯罪学认为，社会文化因素并不一定是造成犯罪的最主要原因，犯罪行为的形成与诸如社会、生理和心理等因素的综合作用相关。恐怖主义犯罪也是一样，社会环境促进了极端主义思想的产生和传播，但致使人从思想犯罪走向行为犯罪的，还跟个体和群体的心理动机有关。一些研究者将恐怖分子的犯罪行为简单归之于人格的变态、早年生活受到极大的挫折等，其实这是片面的甚至错误的。那么，恐怖分子有哪些心理特征呢？个体水平上，可以从认知、情绪、意志三个维度进行分析。

1. 偏执的认知特征

恐怖分子的认知特点主要表现在认知过程的强烈偏执性和认知结构中强烈的对反社会的恐怖主义的合理化思维，而这与他们极端的民族意识和极端的宗教思想是分不开的。他们有坚定的政治信仰，受制于严密的组织机制，形成了一种偏执狂式的宗教狂热，能做到漠视无辜生命，坚信恐怖手段的合法性和必要性。巴黎事件有目击者称，在开枪前枪手高喊了"真主伟大"，随后扣动扳机。他们认为现存社会是罪恶的，必须被摧毁，他们相信暴力破坏可以救世，他们梦想在旧秩序的废墟上建立起一个全新的社会秩序。

2. 麻木的情绪特征

对世俗社会的极端失望和自卑、对敌人的极端仇视和愤怒、对自己所追求目标的极端绝望，使得恐怖分子大多持有一种极端麻木冷酷的情绪状态，根本谈不上同情怜悯之心，再惨痛的结果，他们都认为是必要的。他们牺牲生命以引起社会恐怖，吸引全社会对他们所追求目标的注意。对此，他们不仅没有罪恶感，反而会有成就感、胜利感。巴黎事件有目击者这样描述道："扫射过程持续了10分钟，恐怖分子很冷静镇定，他们什么都没喊，一句话都没说。"情绪的麻木、对受害人的冷酷是恐怖分子必备的心理素质，在接受任务之前，他们会受到长时间严苛的训练。以色列报纸曾报道，部分受训者会被带到"烈士"（指在所谓"圣战"中殉教的恐怖分子）墓地，在一个墓穴里躺上几个小时以克服对死亡的恐惧。

3. 极端的意志特征

恐怖分子通常意志坚韧并残忍。受上述谈及的认知特征和情绪特征影响，实施恐怖活动之前，恐怖分子并无一般犯罪者常有的心理冲突，他们冒险心极为强烈，不惜牺牲自己的生命，以保证恐怖活动实现预期目标。如，巴黎事件中引爆身上炸弹的恐怖袭击者，对他们而言，自杀是条件和手段，他杀是目的和意义。此外，恐怖事件绝无偶发性和临时起意的情况，大多经过严密的准备，一旦确定了恐怖活动的计划，往往就孤注一掷，绝不回头，即使遇到阻力，也会不断修正目标，实施攻击。

（二）恐怖分子是如何走向暴力的

社会心理学领域的去个性化理论和道德脱离理论可以用来解释恐怖组织是如何使人们脱离道德约束，走向暴力之路的。

1. 去个性化理论

该理论最早由法国社会学家勒邦提出，指个体在群体压力和群体意识的影响下，感到自己被淹没在群体之中并丧失了自己的个人身份和责任感，从而出现个人单独活动时不会出现的非典型的、反规范的行为。曾震惊心理学界的米尔格曼权威服从实验也说明了这一社会心理现象的存在。

2. 道德脱离理论

自我约束在残忍行为的调控中起着重要的作用，个体在社会化过程中会逐渐掌握一些道德准则，当人际控制能力发展起来后，人们就会用约束力来控制自己的行为产生，克制那些违背他们道德标准的行为，因为这种行为会导致自我谴责。然而，自我约束能够有选择地被"激活和脱离"，使之有利于那些违背自己道德标准的行为产生，这个打破行为障碍的过程被著名的美国心理学家班杜拉称为"道德脱离"。实现的方法有：道德辩护，即对恐怖行为进行合理化解释，认为犯罪有理等；责备或丑化受害者，即认为所攻击的对象是应该受到惩罚的、是罪有应得的等。

恐怖事件的社会心理危害是一种连锁反应，从个体到社会、从局部到更大范围，逐步蔓延和扩散。国际反恐需要进一步加强国际合作、地区合作，更加有效地打击恐怖组织，除此之外，反恐组织还需要研究恐怖分子的心理、社会、文化、宗教根源和形成机制。人们自身也要提升心理灵活性，从而消解恐怖事件的心理危害、疏导不良情绪。

三、如何识别恐怖分子和恐怖活动

(一) 从人物的特点发现恐怖分子

(1) 神情恐慌、言行异常者:如有的人冷眼凝视、入神注视,或者两眼睁得很大;有的人是夸张地打哈欠、不时碰触脸或耳朵,眼睛总看钟表或坐立不安,或者是不停地踱步、颤抖、出汗、起鸡皮疙瘩等。

(2) 着装、携带物品与其身份明显不符,或与季节不协调者,如明明是夏天,却把自己捂得严严实实。

(3) 冒称熟人、假献殷勤者。

(4) 在安全检查过程中,催促检查或态度蛮横、不愿接受检查者。

(5) 频繁进出大型活动场所者。

(6) 反复在警戒区附近出现者。

(7) 疑似公安部门通报的嫌疑人员。

(二) 从生活中发现恐怖分子

(1) 作息异常,昼伏夜出。
(2) 屋内异常,房屋内有异常声响、气味。
(3) 垃圾异常,常出现非生活垃圾。
(4) 交往异常、复杂。
(5) 物品异常,常携带异常物品出入。

(三) 从网络中的陌生人中识别恐怖分子

(1) 态度非常狂妄的人。
(2) 经常恐吓微博圈的人。
(3) 说一些反社会、反人类的语言的人。

(四) 从各种异常状态发现可疑车辆

(1) 状态异常:旧车无牌照或遮挡车牌,车窗门锁有撬压损坏痕迹,车体损伤异常等。

(2) 停留异常:在禁止停车的水、电、气等重要设施附近及人员密集的场所、转弯处停车。

(3) 人员异常:乘车人员较多,神色慌张、东张西望,见到有人接近刻意躲避。

(4) 行驶异常:在非机动车道区域快速行驶,左右摇摆、忽快忽慢。

(5) 物品异常:车内装载易燃易爆、易挥发、易腐蚀等危险品,大量管制刀具等。

(五) 用"三官"发现可疑爆炸物

(1) "看"可疑物品有无暗藏爆炸装置。

（2）"听"是否有异常声响。

（3）"嗅"是否有异常气味，如黑火药会发出臭鸡蛋味，自制硝铵炸药会分解出明显氨水味。

思考题

（1）恐怖组织的特点都有什么？

（2）恐怖分子常用的作案方式都有什么？

（3）如何识别恐怖分子？

第三节　恐怖袭击的应对

暴力恐怖案件总会产生众多的受害者，万一我们身处险境，该如何提高生存概率呢？让我们了解一些必备的生存常识，在这类恐怖袭击事件发生时，将损失降到最低。

一、遭遇袭击的三大应对法则

在生活中，如果不幸遭遇暴乱事件，我们该如何应对呢？美国国土安全部资助拍摄了宣传短片《遭遇恐怖袭击时的三大应对法则》来教导国民。

三大应对法则："逃跑""隐藏""搏斗"。

1. 逃跑

危险来临时，不要因贪恋财物而浪费宝贵的逃生时间。

判断恐怖分子的方向，立刻向相反的安全出口方向逃离。

2. 隐藏

如果不能安全逃跑，你需要找个地方躲藏起来。

在无法找到安全的逃生通道时，应尽量选择邻近的店铺、宾馆、洗手间等狭窄封闭的空间躲避。

老弱妇孺在面对迫在眉睫的伤害时，可就地寻找掩体的地方，如桌椅下面，并利用手边的行李、包等护住要害位置。

背靠墙角可保护后背安全；双手抱住后脑可保护脖颈；双膝同肘关节可防护前胸。伤员或行动不便者不要急于逃离，让自己成为追杀对象，可就地装死。

3. 搏斗

如果实在躲不掉、逃不了，也不能坐以待毙任凭犯罪分子攻击伤害我们，而要快速寻找身边有什么可作为武器，或拿起背包、行李等作为盾牌用来抵挡犯罪分子的攻击，为自己和家人创造逃跑的时间和机会。到达安全区后，要记得及时拨打110报警，说明时间、地点、歹徒人数与特征等。及时检查是否受伤，实施自救互救。

二、遭遇纵火、爆炸袭击怎么办

震惊世界的美国"9·11"恐怖袭击事件造成了巨大的人员伤亡。那么，普通人该如何应对突发的爆炸袭击事件呢？不同的场所有各自不同的应对措施。

（一）在公交车上遇到纵火

（1）呼救灭火：大声告知司机"着火啦"，同时打开车门，用随车灭火器灭火。
（2）迅速下车：打开车门和逃生窗，顺序快速下车。
（3）自救互救：采取正确方法及时灭火，帮助他人扑灭身体衣物之火；协助医务人员救治。

（二）在地铁内发生爆炸

（1）迅速按下列车报警按钮，使司机在监视器上获取报警信号。
（2）在列车运行期间，不要有拉门、砸窗、跳车等危险行为。
（3）在隧道内疏散时，要听从指挥，沉着冷静、紧张有序地通过车头或车尾疏散门进入隧道，向邻近车站撤离。
（4）寻找简易防护物如衣服、纸巾等捂鼻，采用低姿势撤离。视线不清时用手摸墙壁撤离。

（三）在体育、演出等场馆发生爆炸

（1）迅速有序远离爆炸现场，避免拥挤、踩踏造成伤亡。
（2）撤离时要注意观察场馆内的安全疏散指示和标志。
（3）不要用打火机点火照明，以免形成再次爆炸或燃烧。
（4）及时拨打报警电话，客观详细地描述事件发生、发展经过。

（四）在饭店发生爆炸

（1）保持镇静，注意避免进入餐厅等存有易燃易爆物品的危险地点。
（2）寻找有利地形进行隐藏。
（3）按照警方和有关人员的指挥及时撤离现场，如果条件不允许，就应原地卧倒，等待救援。
（4）不盲目从人群逃离，避免挤成一团相互踩伤、压伤。
千万不要因顾及贵重物品而浪费宝贵的逃生时间。

（五）在集贸市场发生爆炸

（1）保持镇静，迅速选择最近的安全出口有序撤离现场。
（2）注意避开临时搭建的货架，避免因坍塌可能造成的新的伤害。
（3）注意避开脚下物品，一旦摔倒应设法让身体靠近墙根或其他支撑物。

三、遭遇枪击袭击怎么办

如果遭遇持枪分子或枪战，你该怎么办？

首先尝试使用上面提到的三大法则：逃跑、隐藏、搏斗。在来不及逃跑的情况下，立刻躲藏起来。

（一）就地卧倒，并寻找机会快速移动到掩体后面

子弹的飞行速度和射击速度是非常快的，恐怖分子一旦发起枪战，瞬间就能击中人。因此，应立即就地卧倒，不要去顾及场地干净与否、是否有积水污垢等。如果有可能，要快速移动到掩体后面。

（二）选择合适的掩体

（1）质地。选择密度质地不易被穿透的遮掩物，如墙体、立柱等木门、铝制门等虽不能够挡住子弹，不能作为掩蔽体，但能够起到掩蔽作用。

（2）体积。选择能够挡住自己身体的掩蔽物。

（3）形状。掩蔽体形状规则，就容易躲避子弹；不规则物体容易产生跳弹，掩蔽在其后容易被跳弹所伤。

总之，遇到枪战时一定要冷静，卧倒、找掩体并看准时机逃生。

延伸阅读

灌木丛阻挡子弹的能力像纸一样脆弱，任何子弹都可以把灌木丛后面的市民击中。

子弹会很容易穿过垃圾桶，且杀伤力丝毫不会减弱。

汽车2毫米厚的蒙皮非常脆弱，而且，如果子弹击中油箱，那就意味着该车内人员的麻烦大了。

一旦子弹击中玻璃，破碎玻璃的杀伤力远远超出你的预计。

土堆能够有效地阻挡子弹和爆炸的伤害。

钢筋混凝土的水泥和普通砖墙都能相当好地阻挡子弹。

四、遇到驾驶机动车冲撞碾轧恐怖袭击怎么办

1. 迅速躲避

看到有车辆冲撞碾轧过来，要迅速向两侧跑开，躲避车辆。

2. 及时报警

拨打110报警，说清楚时间、地点、什么车辆在进行冲撞碾轧。

3. 自救互救

到达安全区后，及时检查是否受伤，实施自救互救。

恐怖袭击虽然发生概率较小，但一旦发生就会造成不可挽回的严重后果。因此，如果我们不幸遭遇了恐怖袭击，一定要沉着冷静，使用这些生存常识，挽救你和家人的生命。

思考题

（1）遇到恐怖分子袭击时，三大应对法则是什么？

（2）面对枪弹，躲藏在什么样的掩体后面比较安全？

（3）报警时提供哪些信息，能有助于警方的搜索和抓捕工作？

（4）在不同场所发生爆炸事件，自救逃生的注意事项有哪些相同和不同？

扫一扫，进入陕西交院"大学生安全教育"微课

第四章　人身安全

近年来，发生在校园中的学生人身伤害案件屡见不鲜，包括暴力侵害、性侵害等。究其原因，多是由于学生缺乏安全意识及安全防范知识，以致在危险发生时束手无策，从而为自己带来不必要的身心伤害及财产损失。因此，了解这些侵害的预防应对措施，对于保障学生的人身及财产利益不受损害就显得尤为重要。

第一节　防暴力侵害

高校常见的非法人身伤害是争吵与斗殴，这种行为本身的伤害程度有限，但是极易发展成为故意伤人、故意杀人等严重的人身伤害行为，因而往往会造成严重后果。所以，我们要预防此类情况的发生，同时要学会如何应对这类事件。

案　例

2004年2月云南大学学生马加爵，在云南大学学生公寓内，用事先购买的铁锤先后将其同班同学唐××、邵××、杨××、龚×杀害。警方调查，马加爵因家境贫寒经常受到同学的鄙视、嘲讽，心理扭曲，于是策划了这起谋杀，并畏罪潜逃。警方全国通缉，犯罪嫌疑人被捉拿归案，法院依法判决，马加爵于2004年6月17日被执行死刑。

延伸阅读

《中华人民共和国治安管理处罚法》第二十六条规定："有下列行为之一的，处五日以上十日以下拘留，可以并处五百元以下罚款；情节严重的，处十日以上十五日以下拘留，可以并处一千元以下罚款；（一）结伙斗殴的；（二）追逐、拦截他人的；（三）强拿硬要或者任意损毁、占用公私财物的；（四）其他寻衅滋事行为。"

（1）殴打他人，指故意伤害他人身体，造成轻微伤及轻微伤以下伤情的行为。殴打他人，一般要受到治安处罚。

（2）故意伤人，指故意伤害他人身体，造成轻伤、重伤、严重伤残或死亡的行为，已构成犯罪。

（3）故意杀人，指故意非法剥夺他人生命的行为，是《刑法》中少数性质最恶劣的犯罪之一。

一、暴力侵害事件发生的原因

(一) 校园内暴力侵害事件发生的原因

高校学生正处于青春期,年轻气盛,情绪不稳,很容易因为各种原因而导致摩擦、纠纷,如果处置不当则易发展为人身伤害事件。校园内部发生人身伤害事件有以下常见原因。

1. 琐事处置不当

很多的纠纷都是因日常琐事引起,如不拘小节、玩笑过度、出言不逊、狂妄自大、自私自利等行为都会引发纠纷。面对纠纷,如果不能冷静克制、理解谦让,则可能激化矛盾,引发人身伤害。

案 例

某日晚,某高校女生宿舍内,程某穿着拖鞋爬到自己所在的上铺时,脚上的一只拖鞋掉了下来,正巧砸到下铺高某的头上。高某不满地问程某:"你干吗?"两人随即发生争吵。争吵几句后,程某端起已经烧开了水的电热锅向高某走去,将整锅水朝高某的胸前泼去。高某惨叫不止,程某仍不罢手,用电热锅打高某的头,高某用胳膊挡着,后高某抵挡不过跑到阳台上,程某又拿起桌上的裁纸刀恐吓高某,不让她进屋。宿舍另外两名同学上前劝说也被程某关在了阳台外面。后来宿舍其他人叫来管理员,程某才放高某进屋。

经法医鉴定,高某右前臂等被开水烫伤,已构成轻伤。程某因涉嫌故意伤害罪被依法逮捕。

2. 性格习惯差异

因每个人成长环境和生活条件不相同,性格差异较大,如果不能尊重他人的个性和习惯,则很容易因互相嫌弃而产生矛盾;或在集体生活中总想唯我独尊,不愿遵守公共道德和行为规范,很容易引发纠纷。在这些情况下,产生矛盾和纠纷后,当事人往往也不能及时认识到自己的错误,还会将原因归结为对方侵犯了自己的权益,态度粗暴,继而将矛盾激化,大打出手。

案 例

某日零时许,某大学所有宿舍已熄灯,突然听到某宿舍传出争吵声,几分钟后,浑身是血的贺某被几名同学抬下楼,送往医院。凌晨3时许,贺某因伤势过重,不幸身亡。

据了解,贺某当年18岁,犯罪嫌疑人为宿舍同学龚某。事发后,龚某被警方控制。据其交代,几天前,他有两双袜子因为太臭,被室友贺某放进水盆里。事发当日凌晨,他发现自己最后一双臭袜子被贺某扔出窗外。两人因此发生口角,在宿舍内推搡。龚某顺手拿起桌子上的一把水果刀,朝贺某的腹部捅了一刀。贺某受伤后,龚某也慌了,和室友一起抬着贺某去急救。

3. 无端猜忌、多疑

同学间应坦诚相待，然而有些同学总是爱猜忌、多疑，觉得别人对自己不满、说自己坏话、背后暗算自己等；有的同学口无遮拦，喜欢随意开同学玩笑，说者无心，听者有意，当事人心灵受伤的同时，也容易胡思乱想，无端嫉恨他人；还有个别同学财物丢失就对别人妄加猜疑，甚至对所谓嫌疑人按照违法行为进行处理。这些行为都极易给人身伤害事件埋下种子。因此，大家一定要心胸宽阔，也要注意自己的言行，珍惜同窗缘分。

案 例

某高校学生郭某在宿舍用餐时，不小心将菜汁滴到同学李某的床单上，郭某立刻道歉，但李某坚持认为郭某是针对自己，二人因此发生口角。事后，李某叫上校外朋友，在回宿舍的路上等待郭某，并与之发生斗殴事件，造成郭某手臂骨折。

4. 竞争意识过强

同学间的良性竞争本是大家进步的重要动力之一，然而，有些同学竞争意识过强，甚至发展为严重的嫉妒心，往往将其他同学的进步、他人取得的成绩，当成对自己的威胁，不是想通过努力提高自己，而是想损害他人，继而引发恶性竞争，甚至导致人身伤害事件发生，殃及无辜。如在评优、评奖中，因看法不一致反目成仇；有的还因争水洗澡、争运动场地、争座位等这些不值一提的小事而互不相让、引发斗殴。

案 例

某高校学生李某在班级考试中两次获得第一名，并在当年年度奖学金民主评比时票数第一。班长张某与李某平时关系不好，便擅自主张否定投票结果，不给李某年度奖学金。在无助的情况下，李某找到同乡王某帮忙，与张某理论，因此发生矛盾。张某为此纠集多位同学到王某宿舍打架，王某与李某在慌乱中防卫过当，打伤张某。

5. 经济利益受损

财物纠纷是高校中引发斗殴的一个常见原因，学生往往因认为自己的经济利益受损而引发人身伤害事件。如，同学之间共同消费后对经济责任的分担有不同意见；有的因相互之间的借、还等经济往来而引发纠纷，有的甚至只是因为到餐馆就餐或到个体摊点消费，对其服务态度、价格、数量、质量等方面不满而产生纠纷，一时争执不下又无人调解时，就容易引发更大的矛盾，最后大打出手。

案 例

某日下午，某大学学生叶某和同伴到商场为其女友买衣服。在一家店里与店主胡某讨价还价后，叶某因不满胡某服务态度，借口说不买了，因此与胡某发生口角，继而扭打在一起。叶某二人将胡某打倒在地，一人踢其下身，一人踩其头部。胡某恼火不已，因其在店内剪线头，手中剪刀一直没放下，遂持剪刀刺向叶某颈部，致其动脉破裂，失血过多死亡。案发后，胡某主动向警方自首。

6. 酒后丧失理智

学生因酗酒而引起的违法违纪特别是打架斗殴现象时有发生。高校学生已经是成年人了，可以适量饮酒，但一定要把握尺度，不要相互劝酒，更不要借酒消愁。过量饮酒不仅有害健康，还可能使我们失去理智进而引发人身伤害案件。在很多酗酒引起的案件中，嫌疑人在饮酒前并没有明确的违法动机和作案准备，但在醉酒后，就可能因一言不合或回忆起日常琐事的不满而情绪波动，一时冲动，引发打架殴斗甚至杀人等人身伤害案件，不仅伤害无辜，也让自己前途尽毁。

案 例

某日凌晨2时许，某高校学生常某、董某酒后与买啤酒返回的张某等人相遇，双方发生争执，张某对董某进行殴打。董某、常某与张某等人发生打斗后离开现场。此后常某、董某纠集另外3名同学一行共5人到该校张某宿舍找张某报复。打斗中，张某头部被压在宿舍桌子上，常某持酒瓶、董某持木棒殴打其头部、背部等处，之后常某、董某等5人殴打张某致其倒地后离开。事后，张某经抢救无效死亡。

法院审理后认为，常某、董某等5名犯罪嫌疑人采用暴力手段故意伤害他人身体致人死亡，其行为构成故意伤害罪，遂依照5人各自作案实情，依法判处5人有期徒刑3年至13年并缓刑5年不等的刑期。

7. 恋爱情感问题

高校学生因恋爱问题、情感问题导致过激行为的也占有相当大的比例。有的同学不能正确处理情感纠葛，由爱生恨或横刀夺爱；有的同学视恋爱为儿戏，玩弄感情，"脚踏几只船"，引发几个恋人之间争风吃醋，大打出手；有的同学一厢情愿，恋爱不成，导致心理失调，甚至心理变态，继而引发报复行为。这些行为都极易造成人身伤害，有些还会引发性侵害、故意杀人等恶性案件。

案 例

某日某商场内，一男子手持双刀将一女子残忍杀害。当事人均为某高校学生。犯罪嫌疑人对受害人一见钟情，然而几番追求始终未果，被多次拒绝之后，由爱生恨，蓄意策划了这起谋杀。

8. 心理障碍或精神疾病

正值青春期的学生身心发展趋于成熟，但尚未形成完全成熟、健康的人格，在面对突如其来的打击、压力和挫折时，个别同学难以做出适当的应对和调节，结果形成了心理障碍，甚至造成了一定的精神疾病。这些学生智商正常，意识清醒，平时能够处理自己的日常生活，但由于缺乏对自身人格的自知，常与周围人发生冲突，且很难从错误中吸取经验教训并加以纠正。在极端情况下，这些有心理障碍或精神疾病的同学就很容易做出自我伤害或伤害他人的举动。

案 例

郭某是吉林某高校学生，性格内向，平时沉默寡言。其室友赵某性格开朗，经常说话口无遮拦。在日常交往中，赵某曾因两件小事辱骂郭某，但郭某并未予以辩解或反驳，而是积怨在心，并慢慢地发展成对赵某刻骨的仇恨。某日，在玩电脑游戏的过程中，赵某再次辱骂了郭某，郭某遂决定"让赵某永远开不了口"。当天夜里，郭某将熟睡中的赵某杀害。

（二）校外暴力侵害事件发生的原因

高校学生其实已经属于半个社会人，但还远未了解校外环境的复杂性，如果我们没有建立应有的安全防范意识，没有树立正确的世界观、人生观、价值观，则很容易在与社会人员接触时，引发人身伤害，甚至误入歧途。校园外部发生人身伤害事件有以下常见原因：

1. 缺乏安全意识

根据统计，大学生在校外发生人身伤害的重要原因是当事学生缺乏基本的安全防范意识，自我保护意识薄弱，导致发生不安全行为，如深夜外出、夜不归宿、单独约见陌生人、前去治安复杂地区等，这些都具有一定的危险性，有很多案例就是受害人在这些情况下遭到诈骗、抢劫、人身伤害，甚至发生被杀惨案。校园内外的偏僻地点，特别是到了夜晚，往往是犯罪分子伺机作案的场所，很容易发生人身伤害案件。

案 例

某高校学生夏某过生日，晚饭庆祝生日后，夏某与同学们来到某酒吧喝酒，到次日凌晨2时许散场，当时还有约10名同学。夏某等人走出酒吧后，夏某高声喊一名同学的名字，因为声音较大，引起路过的四名男子的不满，双方发生口角并发展为斗殴。最终，夏某的好友陈某被对方用匕首刺中颈部倒在水沟里，夏某跳下去拉陈某时也被刺中胸部，对方随后与同伙逃离了现场。急救人员赶到现场发现，陈某被刺到颈部动脉当场死亡，夏某胸部有两处刀伤，被及时送往医院抢救。犯罪嫌疑人和某、王某已于案发当天被公安机关抓获归案，两人因涉嫌故意伤害罪被刑事拘留。

2. 交友不慎

个别学生网上交友、现实交友都没有采取慎重的态度，在没有深入了解对方的情况下便密切接触，还带进校内，发生矛盾后才知道自己交友不慎，引狼入室，结果导致人身伤害，甚至引来杀身之祸。还有个别学生在交友时，没有基本的判断能力，以意气相投的酒肉朋友为交友对象，讲究"哥们义气"，结果与社会不良青年为伍，拉帮结派，横行霸道，最后卷入聚众斗殴等事件造成人身伤害，甚至参与其他侵害行为，走上违法犯罪道路。

案 例

某高校毕业生王某，在家待业期间，结识张某等4名同乡。由于5人没有经济收入，于是萌生了抢劫的邪念。他们多次作案并得手,先后抢得两万多元。王某等人尝到甜头后,更是肆无忌惮,每人又购买了水果刀作为作案工具,实行持刀抢劫。接到受害人报警后,民警对他们实施跟踪,将之抓获归案。在审讯过程中,王某后悔莫及,他说自己也和很多刚毕业的大学生一样,曾怀揣着创一番大事业的激情梦想,没想到却因为交友不慎毁了自己的大好前程。

3. 与校外闲杂人员交往增多

现在多数高校对外开放,校园周边及校内治安环境日趋复杂,高校师生与校外人员的交往日益增多,因此,引发的财物侵害、人身侵害的案件也在不断增加。有些校外闲杂人员在游泳、购物、观看比赛甚至走路等偶然场合与高校学生发生矛盾冲突;有些校外闲杂人员在与个别高校学生进行接触、交往时,一旦发生矛盾或纠葛,便有目的地入校寻衅滋事、伺机报复;有些校外闲杂人员与学生争抢活动场地,从而引发斗殴事件;有些校外闲杂人员干脆把学校变为玩乐场所,在校园内游逛,或故意怪叫漫骂,或有意扰乱秩序,高校学生极易与这类人员发生正面冲突;甚至某些犯罪团伙邀约到校园内斗殴滋事,从而使围观或路过的高校学生无端遭殃;还有的校外闲杂人员想方设法打听高校学生的个人信息,继而在休息时间拨打受害人电话,或者无聊地谈天说地,或者口吐污言秽语,这就是所谓的电话骚扰;有些校外闲杂人员不停地给受害人写信,不是采取低级庸俗的话语谈情说爱,就是莫名其妙地进行恐吓和威胁,甚至敲诈勒索,从而造成被害人精神上的痛苦,这就是所谓的信件滋扰。

案 例

某日晚 10 时许,某高校学生谢某在学校附近的商店因购买商品与人发生争执,后对方纠集多位同乡殴打谢某,在场有同学劝架也被殴打。后谢某被送至医院进行观察治疗,犯罪嫌疑人主动投案自首。据称,殴打学生的外来人员为附近村庄的"村霸"。

二、暴力侵害危机的预防

了解了以上高校人身伤害案例的情况,知道了易引发人身伤害的原因后,我们应该知道,当与他人发生矛盾、产生纠纷时,要采用正确的应对方法,避免引发更大的问题或矛盾而造成严重后果。

(一)预防原则

1. 提高安全防范意识

高校拥有最前沿的科技设备和最多的信息获取途径,除了用于专业学习和日常娱乐外,我们也应多学习国家法律法规,了解所发生的人身伤害案例,学会如何保护人身安全和财产安全。学校也会不定期地对大家进行多种形式的人身安全知识教育和相关宣传,我们应抓住难得的机会,学习预防措施,提高安全意识。

2. 做到防患于未然

平时要对学校及周边环境多了解，记下学校保卫部门的联系方式，做到心中有数；同时留心身边的人和事，发现有人身伤害的苗头和隐患，就要有效规避，及时报告老师及相关保卫部门，关注已经发生的人身伤害案件，对照自身，排查隐患，如尽量不夜间出行、和陌生人交往要小心、不乘坐非法运营车辆等，做到防患于未然。

3. 正确处理人际关系

高校中很多人身伤害案件都是由于人际关系处理不善而引发的。与人相处要相互尊重、理解包容，发生矛盾误会时，要学会换位思考，理智处理人际关系。在自己有所失误的时候，要勇于承认错误，勇于承认错误是有效改善人际关系的润滑剂。当进入良性的人际关系循环后，会对你今后的大学生活，甚至一生都有益。

4. 学会与人沟通的技巧

在日常生活中，学会如何与人沟通是每个人都应该掌握的技能，使用一定的谈话技巧，不仅可以让你远离口舌之争，也会让你的生活更加顺利。首先，我们要积极赞扬别人，真心实意、适时适度的赞扬不仅能让对方身心愉悦，调动其积极性能，还能够有效增进彼此的吸引力。其次，要学会委婉地提意见，不恰当的直接批评很容易伤害他人，其实只要改变表达方法，把直接的批评变为间接的暗示和提醒，往往会有出其不意的效果。再次，在与人意见不一致的时候，要尽量避免争论，可以就事论事地进行讨论，但不要有争强好胜之心来压制对方，否则在损害对方自尊心的同时，也会让自己的人际关系恶化，结果是两败俱伤。

5. 正确应对不良情绪

高校的学习和生活中，难免会有挫折和失败发生，当产生愤怒、伤心、受挫等不良情绪时，要采用正确的应对方法，控制情绪，排解情绪，避免因一时冲动而发生人身伤害事件。情绪不好的时候，可以寻求亲友的支持，也可以去学校的心理咨询中心寻求专业的帮助。自己平时也可以多阅读一些心理学方面的专业书籍，学习如何了解和管理自己的情绪。

6. 珍爱生命，规避危险

在日常生活、学习中，要注意规避危险，学会自我保护。如避免夜间单独外出或前往较为偏僻的场所，尽量不去治安环境复杂、秩序混乱的场所；不要随身携带小刀，也不要在宿舍内放置菜刀等危险物品，以免因一时冲动而做出后悔终生的事；聚餐时尽量不饮酒或少饮酒，不劝别人更不强迫别人饮酒；与人发生矛盾冲突后，应自我克制，本着息事宁人的态度，理智处理。我们要保证自己的人身安全，更要珍惜自己来之不易的大好前程。

7. 加强修养，提高素质

高校学生除积极防范和制止人身伤害事件的发生外，还要加强自身修养，提高综合素质，严格要求自己，决不能沾染流氓恶习而使自己成为滋事者，也不能因自身心态没有调整好而做出令自己后悔的举动。

（二）防范措施

为了预防因打架斗殴而导致的人身伤害发生，首先，要做到在日常生活中遇到矛盾冲突时，要"大事化小，小事化了"，即避免因小矛盾纠纷，引起大的冲突打斗。其次，还应养成良好习惯，注意语言文明，学会尊重他人，从而减少矛盾发生的可能性。最后，慎重交友，择善而从，不要盲目讲究"哥们义气"，更要远离品行不端的"朋友"，遇到事情应对同学说服劝导，寻找合理合法的途径妥善解决问题。

打架斗殴事件除了对我们的人身安全造成严重威胁外，一旦酿成治安案件、刑事案件，当事同学轻则受到退学、开除的处理，重则触犯法律法规，受到法律的严厉制裁，断送自己的美好前程。针对各类打架斗殴事件，我们可以采取以下防范措施：

1. 防突发性打架斗殴

突发性打架斗殴往往是由于偶然的起因，当事人一时冲动，没有理智处理而引起的打架斗殴事件。预防此类打架斗殴的发生，要在矛盾前期或者有斗殴的苗头时，就及时采取措施，针对不同对象，认真讲清道理，目的是要说明一时冲动将造成后悔终生的严重后果，使当事人头脑迅速冷静下来，使热血冲头的怒气逐渐消退，理智处理矛盾冲突，千万不要自酿苦果。

2. 防演变性打架斗殴

演变性打架斗殴与突发性打架斗殴的主要区别是有一定周期的矛盾积累、发酵的过程。同学们长期学习、生活在一起，不可避免地在思想上、生活中会发生一些摩擦或者误会，如果没有及时解决矛盾、消除误会，就有可能随着时间生成积怨，最终爆发而引发打架斗殴，造成人身伤害，甚至伤及生命。因此，预防此类打架斗殴的发生，最重要的就是要在日常的生活中注意自己的言行，尽量不与他人产生冲突，及时解决与他人的矛盾，一旦发现有可能因积怨引起打架斗殴行为，则要尽快解开当事人的心结，将人身伤害事件消灭在萌芽状态。

3. 防报复性打架斗殴

报复性打架斗殴往往产生于某种变态心理。在生活中，人们的思想动机必然要从言语、行为等方面显露出来，所以，我们要注意关心同学的思想变化，发现问题及时有针对性地进行规劝，必要时报告老师或保安部门。预防此类打架斗殴的发生，也要运用说理的方法，但此类事件当事人往往非常敏感，自尊心过强，因此，不要直接指责对方的错误，而应举出相似或相关的事例说明道理，让对方自己觉悟，消除矛盾，使其珍惜同学之间的情谊，珍惜自己的前途。

4. 防群体性打架斗殴

群体性打架斗殴往往因本班、本年级、本校的同学、老乡或朋友与他人发生纠纷后，当事人不辨是非，盲目讲究"哥们义气"，而聚集群体向对方进行报复的打架斗殴行为。预防此类打架斗殴的发生，首先，要求我们日常交友过程中要交益友，远离品行不端的狐朋狗友。其次，如果朋友确实与人发生争执，自己则要明辨是非，冷静对待，不参与此类纠纷并劝阻他人参与群殴。不要因一时冲动，酿成多个家庭一辈子的悲剧。

(三) 暴力侵害危机的应对

随着社会的发展进步，高校的不断开放，高校学生的生活空间大大扩展，交流领域不断拓宽，学习生活、业余生活都更加丰富，危及学生人身安全的因素也在不断增加，稍有不慎，就会带来不良后果，给家庭造成痛苦，给社会造成负担。因此，我们在做好防范工作之余，万一遇到人身伤害事件时，也要学会应该如何应对。

1. 应对原则

在面对人身伤害事件时，我们一定要掌握基本的应对原则，使用正确的应对办法，妥善处理问题，将伤害降到最低。具体有以下4条应对原则：

（1）保证生命安全。

生命至上是应对人身伤害案件最基本的原则。无论是学业、感情、金钱等，一切的基础和前提都是生命的存在。在面临人身伤害时，首先要保障自己和他人的生命安全，要用智慧化解危机，不要硬碰硬，更不要自己或者教唆他人以卵击石，扩大伤害。在遭遇人身伤害事件时，我们应该做的是记清犯罪嫌疑人的体貌特征，及时向公安机关报案，向保卫部门报告。

（2）保持沉着冷静。

面对突发情况时要沉着冷静，理性分析，才能做出正确判断，有效进行自我保护。面对犯罪嫌疑人挑起的滋扰，千万不要惊慌，要问清缘由，弄清是非，慎重处置，既不要畏惧退缩，也不要随便动手，而应晓之以理，妥善处置。

（3）依靠组织和集体的力量。

要充分依靠组织和集体的力量，积极干预和制止违法犯罪行为。如发现滋扰事件，要及时向保卫部门报告，及时报警；如自己遭遇滋扰事件，则要注意团结和发动周围的群众，以对滋扰者形成压力，迫使其终止违法犯罪行为；一旦出现公开侮辱、殴打同学等恶性事件，要敢于见义勇为，挺身而出，积极制止。要知道旁观者的态度也十分重要，旁观者的不同态度往往会使事件产生截然不同的结果。

（4）运用法律保护自己。

高校学生一定要学会运用法律武器来保护他人和自己。面对犯罪嫌疑人的人身伤害事件，既要坚持以说理为主，不要轻易动手，又要注意留心观察、掌握证据。例如，对方有哪些人，谁先动手，持何凶器，有何体貌特征，案件大致经过是怎样的，现场状况如何等，这些对查处犯罪嫌疑人有很大帮助。

2. 应对打架斗殴事件

有些犯罪嫌疑人固执而无赖，令人气愤不已又没有实质性证据，有些犯罪嫌疑人则容易暴怒，极易对当事人造成人身伤害。这时就要注意策略，讲究效果，避免事态扩大。

（1）高校学生作为当事人遇到打劫斗殴事件时应采取的方法。

①及时向公安机关、保卫部门报案。

②采取正面劝告的方法，避免纠缠而将自己置于险境。

③如果对方仍有进一步的伤害举动，则要仔细审视双方实力，如果自己有把握制服犯

罪分子,应积极反击,防止其对自己造成伤害。

④如果自认无力抵抗,则应想方设法麻痹对方,逃离现场,尤其是面对持械歹徒,能躲则躲,能避就避。

⑤如果实在无法躲避和逃离现场,则要沉着应对、积极反击,充分发动群众,并利用身边一切物品来保护自己,将伤害降到最低。

(2)高校学生作为旁观者遇到打劫斗殴事件时应采取的方法。

①不围观,不起哄,尽量不介入。

②如果要劝解,应先问明情况,站在公正的立场上做双方的工作。

③在采取隔离双方的措施时,应首先劝阻自己的同学或朋友,以免被对方误解为"拉偏架",适得其反而使自己受到伤害。

④若劝解无效,应迅速向公安机关、保卫部门报案,以防事态扩大。

⑤有关部门调查案件时,现场目击者要勇于提供线索和证据,以保护受害人的合法权益,使犯罪嫌疑人受到惩处。

三、正当防卫

《刑法》第二十条第一款规定:"为了使国家、公共利益、本人或者他人的人身、财产和其他权利免受正在进行的不法侵害,而采取的制止不法侵害的行为,对不法侵害人造成损害的,属于正当防卫,不负刑事责任。"

(一)正当防卫的构成要件

根据《刑法》,正当防卫的构成要件包括以下几点:

1. 起因条件:必须存在不法侵害

"不法"指法令所不允许的、其侵害行为构成犯罪行为,不法侵害必须现实存在,不能是假想的。对于合法行为如公安机关拘留、逮捕、群众捉拿或扭送罪犯等,不能进行所谓的正当防卫。

2. 时间条件:正在进行不法侵害

所谓正在进行不法侵害,主要指不法侵害是正在进行中的,而不是尚未发生或已经结束的。如犯罪嫌疑人为了杀人而侵入他人住宅的,即使尚未着手杀害行为,但也被视为不法侵害行为已经开始;如犯罪嫌疑人已被制服、主动终止侵害、已经逃离现场等已经无法造成危害结果且不可能继续造成更严重后果的时候,视为不法侵害已经结束;如犯罪嫌疑人夺走他人财物,虽然抢劫行为已经完成,但是受害人仍然可以当场施以暴力夺回财物,这也被视为正当防卫。

防卫不适时不属于正当防卫,有可能还会构成犯罪行为。

3. 对象条件:针对不法侵害人

正当防卫的对象条件是不法侵害者本人。正当防卫的目的是制止、排除不法侵害,故只能对不法侵害者本人实施,而不能对其他人实施(如不法侵害者的亲属等)。

4. 主观条件：具有正当防卫意图

正当的防卫意图是指防卫人是为了保护国家、公共利益、本人或他人合法的人身、财产和其他权利免受不法侵害。正当防卫之所以是正义的，就在于它是为了保护这些合法利益，这是正当防卫的基本出发点。离开了这个基本出发点，正当防卫就不能成立。

5. 限度条件：没有明显超过必要限度

防卫行为必须在必要合理的限度内进行，否则就构成防卫过当。如甲欲对乙进行猥亵，乙的同伴丙见状将甲打倒在地，之后又用重物将甲打死，这就明显超过了正当防卫的必要限度。

《刑法》第二十条第三款规定："对正在进行行凶、杀人、抢劫、强奸、绑架以及其他严重危及人身安全的暴力犯罪，采取防卫行为，造成不法侵害人伤亡的，不属于防卫过当，不负刑事责任。"对于正在进行的暴力犯罪，由于这些不法侵害行为性质严重，且强度大，情况紧急，因此，采取正当防卫行为造成不法侵害人伤亡的，不属于防卫过当，不负刑事责任。如甲欲对乙实施强奸，乙即使在防卫中将甲打死，也仍然属于正当防卫的范围。

案 例

某日22时许，江某与朋友在一烧烤摊吃夜宵，夜市摊生意火、人很多，李某从江某等人的座位经过时碰到了江某，为此发生了争执，最后引发了斗殴。因为江某一方人多，李某打不过就跑出了夜市摊十多米站着，江某等人看到李某没有跑远，就持酒瓶、椅子朝李某追去，李某见状继续跑，后因躲闪不及被江某用酒瓶打中脑袋。在后续的打斗过程中，李某持酒瓶碎片扎伤了江某的大腿，最终导致江某受重伤，李某受轻伤。案件发生后李某到公安机关投案自首。在本案审理过程中，李某辩称其行为属于正当防卫行为，不应对其定罪。

本案中江某和李某最初的互殴行为中，双方均有加害对方的故意，如果伤情达到《刑法》规定的伤势时，均可以构成故意伤害罪。所以，该互殴行为是不存在正当防卫的。但是在李某停止与江某的互殴，并已跑出争执范围时，李某已停止了加害行为。而江某等人则有继续加害李某的不法意图，并且实际实施了继续加害行为。李某在不敌的情况下扎伤了江某。此种情形下，行为的性质已经转变，从原来的互殴变为一方对另一方的加害，李某在不得已的情况下，对加害人实施了防卫行为，应认定为正当防卫。

（二）非正当防卫

与正当防卫相对应的，是非正当防卫。如果非正当防卫给对方造成了损害，则行为人也要负相应的法律责任。非正当防卫主要有以下几种：

1. 防卫过当

防卫过当指行为人在实施正当防卫时，明显超过了正当防卫的必要限度，并造成了危害的行为。《刑法》第二十条第二款规定："正当防卫明显超过必要限度造成重大损害的，应当负刑事责任，但是应当减轻或者免除处罚。"

2. 假想防卫

假想防卫指行为人由于主观认识上的错误，如猜想、估计、推断等，误认为有不法侵害的存在，实施防卫行为即对别人实施侵害，结果造成对方损害的行为。对于假想防卫，应当根据认识错误的原理予以处理，有过失的以过失论，无过失的以意外事件论。

3. 事前防卫

事前防卫指行为人在不法侵害尚未发生或还未到来的时候，而对不法侵害人采取了所谓的防卫行为。

4. 事后防卫

事后防卫指行为人在不法侵害终止后或其合法权益不再处于紧迫现实的侵害威胁的时候，而对不法侵害者采取了所谓的防卫行为。

5. 挑拨防卫

挑拨防卫又称防卫挑拨，是指行为人为了侵害对方，故意挑拨、引诱对方对自己进行不法侵害，然后以正当防卫为由，对对方施以侵害，是故意的违法犯罪行为。一般即使被挑拨人对实施防卫挑拨人造成了伤害后果应负刑事责任，也会考虑到挑拨人对引发矛盾存在过错而对被挑拨人从轻或减轻处罚。

6. 斗殴防卫

双方都有侵害对方身体的意图。这种情况下，双方都没有防卫意识，因此不属于正当防卫，而有可能构成聚众斗殴、故意伤害等罪名。但是，在斗殴结束后，如果一方求饶或者逃走，另一方继续侵害，则有可能构成正当防卫。

7. 偶然防卫

偶然防卫，是指在客观上加害人正在或即将对行为人或他人的人身进行不法侵害，但行为人主观上没有认识到这一点，出于非法侵害的目的而对加害人使用了武力，客观上起到了人身防卫的效果。如甲正欲开车撞死乙，乙正准备对丙实施抢劫，甲对乙的犯罪行为并不知情，且甲撞乙的行为恰好阻止了乙对丙的犯罪行为。这种情况下，甲不具有保护权益的主观意图，因此也不构成正当防卫。

8. 局外防卫

局外防卫，也叫防卫侵害了第三人，指防卫者对正在进行的不法侵害以外的人实施的侵害行为。

（三）学会自我防卫

高校学生在日常生活中，难免会遭受不法之徒的骚扰侵害，为了维护本人或他人的人身以及其他权益不受不法侵害，进行正当防卫是法律所允许的。也就是说，作为一名高校学生应当懂得正当防卫是公民的权利和义务。

同学们可以参加学校开设的课程，也可以自学，掌握一些简单实用的自我防卫技术，增强自我保护的能力。最后我们来简单介绍一些自我防卫招式。

（1）蹬踩法：用鞋跟部猛蹬歹徒的胫骨前部或用力踩歹徒的足部。

（2）扭指法：遇到歹徒将自己勒住或抱住时，速将其小指捏住，并用力向外侧板，使之剧痛或折断其手指。

（3）戳喉法：五指合拢并伸直，以指尖或掌侧猛戳歹徒的喉头。

（4）膝击法：靠近歹徒时，提膝向其胯下或小腹猛撞。

（5）戳眼法：将两指叉开成"V"形，使劲插戳歹徒的眼睛。

（6）口咬法：尤其是女性被歹徒抓住后，在不得已时，可用口咬歹徒的舌头、鼻子、嘴唇、耳朵或手指等。

（7）头撞法：与歹徒靠近时，可用头部撞击歹徒的胸、腹和头等要害部位。

需要注意的是，这些招式只能用于对付歹徒，进行正当防卫，切勿在同学之间滥用。

思考题

（1）什么叫正当防卫，它有哪些构成要件？

（2）什么叫非正当防卫，有哪些非正当防卫类型？

（3）自我防卫措施有哪些？请在保证安全的情况下，与同学们相互练习。

第二节　防性侵害

性侵害是指加害者以威胁、权力、暴力、金钱或甜言蜜语，引诱胁迫他人与其发生性关系，并在性方面造成对受害人的伤害的行为。一般认为，只要是一方通过语言或形体等有关性内容的侵犯或暗示，从而给另一方造成心理上的反感、压抑和恐慌的，都可构成性骚扰。性侵害，主要是指在性方面造成的对受害人的伤害。

性骚扰和性侵害是危害高校学生人身安全、身心健康的主要问题之一，不论男女都可能遇到。高校学生尤其是女生，了解防范性侵害的基本知识，掌握基本的应对方法是十分必要的。

一、高校性侵害案件现状

性侵害不仅使受害人的身心受到创伤，还会使受害人的人格尊严受到侮辱，严重者有可能导致受害人精神崩溃，甚至导致其自残、自杀、杀人等严重后果。发生在高校的性侵害案件，有些是犯罪分子有目的性的性侵害行为，有些则是犯罪分子在盗取、诈骗、抢劫及其他犯罪行为过程中，因当时的特定情况而继发的性侵害行为。因此，除了要了解上述犯罪行为的特点、原因外，还要了解性侵害的手段、方法，易发的时间、地点等特点，这样才能有效地预防性侵害，或在面对性侵害时正确应对，保护自身安全。

(一) 高校性侵害类型

1. 根据性侵害的不同手段分类

（1）暴力型性侵害。

这类性侵害主要指犯罪分子使用暴力手段，如携带凶器威胁、劫持受害人，以暴力威胁、言语恐吓受害人等，从而对受害人实施性侵害的行为。这类性侵害行为无耻、手段残忍，多为团伙作案，危险性和危害性都较大。如果在性侵害的过程中，犯罪分子受到受害人的激烈反抗，或者害怕事情暴露，还有可能演变为故意杀人案件。

一般来讲，犯罪分子或者直接采用暴力手段逼迫受害人就范，或者前期使用骗术获取对方信任后，在其处于孤立无援的状态时，以暴力方式迫使受害人就范。此类性侵害案件的作案人员大多是校外闲杂人员，也有校内人员胆大包天，采用此种手段进行性侵害行为。

案例

某日中午，某高校女生张某独自一人去学生会办公室，途中遭遇社会青年齐某的尾随。当齐某确认办公室没有其他人后，马上用随身携带的手绢蒙住自己的面部，手持啤酒瓶入室，将张某按住，威胁抢劫，张某慌忙将仅有的十几元现金交给齐某。齐某见势遂生歹意，将张某摁倒在地，并解下张某的鞋带欲捆住张某并实施强奸。张某趁其不备，夺下啤酒瓶砸向齐某的头部，并大声呼救。齐某受伤后慌忙逃跑。案发后，张某及时向学校保卫处报案，并为公安机关提供线索和证据，后齐某被抓获归案，被判有期徒刑3年。

（2）胁迫型性侵害。

这类性侵害主要指犯罪分子利用自己的权势、地位、职务，或利用自己掌握的对受害人的不利证据等，对受害人采用威逼、利诱、恐吓等手段，对其实行精神控制，从而强迫受害人与其发生非暴力型性侵害。

如犯罪分子对有求于自己的受害人以利诱或威胁，给予受害人某种许诺，要求其就范，或者利用受害人过错或隐私相要挟，使其不敢反抗，或者设置圈套，引诱受害人上钩，迫使其不敢反抗而就范。

案例

某高校女生，男朋友写给她的一封信被人偷去，此信中谈到了她与男友的一些隐私。偷信人找到该女生要求与其发生性关系，女生不同意，此人则扬言道："如果你不同意，我就把信交给学校，那时你将会受到开除处分。"在这种要挟和恐吓下，该女生不敢反抗，多次遭到偷信人的奸污。

（3）滋扰型性侵害。

这类性侵害主要指犯罪分子在变态心理的驱使下，寻衅滋事，对受害人进行的各种性骚扰和性侵害。这类性侵害的主要形式有，犯罪分子利用或制造机会靠近女生，有意识地接触女生的隐私部位，如摸大腿、捏屁股等，常见于公交车、商店等公共场所，犯罪分子采取暴露生殖器等变态形式进行性骚扰,犯罪分子向女生寻衅滋事、纠缠不休,或用污言秽语进行挑逗,或做出下流举动对女生进行调戏、侮辱,甚至可能发展为强奸、轮奸。此类性侵害案件的作案人员主要是社会上的流氓、流窜人员,也有校内一些品行不端的人员。

案 例

某日,某高校学生张某和一名男生同乘电梯时遭到其"露阴"侵害。张某及时上报学校,后经人举报,发现该男生有多次类似的性侵害行为。向公安机关报案后,该名男生受到法律制裁。

(4)诱惑型性侵害。

这类性侵害主要指利用受害人追求享乐、贪图钱财的心理,诱惑受害人而使其受到性侵害。

案 例

某高校学生郭某、钟某伙同另一高校的学生王某、曾某四人,以喝酒、兜风为由,诱骗一名少女与四人深夜外出,最后残忍地将其多次轮奸。最终,四人被捉拿归案,法院以强奸罪分别判处四人有期徒刑 8～13 年不等。

2. 根据性侵害的不同途径分类

(1)入宅家教。

家教是许多同学在勤工俭学时乐于选择的一类工作,也是大学期间重要的社会实践活动。有些犯罪分子便利用这类机会,编造谎言,以高薪诱惑学生前去家中"工作",进而实施性侵犯等犯罪行为。因此,我们在做家教工作时最好通过学校或者正规的中介机构联系,前期沟通时要仔细了解对方的家庭成员、社会背景等情况,第一次入宅时最好结伴前往,千万不要仅凭随处张贴的招聘广告就只身前去,毫无警惕性。

(2)求职面试。

如今竞争日益激烈,想要找到一份满意的工作谈何容易,于是犯罪分子便假借优质公司的名义,以丰厚的待遇利诱学生前去面试。面试过程中,有的"面试官"先是通过吹嘘、谎言骗得学生信任,继而进行性侵害等不法行为,有的干脆学生一进门便露出狰狞的真面目。

案 例

某高校学生张某面临毕业求职,便在网上发布了求职信息,留下了自己的QQ号。没过几天,有自称是李某的人回复了张某,称正为公司招聘模特。两人通过QQ联系后,李某透露自己是公司主管,觉得张某的综合条件比较适合,要求张某在约定地点接受该公司的面试。张某未辨真伪,就按照李某的要求前往指定的地点接受面试。就在所谓的面试房内,"招聘主管"露出了凶恶的真面目,采用捂嘴、电警棍威胁、语言恐吓等暴力方法,强行与张某发生了性关系并用手机拍下裸照。张某报警后,李某被警方抓获。法院审理了这起强奸案,依法判处犯罪嫌疑人李某有期徒刑5年。

(3) 熟人作案。

熟人作案,是指受害人在自己的生活圈子里受到了性侵害,犯罪嫌疑人一般为受害人的同学、同乡、朋友,有的甚至是亲人。学生离开了父母和家庭,来到一个陌生的环境,都需要得到一些心灵上的慰藉,这种时候如果交友不慎或者被人利用,则很容易受到侵害。受害人受到性侵害后,除了身心备受摧残,往往还出于各种考虑而不敢揭发犯罪嫌疑人。

(4) 陌生人作案。

陌生人作案有两种情况:有的受害人与犯罪分子并不认识,也无瓜葛,因为时间、地点、条件等多种因素,犯罪分子随机选择了受害人作为性侵害对象;有的受害人自以为与犯罪分子认识,如通过网络交友、平时偶遇等相识,直到受害人的人身安全或财产安全被侵犯前去报案,才发现自己对其一无所知,或得到的都是犯罪分子提供的虚假资料等。

(5) "恋人""网友"作案。

友谊与社交是高校生活中不可缺少的一部分,但是有些同学容易把异性间的友谊错当成爱情,产生误解,继而引发性侵害案件。

除了同学之间的恋爱关系,随着网络技术的普及,网上交友、网恋也已成为高校的一种时尚,犯罪分子在网络聊天中往往编造自己"白富美""高富帅"的身份,并利用花言巧语给正处于青春期的学生编制美丽的"爱情幻境",让单纯的学生认为自己找到了"真爱",继而对骗子言听计从,结果往往在见面过程中遭到侵害。

案 例

某日,警方接到报案,报案人称其在某高校上学的妹妹黎某被人通过手机短信拐骗。警方接报后,立即展开侦查。当晚9时许,警方锁定与黎某进行网络聊天的人付某,当晚11时许,民警将其抓获,并从其家中搜出黎某的学生证等物品。据付某交代,黎某已被村民王某买走,后民警查找发现黎某又被转卖给了贾某。民警与贾某的家人进行交涉,突破围攻,于次日凌晨6时许将黎某成功解救,并抓获参与拐卖的犯罪嫌疑人4人,涉案人对犯罪事实供认不讳。

原来,仅有小学文化的付某通过网络聊天认识了黎某,在互留手机号码后,付某通过手机短信邀黎某来玩,于是黎某利用元旦放假期间来到付某处。没想到,付某一边陪黎某玩,一边迅速联系了买主,并以4 500元价格成交。次日中午,付某将黎某骗至买主王某所在村,将黎某交给了王某。被拐卖后,黎某被严加看管起来,其间被王某两次强奸。

(二) 易发生性侵害的场所

1. 僻静场所

僻静场所是很多案件的易发地点,如校园假山、树林深处、楼顶天台、电梯内、灯光昏暗的小路、尚未投入使用的建筑物内等地,女生单独逗留或经过,很容易遭受侵害。所以,我们一再强调"晚间""独行""偏僻"是三个非常容易引发性侵害、抢夺、抢劫等各类案件的因素，大家一定要尽量避免。

2. 公共场所

有时公共场所也是女生非常容易遭受侵害的地方。因为公共场所，如校内的教室、礼堂、运动馆、校外的车站、公交车、影院、商场等，人多拥挤时，犯罪分子很容易趁机骚扰、侵害女生。

案 例

夏季某晚，某高校女生李某在河边的小路上散步。男子郭某酒足饭饱后，正要回建筑工地宿舍休息。郭某行至一偏僻路段时发现李某，遂起邪念，尾随李某到无人之处时，郭某用右臂勒住李某的脖子，强行将其拖到河边的草丛中，先后数次对李某进行强奸，直到次日凌晨1时许，郭某将李某的一部手机和100多元抢走后才离开。随后，李某拨打了110报警。

民警根据受害人李某提供的线索，对附近的建筑工地进行了排查，并围绕郭某的关系人进行调查，发现了郭某的踪迹后，民警一举将其抓获。经讯问，郭某对强奸抢劫李某一事供认不讳。

延伸阅读

《刑法》中与性侵害有关的罪名有强奸罪、强制猥亵罪、侮辱罪、猥亵儿童罪等。

《刑法》规定，以暴力、胁迫或者其他手段强奸妇女的，处3年以上10年以下有期徒刑。

奸淫不满14周岁的幼女的，以强奸论，从重处罚。

强奸妇女、奸淫幼女，情节恶劣的，处10年以上有期徒刑、无期徒刑或者死刑。

以暴力、胁迫或者其他方法强制猥亵他人或者侮辱妇女的，处5年以下有期徒刑或者拘役。

二、性侵害案件的预防

在日常的学习和生活中，我们应从正规渠道积极了解正确的性知识、性常识，树立健康的性观念，提高性防范意识，学习如何识别骚扰行为，对非正常行为要及时、果断地加以拒绝。

1. 树立防范意识

我们要学习了解基本的性卫生常识，积极参加学校、社会举行的性教育活动，树立正确的性观念，提高性防范意识。在校园内外的各种场合、参加各种活动时，要注意避免发生性侵害的可能性，提高自我保护的警觉性，对一些性侵害的预警信息及时采取防卫措施，以有效保护自己。如：不单独赴约，不与对方共处一室；有异性朋友或同伴讲淫秽暧昧的言语，并采取挑逗暗示的动作时，要表明坚决的排斥态度，及时打消对方的侵害念头；在男女交往中，要正确区分友谊与爱情，把握好交往的界限。

2. 仪表言行得体

穿着打扮不要过分招摇性感,在言行举止方面,不与异性过分亲昵,更不要暧昧。在喝酒、跳舞等放松娱乐的过程中不要有轻佻、挑逗性动作,否则很容易将自己置于一种潜在的危险环境中。

3. 注意交往安全

多数性侵害发生在熟人之间。因此,当我们与同学、朋友、老乡及网友交往时,要留意对方日常言行中表现出来的人品、道德修养等;结交新的异性朋友时,要仔细观察对方言行,注意对方交往的真实目的,在与人交往过程中,如果发现对方时常有过分亲昵的举动、挑逗性语言等具有性侵害预兆性的行为时,要及时果断地终止与其来往。

在与朋友交往中,不要轻信甜言蜜语和承诺,不随便接受昂贵或有特殊意义的馈赠和邀请,不过量饮酒,不随便食用不熟悉的人给的饮料食品,要控制约会环境,最好选择在公共场所并结伴前往,不要去陌生地方、偏僻环境或者对方住处,要控制感情,不要在交往中表现轻浮,对对方的过分言行持坚决反对态度。多数性侵害发生在熟人之间。

4. 注意环境安全

注意避免我们一再强调的不安全环境因素,如晚间、独行、偏僻等,因为犯罪分子往往很注重作案环境的选择,以求增加作案成功率,减少作案风险。晚上尽量不要外出,有事外出也要尽早回来,夜晚外出最好结伴而行,行走时要选择行人较多、路灯较亮的明亮道路行走,经过树林、假山、建筑工地、废旧房屋、桥梁涵洞等处时要特别小心。另外,无论是在校内居住宿舍,还是外出租房,对自己的居住环境安全也要加倍关注。晚上睡觉时要关好门窗,拉上窗帘,节假日期间避免一个人在宿舍,可以邀请同学陪伴住宿,外出租房的话最好不要独住,但在选择合租人员时也要慎重。

那么,是不是处于封闭安全、氛围良好的环境中就绝对安全了?也不是的。如果男女两个同学在自己家中共同学习,这样的情况下,也是可能发生性侵害的。因此提醒大家,为了自身安全着想,男女独处一室,最好不要超过30分钟。

5. 注意保护隐私

注意保护隐私一方面指待人处事要谨慎,保护好个人信息、家庭情况等隐私,另一方面也要注意防止偷拍等使个人隐私受到侵犯的行为。我们一定要增强防范意识,与人交往时不要随便说出自己的真实情况和家庭信息;在容易被偷拍的场所,如宾馆、宿舍、扶梯、出租屋等处,做好防护措施。

延伸阅读

偷拍通常是指在被偷拍者不知情的情况下,拍摄他人私密的行为,是个人隐私受到侵犯的主要途径,也是诱发胁迫型性侵害的重要因素。科技进步和互联网发展,都从不同方面为犯罪分子偷拍和传播提供了更加便利和隐蔽的条件,容易对受害人造成巨大的精神损失,因此,一定要引起我们的重视。

6. 兼职求职要注意

参加社会活动,尤其是求职面试时,一定要慎重。寻找工作时要通过学校有关部门或正规招聘渠道联系，在前往面试地点或工作地点前，要对服务对象有大致了解，如明确知道所服务家教对象的家庭情况、面试公司的招聘口碑等；不要只图薪酬待遇优厚而贸然前往，要知道很多犯罪分子都是以高薪诱惑受害人前往的。

7. 相信集体，运用法律

要相信集体和组织的力量，运用法律武器保护自己。一旦发现有异性对自己不怀好意，甚至动手动脚，有越轨行为，一定要严厉拒绝，大胆反抗，并及时向学校老师和保卫部门报告，绝不姑息这类行为。对于那些失去理智、纠缠不清的无赖或犯罪分子，我们千万不要惧怕，一定要加以制止，并及时报警，大胆揭发其阴谋或罪行，否则只会让犯罪嫌疑人继续为非作歹，甚至变本加厉。要学会依靠组织力量，勇于运用法律武器保护自己。

案 例

某高校女生洪某，在一次网络聊天中结识了男子王某，随后王某通过花言巧语骗取了洪某的信任。某日晚，王某在聊天中要求与洪某见面，洪某表示自己经济很困难，如果王某来见她，她甚至没有钱请王某吃饭。王某趁机表示要借钱给她，改善她的学习条件，洪某当时没有同意。后来王某又几次表示要借钱供她上学，洪某才终于同意与其见面。王某随后和犯罪嫌疑人侯某、杨某、徐某等五人商议，开车去洪某所在学校与洪某见面。首次与网友见面，洪某觉得有些不好意思，便拉上同学石某陪同。上车后，王某等人就将车开到闹市一处取款机取钱。然后王某以该处取款机出故障要到另一处取款为由，将车开到僻静处，随即无耻地提出要与两名女生发生性关系，并威胁她们"如果不同意，就送你们去坐台"。两名女生在5名犯罪嫌疑人的威胁下，来到某旅社。随后，犯罪嫌疑人王某等人便在一房间内对石某实施了强奸，之后洪某也被强奸。当天晚上，当地公安局在对辖区内小旅社、出租房屋和摩托车、电动自行车修理部进行逐户、逐人清查行动中，将两名女生解救出来。

经过调查，民警发现犯罪嫌疑人王某等5人年龄均在20岁左右，是同学关系，家庭条件都较好，经常在一起玩，以上网聊天为手段认识女孩，并不断"约会"女孩继而进行性侵害。几个月来，几人用同样的方式侵害过多名女生。但遗憾的是，受害人因顾及声誉都选择了沉默，导致王某等人愈发肆无忌惮。

延伸阅读

公共交通工具上如何防范性骚扰？

（1）不要站在车内十分拥挤的地方，如过道、门口等，应尽量站在角落或者背倚扶手、栏杆站立。

（2）如必须站在拥挤地方，应尽量与同性乘客站在一起，并用书包或手肘营造较为安全的空间。

（3）要尽量避免身着无袖背心、超短裙等暴露服饰乘坐公共交通工具。

（4）在乘车过程中应偶尔左右扫视，提防不良企图者，对于专往人多处挤、眼神躲闪者要格外留心。

（5）发现有"咸猪手"，可先用眼神表达不满，若其视若无睹，可用脚后跟猛踩其脚面，以示警告，假如还不奏效，可故意喊叫"有小偷"引起旁人注意，或者直接大声呵斥。

（6）如果碰到肆无忌惮的惯犯，可用手机暗地拍下其相貌及骚扰过程，再拨打110报警。

三、性侵害危机的应对

当我们做足了防范工作，却还是不幸遇到了性侵害，该怎么办呢？如何合理应对，如何调整心态，如何严惩罪犯呢？

（一）发生性侵害时的应对措施

1. 保持冷静，控制情绪

面对任何灾害，保持思路清晰、情绪稳定都是自救的重要基础。在面对性侵害时，只有保持冷静，才能理清思路，与犯罪分子周旋，寻找使自己摆脱困境的方法。与此同时，合理控制情绪也很重要。如果性侵害行为发生在周围有人的情况下，我们要充分调动情绪，迅速高声喊叫、激烈反抗，引来群众围观，必要时可采取抢抓路人手机等方法，最终目的是脱离犯罪分子控制并及时报警；如果性侵害行为发生在四周无人的情况下，则尽量不要大喊大叫，这样反而会助长犯罪分子的攻击性，导致伤害的加剧，要寻找机会，巧妙反抗，迅速逃脱并及时报警。

2. 明确表态，态度坚决

有些性侵害行为是犯罪分子曲解了受害人的意思后发生的。因此，在遇到别人有性侵害信号的行为时，要立刻表示不满，态度严厉，避免对方将你的态度理解为一种默认；在有人要对自己进行性侵害时，要明确、坚定地表明自己的态度，坚决斥责，阻止性侵害的发生。这些行为，能够有效防止熟人之间性侵害行为的发生，也能够使一些陌生的性侵害者丧失信心，放弃性侵害的企图。遇到让自己不舒服的行为要立刻表明坚定的拒绝态度。

3. 利用条件，机智反抗

如果遇到丧心病狂的犯罪分子，当你的拒绝和斥责无效时，要在避免伤害升级的情况下，迅速了解对方的弱点和周围环境，如犯罪分子有无携带武器、犯罪分子语言中表达出的消极情绪、此处是否会有人经过、周围是否有可以利用的武器等，凭借自己的智慧和胆识，在保证生命安全的基础上，采取合理措施进行反抗。

4. 使用语言，间接反抗

通常情况下，性侵害行为是由犯罪分子强烈的情绪冲动引起的，因此，受害者可以使用语言来缓和或减弱其冲动情绪，设法拖延性侵害行为的发生，为援助赢得时间。如可以用赞扬的语言夸其优点，使其行为向好的方面转化，避免性侵害行为发生；或向对方诉苦，引起对方共鸣，唤起其人性中善良的一面，消除性侵害欲望。在实际案例中，受害人语言表示顺从，然后提出要选择合适的时间、环境和有心理准备等条件，往往可以产生明显的效果。

5. 突然袭击，正当防卫

如果语言反抗无效，在遭受性侵害时，还是可以采取一些暴力措施进行正当防卫的，如抓住合适时机，突然袭击，对犯罪分子的脸部、眼睛、腹部、下身等身体薄弱部位进行有效攻击，使对方身体产生伤痛，从而使其终止侵害行为，为自己的逃脱或获救创造条件。但当犯罪分子有明显优势时（体格、武器），要慎用暴力反抗的手段，以免激怒犯罪分子，造成更大的人身伤害。

6. 抓住时机，迅速脱身

在面对性侵害事件时，要根据实际情况，灵活机动地采取前面所说的措施，为自己赢得脱身的机会。如果不幸犯罪分子得逞，根据犯罪心理学，性犯罪的主体在实施犯罪的过程中，有一个从冲动到后悔再到恐惧的心理变化过程，因此一旦侵害行为完成，激情消退，侵害人会产生后悔、自责心理，我们此时一定要抓住有利时机，迅速脱身，及时报警。

案 例

夏季某夜，某高校女生王某与朋友外出游玩后，独自在公交站台等车准备回家，突然冲出一名男子将她强行拉到站台后面的绿化带中。王某刚要呼救，就遭到男子恐吓威胁，在抢走王某身上财物后，男子又要脱去王某的衣服准备实施强奸。王某非常害怕，但她故作镇定，想办法寻找脱身机会。就在被犯罪嫌疑人脱掉内衣的时候，王某十分机智地表示自己还是处女，一旦被强奸就要自杀，给犯罪嫌疑人增加心理压力；继而表示两人可以先做朋友，或许可以发展成为恋人，使犯罪嫌疑人动摇。王某与犯罪嫌疑人在绿化带里沟通了近20分钟后，嫌犯打消了强奸念头，并主动帮王某穿上衣服。临别之际，嫌犯不仅退给王某财物，两人还互留了联系电话和QQ号码。王某脱身后，马上到公安机关报警。

警方根据犯罪嫌疑人留下的QQ号，假冒受害人与其聊天，并提出约会要求，毫无防范的犯罪嫌疑人欣然答应。最终民警在"约会地点"将犯罪嫌疑人抓获。

（二）遭遇性侵害后的应对措施

1. 及时报案不畏惧

不幸遭遇性侵害后，要及时向公安机关和学校保卫部门报案。由于性侵害案件客体的特殊性，涉及被侵害对象人格、名誉的损害，加上长期以来中国传统世俗的偏见，所以，许多女性在遭到性侵害后都选择了延迟报案，甚至不报案，最后只会导致犯罪分子逍遥法外，更加肆无忌惮地对受害人及其他女性实施加害行为。因此，一旦遭遇性侵害，一定要打消顾虑，不要畏惧，千万不能自咽苦果，要有将犯罪分子绳之以法、为自己伸张正义的勇气和决心。

2. 配合调查不保留

性侵害发生后，受害人要尽量将侵害人的相关物证保留好，在报案的同时，将犯罪分子的体貌特征、衣着打扮、口音、携带物品及自己的受伤状况等情况如实地向有关人员反映，积极配合调查，不要因为顾虑而有所保留，也不要提供虚假不实的情况，要为公安机关破案提供准确线索。

3. 身体检查不逃避

受害人在遭受性侵害后，除了造成心理阴影外，自己的身体伤害也不能忽视，应及时与家人、朋友沟通，要求其陪同自己到医院检查，不要因为羞于启齿而采取逃避行为，这样只会在心灵受伤的同时给身体健康留下隐患。万一不幸造成身体疾病，要积极治疗，早日康复，才能有利于日后摆脱侵害阴影，调整身心健康。

4. 调整心态不极端

受害人在遭受性侵害后，与身体伤害相比，更多的还是造成了心理伤害，容易产生意志消沉、精神萎靡等负面情绪。高校学生因处于青春期，很少经过生活磨炼，更加容易在遭受侵害后心理负担加重，陷在被侵害的阴影中。此时，如果没有及时调整心态，久而久之，很容易出现极端心理。有些受害人长期情绪低落，产生厌世情绪，导致出现自残自杀等极端行为；有些受害人会抱着破罐子破摔的心理，走上自甘堕落的道路；还有些自尊心较强的受害人会由悲愤产生强烈的憎恨，而出现报复性行为。要知道沉浸在消极情绪中，非常不利于从伤害中治愈，而由此衍生的极端行为除了伤害自己，还会伤害真正关心你的家人和朋友。所以，我们一定要在吸取教训的同时，多与家人、朋友倾诉沟通，必要时可以寻求心理医生等专业人士的帮助，务必及时地、有效地调整心态，尽快从阴影中走出来，积极面对未来的新生活。

案 例

某高校女生罗某与同学钟某原为恋爱关系，后分手，但钟某一直对罗某"痴情不改"。某日下午，钟某得知罗某正在宿舍里休息，便趁宿舍管理员不注意，潜入罗某所在宿舍楼，想与罗某见面，但罗某不肯开门。于是钟某强行将门上的护窗钢条拉开进入宿舍，见罗某正坐在床上，钟某竟爬上床，妄图通过发生性关系来挽回曾经的感情，罗某不肯并极力反抗，但钟某依旧强行与罗某发生性关系。

事后钟某离开现场，罗某因羞愧产生轻生念头，于当晚20时许吃下3盒消炎药欲自杀，幸好被同学及时发现救下并报警，公安机关于次日将钟某抓获。

思考题

（1）发生性侵害时，我们可以采取哪些应对措施？
（2）遭遇性侵害后，我们可以采取哪些应对措施？

扫一扫，进入陕西交院"大学生安全教育"微课

第五章　财产安全

盗窃是高校中侵财案件的主要形式，高校中盗窃案发案数一般占到刑事案件的80%以上。同时，盗窃案也不仅仅发生在校园内。据统计，每个人一生要遇到3次盗窃行为。

我们只有不断提高防盗意识，学会怎样防止被窃贼盯梢，怎样降低被盗风险，才能够有效减少遇到盗窃行为的次数，减轻财物损失。

延伸阅读

盗窃就是通常所说的偷东西，人们对偷盗的人深恶痛绝，一般称他们为小偷、夜猫子、窃贼等。在法律上盗窃是指以非法占有为目的，秘密窃取数额较大公私财物或者多次盗窃公私财物的行为。

对于该种行为的处罚，我国《刑法》及各地方法规均有规定，我国目前盗窃案件立案标准为500~2 000元。

第一节　防盗常识

一、校园盗窃现象概述

案　例

2017年4月15日12时，某大学一学生宿舍被盗4台笔记本电脑、3台相机和现金600元。

2017年6月13日15时，某大学一办公楼发生入室盗窃案，办公室柜子被撬，3台笔记本电脑、1台投影仪及现金39 000元被盗。

点　评

从以上案例可知，高校盗窃案件发生频率高，许多师生对贵重物品保管不周，易蒙受经济损失。

随着人民生活水平的提高，学生随身携带的贵重物品也随之增多。而且随着高校招生规模的扩大，在校大学生的数量逐年上升。校园受到社会环境的影响，治安问题日趋严重。然而，在校大学生的防盗意识不强，对盗窃现象不够警惕，也没有相应的思想准备。因此，给不少盗窃团伙和盗窃分子以可乘之机。与此同时，有些学生也沾染了偷窃的恶习，盗窃同学的贵重物品和现金，致使高校盗窃案频繁发生，严重影响了大学生的学习和生活。

（一）高校易发生盗窃案件的时间和场所

1. 校园容易发生盗窃案件的时间

高校盗窃案的案发时间很有规律，窃贼往往根据高校学生的作息时间，对作案时间进行精心、准确的针对性选择，且离开现场非常迅速。

案 例

某校在举办运动会期间，所有学生都根据要求按时到达运动会场地，中途学生孙某回宿舍取东西时意外发现自己宿舍的门锁被换了，不仅如此，相邻的多个宿舍门锁竟然都被换了。有的同学急于回宿舍休息，便爬窗户进入宿舍，并称宿舍里的笔记本电脑等值钱物品没有了，大家这才意识到问题的严重性。接到报案的民警随后赶到现场，用工具剪断宿舍挂锁，结果发现储物柜上的锁全部被人用工具剪断，里面的笔记本电脑全部不翼而飞。经过汇总，当日该校共有13台笔记本电脑被盗。

经过排查搜索，民警最终抓捕了嫌疑人李某。李某对大学情况较为熟悉，趁学生上课自习、举行活动等时间，扮作学生模样潜入省内多所高校的学生宿舍，持断线钳剪断宿舍门锁后，洗劫宿舍内的笔记本电脑等贵重财物，之后再用随身携带的挂锁将宿舍门锁上，为自己争取更多的逃离时间。据查实，其自2008年以来省内流窜作案300余起，盗窃笔记本电脑300余台，涉案价值达150多万元。

（1）学期初始：新学期初，学生通常以银行卡、现金方式携带学费、生活费等大量钱物，再加上行李物品较多，忙于照看，行动不便，很容易成为窃贼的目标。特别是新生入学时，环境陌生，人多事杂，新生防范意识又较弱，非常利于窃贼得手。事实表明，14%的案件都发生在新生入学期间。

（2）学期结束：学期将尽，学生大多忙于复习、准备考试，另外，经过了一学期的学习，返家心切，这些都造成了学生放松警惕，结果让窃贼钻了空子。还有的同学马上就要毕业，离开母校，走上工作岗位，心情复杂，繁杂事多，容易牵扯精力，放松警惕，结果给了窃贼可乘之机。

（3）上课时间：同学们平时的上课时间、自习时间等，都是宿舍空无一人的时候，窃贼很容易潜入宿舍盗窃财物。

（4）深夜凌晨：深夜熄灯后，凌晨期间，往往是窃贼最活跃的时间。

（5）放假期间：寒暑假期间、各种节假日期间，绝大多数学生长时间不在学校，宿舍楼基本无人，这就给了窃贼撬门破锁、盗窃财物的机会。

(6)活动期间：高校举办运动会、演出晚会等大型活动和其他集体活动期间，校园中人员流动性增加，而宿舍人少，窃贼非常易下手；同时，操场、运动场等活动场地人多且杂，同学们注意力又都集中在场上而放松了警惕，很容易导致财物被盗。

2. 校园容易发生盗窃案件的地点

（1）宿舍：学生宿舍是高校学生生活、学习的主要场所，也是其财物存放的主要地点。同时，宿舍又是一个人员聚集密度大、流动性强的场所，这使宿舍成为高校盗窃案的多发区。

（2）教室：由于排课需要，高校教室具有不固定性，人员的流动性也非常大，加之几个班共同学习的大课安排，同学们无法辨认教室中每个学生的情况非常常见。窃贼正是利用这点，趁学生离座间隙将其桌面财物盗走，而被盗学生往往束手无策，财物基本无法追回。

（3）食堂：食堂的人员流动性、不固定性可谓学校之最，就餐时又往往是同学们经历了几个小时的学习后，因困乏而处于警惕性最低的时候，因此，常有窃贼游走于高校食堂间流动作案，趁着食堂内同学们用物品占座、排队打饭、聊天休息等时候，伺机盗取大家的书包、钱包、手机、银行卡等。

（4）图书馆：与食堂类似，图书馆内的人员也有其流动性，尤其是在公共阅览室内，窃贼会寻找学生专心学习、更换读物、小憩休息的时候，盗取学生的书包、钱包、手机等财物。除了公共阅览室，图书馆的盗窃案还多发生在书包存放处。一些高校使用的是开放式的书包存放架，如果防范意识薄弱的学生将贵重物品放置进去，可以说是将财物拱手送人。即使使用封闭式存放架，由于处于非重点管理区，也很有可能被窃贼开门取物。

（5）实验室：高校的实验室通常场地紧张，使用人多，学生往往将书包等财物随意搁置，这给窃贼提供了很大方便。甚至有窃贼利用管理漏洞，乔装打扮成清洁工人、维修工人等，在实验室周围走动，伺机盗窃学生的书包财物和学校的贵重物品。

（6）运动馆：高校校园文体氛围浓郁，经常举办各类活动，而大型活动期间，往往也是窃贼活动频繁的时候。常有参赛者或表演者上场前随意放置贵重财物、私人物品，同学们也都因专注于比赛或表演而放松警惕，使窃贼能够轻易盗走大家的财物，并迅速逃离现场。

（7）其他公共场所：高校中的其他公共场所，如操场、草地、超市等地，由于人的注意力被活动分散，也常有盗窃案发生。

（二）容易被盗窃的目标

（1）露财显富者：某些同学家庭条件较好，爱好时尚，追求名牌，甚至故意显露高端手表、笔记本电脑、贵重相机等财物，殊不知这种行为很容易被窃贼盯上。

（2）麻痹大意者：某些同学麻痹大意，或抱有侥幸心理，认为"高校里都是高素质人才，不会有窃贼""去下洗手间马上就回来""旁边都是同学不会有问题"等，轻易放置手机、钱包，给了窃贼可乘之机。另外，同学们外出住宿时也要提高警惕，避免出入不关门、夜里睡觉关门不上栓、窗户大开等行为，以免财物遭受损失。

(3) 单独外出者：由于放假、旅行、办理手续等各种原因，高校学生在携带大件行李或重要财物单独外出时，很容易被窃贼盯梢。在车站等公共场所，在拥挤的队伍中，窃贼利用他们行动不便、无人照应、慌乱忙碌、打盹小憩等时机将财物盗走。

外出结伴不独行，行为低调不露富，随时随地要警惕。

二、防盗的基本措施与技巧

（一）校内防盗攻略

1. 地点防盗

（1）宿舍防盗。

①宿舍中不要存放大量现金，以100～200元为宜，现金数额较大时要及时存入银行；现金、银行卡等钱物不要随手放在桌上、床上等显眼处，要放入抽屉或箱子中并及时上锁，同时避免将身份证、学生证等重要证件与存折、银行卡放在一起；注意各类密码的复杂性和保密性，一旦卡折丢失要及时挂失、冻结账户，并到银行办理相关手续。物品妥善保管才能避免被他人顺手牵羊、盗走财物。

②钱包、手机、笔记本电脑、相机等贵重物品要妥善保管。平时不经常用到的，最好不要放在宿舍，如可以将电脑放于安全的学生机房等处；在宿舍内给手机充电时也不要疏忽大意，最好人不要离开，曾经就发生过放在书桌上充电的手机被人连同电源一起偷走的案件。很多同学使用的甚至是高端品牌手机、高配置笔记本电脑，这些物品价值昂贵，便于销赃，是窃贼非常喜欢偷窃的目标。这就提醒我们，对于这些贵重物品一定要加强保管，小心谨慎对待。

案 例

某日，某高校学生仓某趁同学都在上课，悄悄回到宿舍，将同学孙某的笔记本电脑偷走并转移至他处。案发后，他承认是看到有同学经常将贵重物品随意放在宿舍里一点防范措施也没有，很容易得手，才起心偷窃。而当天孙某恰恰是很习惯地将笔记本电脑随意放在床上导致被偷。

③窃贼不仅是外来人员，也有可能就生活在你身边。这就要求我们应当注意观察周围同学是否有反常表现，并积极向公安部门、保卫部门提供线索；即使暂时没有证据，但只要有合理推理下的被怀疑人，大家就要多留心眼，窃贼总会再次露出破绽。但要注意的是，大家在采取措施时要适度而行，不要因胡乱猜疑而破坏团结，或把同学逼向极端。

④离开房间的时候一定要养成随手关门的习惯，尤其是最后离开房间的同学。若宿舍内其他同学都在学习、休息时，也一样要关好、锁好房门。不要以为早上宿舍还有人在就敞着门到卫生间洗漱、外出晨练、自习；或因为宿舍内还有人在学习、游戏，就放心地大敞着房门离开。因为，此时宿舍里的人要么在睡觉，要么在桌前专注地看书、上网等，根本没有把注意力集中在宿舍财物上，由此发生的宿舍被盗案件屡见不鲜。所以，每一次出

门都应该随手关门，防范溜门作案的窃贼，切不可因个人不良习惯或怕麻烦而使大家遭受财物损失，这是很不安全也很不负责任的行为。

⑤睡觉时注意关窗、锁门、关好阳台门，防止窃贼在夜深人静时，开门、翻窗或沿着外墙管道从阳台门入室行窃。

⑥宿舍不要留宿外来人员。有的学生将久未碰面的他校同学、老乡，甚至是刚认识的朋友等，擅自留宿在宿舍，有的还交给钥匙留其单独在宿舍内，这其实是很不安全的。一则你无法保证对方的行为，也不可能全程监视其一举一动，一些人正是趁机在宿舍内实施盗窃行为。二则这种擅自留宿的行为也违反了宿舍管理制度，事实上也正是因为这种行为的不安全性，宿管制度才规定不允许留宿外人。

⑦对形迹可疑的陌生人应提高警惕。同学们要勇敢、团结，对于形迹可疑的陌生人要相互提醒、大胆询问，要让有心犯罪的窃贼感觉处处被盯视，从而不敢下手作案，更不会嚣张跋扈。发现盗窃行为后一定要把窃贼抓住，及时报警或直接扭送至公安机关，让其受到法律的处罚，这样才能起到震慑作用。

⑧住低层的同学应注意关好窗户，不要将贵重物品及衣物放置在窗口位置，以免被他人从窗口"钓"走。

⑨房间换人换锁，不将钥匙借给他人。首先，要安装牢固的门锁，使窃贼不能轻易破门而入。其次，要保管好房间钥匙，最好随身携带自己的钥匙，不要随意放在桌上、床上，以免给他人偷取的机会，更不要随意把钥匙借给外来人员或交给他人保管，以免有心人"复制"。最后，如果不慎丢失钥匙，要尽快向宿舍管理部门反映并及时更换门锁，以免被他人拾到后开门入室盗窃。

⑩宿舍门锁、窗户及铁栅栏损坏的，宿舍门与门框之间留有较大缝隙的，应及时向宿舍管理部门反映，请他们及时修复，以免给窃贼可乘之机。

⑪拒绝上门推销。上门推销的文具、生活用品，不仅质量差、价格高，有的还会利用学生没经验，以高价推销低廉的商品进行诈骗。而且窃贼也经常使用伪装成推销人员的方式进入宿舍，以推销为名踩点，或干脆趁宿舍同学不注意时，实施盗窃。

⑫同学们在寒暑假、节假日离校期间，不要将贵重物品留在宿舍，应随身带走，或寄存到老师、同学家中，妥善保管，以免被盗。

（2）教室、图书馆等防盗。

①不要用书、衣服等物品"占位"。

②除必须使用的学习用品外，不要携带贵重物品去公共学习场所，携带的现金、手机等贵重物品要做到不离身，千万不要随意放在桌上和椅子上，衣服、书包和手包不要随意搭在椅子上，特别是装有现金时更应注意，以防窃贼顺手牵羊或假意坐在你身后实则翻包搜袋。

③需暂时离开时，应将现金、贵重物品带走或交给同伴代管且离开的时间不宜过长。

④有些图书馆、自习室等有公共储物柜使用时一定要上锁，且不要存放贵重物品。

⑤学习期间不要打瞌睡，困乏了可回宿舍休息，实在要小憩时一定要让同学帮忙看护自己的东西。

（3）食堂防盗。

①尽量和同学一起吃饭，相互照看。不要使用书包等占座，自己离开打饭，排队时应

注意周边环境，养成经常有意识地碰触、摸探的习惯，确认财物是否还在，尤其是背着背包、书包的同学要随时注意身后，以防有人趁乱翻包，盗取财物。这些动作，也可让寻找下手目标的窃贼觉得你有良好的防盗习惯，从而放弃对你下手。

②手机、钱包等物品应放在贴身口袋里，这样可以随时感知手机是否有异动、拉扯。切勿将手机、钱包等放在裤后口袋或外衣前口袋中。

③饭卡使用完毕应立即收好，不要随手置于桌上，饭卡最好加上密码，必要时设立单次最高消费额，若发现饭卡丢失，应立即到食堂挂失。

④排队、吃饭时都要留心身边是否有无事游荡、目光游移的可疑人员，尤其是故意挤靠他人、总往人群拥挤处凑的人。

案 例

某高校学生王某报警称，其在食堂吃饭时，放在凳子上的笔记本电脑被盗。经查找后，抓获嫌疑人李某，经询问，李某对在高校餐厅内盗窃财物的犯罪事实供认不讳。李某称，自己无意间发现学校食堂部分学生在就餐时将背包、钱包、手机等物品随意放在凳子上，且餐厅人多，李某便心生邪念，趁人不注意将一部手机装入随身携带的双肩背包内盗走。后来李某便装扮成学生模样，以类似手段先后多次到各高校食堂内，趁着就餐时间，食堂人多拥挤，盗窃学生手机、钱包、笔记本电脑等物品，涉案价值两万余元。

（4）操场、草地防盗。

①去运动娱乐时不携带过多现金、贵重物品，可以有效避免和减少损失。

②物品最好集中收入包中，不要零散一堆放置，包要放在存包处，不可往地上、台阶上等随意放置，也可将物品集中置于显眼处，由专人看管或轮流看管，切勿人包分离。

③对形迹可疑的人应提高警惕，如东张西望、只注意别人物品或在物品周围徘徊的人，必要时可上前询问，但注意态度应平和。

④离开前应清点物品。这样不仅可以避免物品遗漏，还可以在物品被盗或者丢失时，及时发现并报告保卫部门，有利于迅速组织人员进行围堵，抓获窃贼，找回被盗物品。

⑤夜深时或人员稀少时要尽快离开偏僻的场所。

2. 物品防盗

依据校内各处的特点，我们要有针对性地采取防盗措施；依据各种物品的不同特点，我们也要掌握符合其特征的防盗办法。

（1）重要证件防盗。

身份证、户口本、荣誉证书等重要证件，这些其实对于窃贼来说并不值钱，但万一被他顺手牵羊一并拿走了，要补办可就非常麻烦了，甚至会有无法弥补的遗憾，所以重要证件一定要保管好。

①首先这些东西一定要和现金、银行卡等钱物分开放置，这样能保证窃贼在盗取财物时不会"无意间"将这些对他无用的证件一起盗走。

②为了以防万一，所有的重要证件，最好扫描电子版存档，并且在电脑中、邮箱、优盘里各存一份，多处备份并注意保管，可有效防止丢失。

③外出时可以将重要证件放在一个袋子里收好，并放在贴身背的包里，这个包绝对不离身。注意外出时身份证也要单独放置，因为火车、飞机等公共交通工具需要出示身份证才能乘坐，用完后也要确认身份证放置妥当再离开。

（2）手机防盗。

①购买便宜实用、有防盗追踪功能的手机。

②设置密码。手机一般都有密码设置功能，要尽量设定开机密码，如指纹密码、图形密码等。设置多重密码，也是避免现在常见的高智商盗窃、诈骗的有效手段。

③妥善保管，机不离身。

④尽量避免戴耳机睡觉。有些同学外出时有听音乐，甚至戴着耳机听歌睡觉的习惯，此时窃贼可以轻易盗取你的手机，当你发现时已经找不到人了。

案 例

某日，被告人唐某在一网吧内，借用被害人吴某的手机后，上网登录吴某的支付宝，在吴某不知情的情况下，用其支付宝里的"蚂蚁花呗"功能在可套现网站透支 7 991.5 元购买产品，后该网站将收取手续费后的现金 7 192 元返还到被害人吴某的支付宝，唐某再将 7 183 元转到自己的银行卡内。之后，被告人唐某又连续两次以借用吴某手机为由，私自在手机上登录其支付宝，并分别将 200 元、100 元转到自己的银行卡上。

后被害人报警，公安机关将被告人抓获归案，法院以盗窃罪依法判处被告人唐某有期徒刑一年，缓刑两年，并处罚金人民币 5 000 元。检察官提示广大市民，增强安全意识和自我保护意识，不要轻易将手机借给他人，避免泄露个人信息，造成财产损失。

（3）银行卡防盗。

①养成良好的用卡习惯，看待银行卡与现金同等重要，将银行卡和信用卡贴身携带，确保每次交易完毕后取回自己的银行卡。

②一拿到卡片立即签署姓名简写、昵称等，修改初始密码，在丢弃带有个人信息的表单、对账单、消费流水单等时应将其撕碎销毁。

③在设置密码时，不要选择那些能跟自己轻易联系起来的数字，如生日、电话号码等，不要使用简单数字作为密码，也不要在多处使用同样的密码，切勿将密码及个人身份证号码告知他人，包括家人和朋友在内，否则一旦银行卡遗失或遭窃，窃贼就可能从多种途径处获取你的密码。

④开通余额变动的短信提醒，养成定期修改密码、定期对账的习惯，这样可以及时发现失窃，一旦发现自己的银行卡遗失或遭窃，要立即与银行联系挂失、冻结账户，并立即向学校保卫部门或公安机关报案。

⑤在银行、ATM 机、POS 机等处输入密码时，要用手或身体挡住他人的视线，谨防偷窥，如果有人故意靠近，可礼貌提醒其与你保持距离，实在不方便时，宁愿不使用银行卡，以免密码泄露。

⑥在使用 ATM 机前，要先仔细观察取款设备，是否有其他可疑的附属设备，如有疑问，应立即停止取款，并及时拨打银行的统一客服电话查证。

⑦不在网吧或者使用公共免费 Wi-Fi 登录网上银行。

某校学生刘某,因与同宿舍同学许某关系很好,许某曾将其QQ游戏密码告知刘某,而该密码恰是其银行卡密码。某日上午,刘某趁许某等宿舍同学外出、许某的抽屉未锁之际,从其中偷出许某的银行卡,通过试探确定QQ密码即是银行卡密码后,分3次盗取其存款6 000元,后将银行卡丢到户外。接到报案后,经过调取银行取款机上的监控录像发现是刘某作案,从而查破此案。

(4)电脑防盗。

①建议在校学生选择购买台式机,因为笔记本电脑携带方便的特点,其被盗风险比台式机高出许多。

②保存好电脑配置单、配件编号、购买发票等相关凭证,以备万一被盗后报案和追查线索。

③与手机一样,建议大家设置各类开机密码、系统密码、程序密码等,让窃贼作案后无法正常使用,减少非法所得。

④一定需要笔记本电脑的同学可以配置保险钢丝锁,不用时将笔记本电脑和桌子、床铺连锁在一起,可以起到很好的防盗效果。

⑤放假或需长时间离校期间,要将电脑带回家或妥善寄存,如放在老师、同学家里,或托付留在学校、责任心强的同学保管,就算出一点寄存费用也是值得的。

(1)针对校内盗窃案件,我们有哪些防盗原则?

(2)针对易被盗窃的地点,我们有哪些防盗措施?

(3)针对易被盗窃的物品,我们有哪些防盗措施?

(二)校外防盗攻略

1. 交通防盗

(1)通过安检时要时刻注意自己的行李包裹,一定要看到包进入安检仪后,再及时到出口处等待领取。

(2)时刻注意碰撞你的人及周围紧贴你的人,尤其是在车门附近或上下车时。

(3)坐在座位上时,要注意同座位或坐后面的人的"第三只手"。

(4)站在车厢内时,最好一手扶横杆,一手保护好随身携带的提包或背包。

(5)对一些手持衣服、报纸、杂志等物品或假意看书的人多加留意,防止窃贼在这些东西遮掩下的盗窃行为。

(6)身上的现金分两三处放,随时需要用的零钱放在取用方便的外衣兜里,尽量不要在公共场所翻钱包。

(7)不携带大额现金长途旅行,可将其存放在银行卡里,并将银行卡、钱包等放在贴身的隐秘之处。

(8) 旅途中尽量不要和陌生人讲话，避免透露自己的行程、身份，避免显露贵重物品，更不要与新结识的伙伴谈起与钱有关的事情，对于过于热情的人要保持足够的警惕。

(9) 不喝陌生人递来的食物、饮料。所谓"害人之心不可有，防人之心不可无"，曾经就有过犯罪团伙利用投入了迷药的食物、饮料将人迷晕，盗取财物的案例。当离开座位再回来时，桌上的饮料和水最好也倒掉，重新接取新的饮用，避免窃贼趁你不在时下药。

(10) 睡觉时要把贵重物品放在妥善之处，可将包置于胸前双手抱住睡觉，也可以放在身下、枕于脑后等。

郝某在火车站候车大厅候车时，不慎遗失钱包，钱包内有1100元现金和四张银行卡。接到郝某的报案后，火车站派出所组织警力对周边重点旅客展开排查，并及时调取监控视频对案发时的情况进行查看。高清视频显示，案发时，一名身穿黑色皮夹克、携带蓝色背包的男子紧贴郝先生身后，趁旅客排队拥挤的间隙，迅速从郝先生背包内将钱包掏出装入裤兜，然后迅速逃离候车室，此人正是嫌疑人彭某。警方根据监控视频显示，认为嫌疑人携带的行李较多，而且已经进入候车室，说明他已经购买了火车票，得手后很有可能再次返回火车站。随后，派出所便衣民警，根据嫌疑人的体貌特征在退票窗口进行追查，同时，在进站口布置警力蹲守。嫌疑人彭某本以为自己的盗窃行为天衣无缝，然而当他再次返回火车站时，被守候已久的民警当场抓获。据彭某交代，他本打算乘火车回老家过节，在候车厅排队时发现前面旅客装在背包内的钱夹露了出来，见财起意，就顺手偷走了。目前，彭某因涉嫌盗窃案已被公安机关治安拘留。

2. 公共场所防盗

(1) 不要将背包和提包背在身后，也不要把钱包、手机、现金等放在后裤兜中。

(2) 试衣时，一定要将背包和提包交给同伴看管或随时掌控在自己手中。

(3) 在超市购物时，不要将包或衣物放在购物车或购物篮里，以防被贼拎包。

(4) 在外就餐时，要将背包和提包放在自己能照看得到的地方，并随时注意"不小心"把包放在你包旁边的人，避免窃贼偷梁换柱。

(5) 不要在路边凑热闹、看热闹，而疏忽了自己的钱物。

(6) 避开老"粘"在身边的陌生人，如果在街上不小心被人撞了一下，要及时查看钱物。

(7) 进入电影院通道、寻找座位或寻找包房时要多加小心，小心故意贴着你的人。

(8) 在观看电影或者唱歌跳舞时，人往往会忽视财物的保管，此时注意要将背包抱在怀中，或放在包间最里面，并时刻注意，防止窃贼顺手牵羊。

(9) 电影散场或聚会结束时要检查自己携带的物品，如有丢失遗漏，方便及时发现。

(10) 如果发生失窃事件，要马上报警，并通知场所保安及工作人员，尽量挽回损失。

看电影时你是否有这样的习惯：将外套、背包放在旁边的空位上？窃贼林某就是利用人们的松懈在电影院里屡屡作案。林某使用这一方法最早是在1992年，在某剧场观看电影时，偷盗事主小手包，内有一条价值1 580元、15.8克的金项链，710元人民币和200元外汇兑换券，林某为此获刑三年半。此后，林某并未吸取教训，于1999年和2009年再次在其他电影院内作案，手法如出一辙。

林某这次被捕是因在某影城中再次作案，被盗的学生李某说，当天她正在和男朋友看电影，发现林某坐在她左侧放大衣和背包的座位旁。大约一小时后，林某假装打电话离开。实际上林某并未真的离去，出去五分钟后返回又搜寻到新目标，又是靠边坐下，摸索大衣兜或背包，得手后假装打电话离去。"电影院里光线暗，人们的注意力都在看电影，好下手。"林某说，他看到有对男女青年在亲热，过去偷了就走，没被发现。现金林某花了，而他看上的钱包、手机则留着自用，被抓后一并被警方发还失主。

（11）有条件的同学，还是要尽量在校内上网，如果一定要到校外上网，切记少带、最好不带贵重物品，只带需要使用的少量现金和身份证、上网卡等，有时钱包都不必带。如果携带书包，一定要放在身前，不要随手放在桌上，更不能挂在身后或椅背上。

（12）对于网吧要选择治安环境较好、管理规范的，如安装摄像头的网吧。

（13）外出上网最好几人结伴，同时要遵守健康的作息时间，尽量避免单独前往和深夜前往。

（14）碰到别人找你问事，分散你的注意力时，先把手放在手机、钱包上，再扭头回答查看，防止几名窃贼配合作案，一人分散你的注意力，一人从侧边迅速拿走你的钱物。

（15）排队时要注意来往人员和排队人员，避免有窃贼趁着你放松警惕时，使用刀片割破背包行窃，或用手指、夹子等将你的钱包、手机等贵重物品盗走。

（16）在求职场所填表时，不要将手机、背包等随手放在桌子上，避免被窃贼顺手掠走。

（三）被盗后如何处置

案 例

2010年4月27日晚上7时许，广州大学城某大学学生李某，趁学生宿舍E504房熄灯无人之机，从其居住的宿舍阳台攀爬到相邻宿舍的阳台，然后进入该宿舍，将事主魏某放在宿舍内的一台NEC牌手提电脑盗走，得手后携带赃物原路返回宿舍。4月30日下午3时许，事主魏某与该校物管保安员到E503宿舍寻找失物，犯罪嫌疑人李某将所盗的手提电脑藏在该宿舍入门第一张床（同学梁某所睡）的被子下面。后被事主寻获并报警，民警将嫌疑人李某传唤至小谷围派出所处理。

一旦发生盗窃案件，一定要冷静应对，注意做好以下几个方面的工作：

1. 及时报告，保护现场

发现被盗，应立即报告院（系）有关领导、学校保卫部门或当地派出所，并保护现场。安排人专门负责，不准任何人进入犯罪现场，不要翻动现场的物品，不能急急忙忙地去查看自己的物品是否丢失。万一进入现场后才发现被盗，应马上撤离现场，切忌翻动现场物品查看损失情况。封锁和保护现场是判断犯罪分子进行犯罪活动的依据。

2. 发现窃贼，防止逃跑

发现嫌疑人后应立即组织学生进行堵截，进行堵截时需要注意以下几个方面：

随机应变，注意安全。即使明知其是窃贼，也可以故作轻松，故意误认为他是其他同学的亲友，和他随便交谈以拖延时间，等待其他同学的到来。在援助人员未到之前，要和盗贼保持一定距离，谨防其狗急跳墙行凶伤人。万一逃窜，应大声呼叫，以引起校园师生注意并协助抓获。

保持冷静，急而不乱。面对窃贼逃跑，同学们应紧紧跟上，并利用熟悉的地形，分头守住楼梯口或大门出口，同时，报告宿舍管理部门和学校保卫部门处理。窃贼在逃跑的过程中，往往都会在厕所、阳台、水房等处躲藏，这时要守住出口，有组织地认真盘查。

依靠集体，控制窃贼。如果发现宿舍有正在行窃的窃贼，可以大声招呼住在周围的同学和宿舍管理人员，一起来控制窃贼，防止其逃跑。校园内师生员工众多，只要一喊，许多师生都会上来帮忙的。

3. 协助调查，如实回答

公安部门和保卫人员来调查问题时应该据实回答，一要实事求是地回答公安部门和保卫人员提出的问题，积极主动地提供线索，不凭想象推测，不隐瞒情况。二要认真回忆，力求全面准确，对事不对人。三是发现线索，积极主动地向学校保卫部门或院系组织汇报。必要时，可以请求有关部门予以保密，公安机关和保卫部门都有义务和责任为提供情况的同学保密。

4. 及时挂失，补办证件

发现银行卡、存折、校园卡等丢失，应在第一时间到银行去办理挂失并补办证件，防止盗窃者非法使用。比如，身份证如果丢失，就要到派出所或者在报纸上刊登丢失声明，以免被犯罪分子利用，造成不必要的损失。

 小贴士

猝遇盗贼怎么办？

（1）保持警惕，头脑冷静，急而不乱。必要的警惕性不可少，如进行必要的盘问、找借口拖延时间等。

（2）要发挥同学们的集体力量。在绝大多数情况下，宿舍内总留有一部分同学，不管是否认识，只要听说宿舍里进来了小偷，大多数会挺身而出的。

（3）以正压邪。如撞见盗贼正在作案，应尽快拿起手边可用以自卫的工具，再大声呵斥，对其形成威慑，同时大叫"抓贼"招呼同学。

（4）要随机应变，注意安全。在援兵未到之前，要和盗贼保持一定的距离，与其周旋，要防止其行凶伤人，以能控制盗贼防其逃窜为目的。

（5）如有两个窃贼，同学们人数不够时，应集中力量抓住其中一人。

（6）抓获窃贼后，应将其强制控制，并通知或扭送至公安、保卫部门。

（7）万一无法抓住窃贼，应记住窃贼的特征，如年龄、性别、身高、体态、相貌、衣着、口音及其比较明显的特征，以便向公安机关提供破案线索。

思考题

（1）窃贼有哪些特征？我们可以从哪些方面辨别窃贼？
（2）在乘坐公共交通工具时，我们可以采取哪些防盗措施？
（3）处于公共场所时，我们可以采取哪些防盗措施？

第二节　防诈骗攻略

诈骗是高校中常发生的另一种侵财案件的主要形式，有些骗局不仅骗财还骗色，令受骗者损失惨重。被骗者从专本科学生、硕士到博士，甚至还有高校教师，这真的是因为骗子的智商更高吗？又或是被骗的人"太傻"？

其实骗子的智商并不高超，但是他们利用了人们心理上的一些疏忽和弱点。识破骗子常用的手段和方法的特征，我们就能保护好自己。

延伸阅读

诈骗是危害公民财产安全的一种违法犯罪行为。它是指以非法占有为目的，用虚构事实或者隐瞒真相的方法，骗取公私财物的行为。根据《刑法》的相关规定，诈骗金额在2 000元以上的，以诈骗罪论处，将酌情予以判刑并处罚金；骗取数额在2 000元以下的，属于违反《治安管理处罚法》的行为，将予以拘留并处罚款。

一、高校诈骗现象概述

（一）受骗学生的类型

1. 疏于防范，警惕性低

大多数高校学生受骗者都属于这种类型。很多高校学生在经历了多年的专心学习后，第一次独自走出家门，社会阅历很少，对他人缺少应有的防范心理，警惕性低，不善于辨别真假、分析骗局，这些特征都易被骗子利用。骗子制造各种紧张气氛，或编造出各种谎言、悲惨故事，甚至使用各种威胁手段，来达到获取不义之财的目的。

案　例

某高校女生小丽遭遇了一起跨境电信诈骗。骗子先是在电话里假冒"公检法"要求其配合案件调查，威胁她必须支付巨额保证金，才能不被拘捕。骗子还强调，这个过程必须保密，连家人也不能告诉。涉世未深的小丽非常慌张，按照骗子指令，将自己的银行卡信息透露给骗子,卡上的几万元很快被转走。然后,骗子仍不知足,继续向小丽要70万元。为了筹钱,小丽以"留学保证金"为借口向父母索要70万元。骗子还威胁小丽到外地躲避,后又让她以"帮男友担保欠款被绑架"为由,向其家人索要赎金400万元。警方接到其家人报警后,紧急展开搜救,最终发现这起"绑架案"是一出精心导演的骗局,而小丽直到见到民警,还仍对骗局深信不疑。经过民警多番解释、证明身份、联系家属,小丽这才相信自己遇到了骗子,而银行卡上的70多万元早已转给骗子。

2. 单纯感性,被人利用

高校学生普遍喜欢广交朋友,再加上思乡之情,或对"名人""能人"盲目崇拜,很容易上当受骗。有些骗子打着交友、恋爱的旗号,口蜜腹剑,编造骗局,有些骗子利用同乡关系,甚至是"制造"同乡关系,与被骗同学,甚至与同班、同系的多名同学联络感情,获取同学们的信任,继而实施诈骗,有些骗子利用高校学生存在的"背靠大树好乘凉"的心理,介绍其认识了所谓的"名人""能人",而学生往往对他们唯命是从,最后一步一步地落入骗子的陷阱。

除了借助各种虚假的"情谊"和"关系"诈骗外,骗子还会利用高校学生们思想单纯、富有同情心的特点,编造谎言,进行诈骗。

案 例

一名自称某名校研究生的男子,通过网络与另一高校女生交往,用花言巧语骗取了该女生的好感,并约该女生在一处偏僻的山脚下见面。两人刚见面不久,该男子就被埋伏在附近的民警抓获,而那名女生还苦苦向民警哀求,说对方是名校的研究生,不是坏人。可是,当她看到从男子身上搜出的匕首、迷药等作案工具时,才知道自己上当受骗了。原来,该男子是一名以大学女生为目标的骗子,已对多名女生实施诈骗、抢劫甚至暴力伤害。

3. 贪图小利,急于求成

贪心是高校受骗学生体现出的另一个心理弱点。骗子往往使用多种"好处""利益",来吸引学生上当,让其自以为可以有利可图,"实现经济效益最大化",这其实都是利用了人贪心的不良心理。有些学生希望通过寻找兼职来锻炼能力,减轻家里负担,初衷是好的,但却心急不加筛选,落入了骗局;有些即将毕业的同学由于面临着实习,在寻找工作时急于求成,结果在求职过程中没有仔细考察实习单位,也被骗子所利用,以"好工作、高薪酬"为诱饵,通过各种形式骗取财物,甚至诈骗女同学进入不良场所,误入歧途。

除了求职心切外,当前高校学生容易被利用的心态还有很多:想经商助学,但却缺乏经商的实际经验,爱慕虚荣、急于成名,但却无人相助;坚信要寻找"完美情侣"但却不自我提升、不切实际;等等。正是这些不良心态给骗子制造了可乘之机,他们使用各种身份、编造各种谎言来满足受骗学生,从而实施诈骗。

案 例

一名女研究生,在为撰写毕业论文进行调研的途中,在某火车站附近的旅社里认识了一个自称是开饭店的年轻姑娘。两人一见如故,谈得十分投机。那姑娘邀女研究生去贩银元,说是来回大半天就可赚400元。女研究生经不起诱惑,见对方年轻所以未存戒心,便同她一起前往。这名女研究生万万没有想到,自己堂堂一名大学高才生,竟被这个小姑娘以2 480元的身价卖给了一个弓腰驼背的中年人为"妻",失去自由长达71天。一个研究生的智商不会比这个小姑娘差,但为什么会被骗,值得人们深思。

思考题

(1) 高校诈骗案件有哪些特点?

(2) 高校学生的哪些行为容易使自己成为骗子的作案对象?

(二) 诈骗的类型及手段

骗子利用人们的几种心理特点,以此为依据编出各种各样的骗局。表面上看起来,骗子的诈骗手法五花八门,有令人防不胜防之感,但其最终目的就是要骗钱。只要了解了骗子的目的、手法和套路,就能保持警惕,及时辨识。

1. 实地诈骗

实地诈骗指发生在我们身边,发生在日常生活中的诈骗,如校园、街头等处的诈骗手段。

(1) 拾物平分诈骗。

拾物平分是一种很典型的诈骗作案手段。骗子故意在路上丢下假的贵重物品作为诱饵,待路过的学生拾起后,便立即以目击者的身份上前,以"见者有份"为由要求平分,继而表示把东西交给学生保管自己去筹钱,但要学生交出少量押金,或大方表示学生给自己少部分钱财东西就不再过问等。使用这种手法诈骗的骗子有时还会合伙作案,一人假装在同学面前掉落财物,另一人迅速捡起,利用受骗者贪小便宜的心理,提出分钱,而后"掉钱者"回来要求检查两人财物,两个骗子一唱一和,以检查账户为名,将受骗者银行卡拿走并取走现金。类似的作案手段还有,喝饮料中"大奖","低价"兑换外币,使用看似"贵重"的药材、字画、文物等,诱骗人们低价购买、高价卖出赚取所谓的"差价",甚至是以"销赃"为名,诱骗受害者低价购买模型"手机"等。

(2) 推销诈骗。

宿舍防骗之上门推销骗子通常打扮成学生模样,背着装满劣质文具、生活用品、护肤产品的书包,到学生宿舍,以低廉的价格推销其商品,承诺优厚的退货条件,并且留下联系电话以示诚意,蛊惑涉世未深的学生购买,而实际上,这些产品数量缺损、质量低下,有的甚至仅仅表面上是产品里面全是废纸等。

(3) 假扮学生诈骗。

我们在车站、码头经常会遇到一些"迷路无钱""出门被骗""钱包丢失无法回家""求几块钱买点吃的"的"高校学生",他们寻求你帮助的目的都很明确,希望你能够给他们些钱。在校园中我们也会遇到来学校"参加调研""学习实践"结果与老师同学们走散了、钱包丢失的"名牌高校学生",于是只好向遇到的学生借钱、借银行卡,更有甚者还会先借手机打给"老师",两人一起唱双簧,骗取学生的信任后,再进一步索取学生的银行卡和密码，最后将受骗者卡内的存款转账汇款，达到诈骗目的。

类似的作案手段，还有带着孩子的妈妈求几块钱坐车、买吃的等，带着老人的年轻人乞讨来看病、要回家等，衣着邋遢的人走亲戚结果迷路、被盗等，还有其他遇到车祸急需钱、出差被骗等案例。

(4) 假意交友诈骗。

骗子利用交友活动或社交软件，以交友为由接近受骗者，继而与其发展成为兄弟、闺蜜，甚至恋人。待二人关系亲密后，就以"出事借钱""投资发财"等借口向受骗者要求转账汇款，达到骗取钱财的目的。除此之外，有些骗子甚至利用此类骗局得寸进尺，骗财骗色。

(5) 伪装同乡诈骗。

骗子将自己打造成同乡同学，与受骗者联络感情，有的骗子还利用受骗者联系其同班、同系的多名同学，甚至组织同乡会，来获取同学们的信任，继而广泛撒网，实施诈骗。

(6) 名人效应诈骗。

骗子谎称自己认识一些能人、名人、公安人员、高干及其子女、外国人等，有的干脆由骗子团伙伪装而成，来吸引高校学生的注意，继而骗取学生的信任，让其不能冷静地辨别骗子的真实目的，对其"顶礼膜拜、相见恨晚"，对他们的指点、要求唯命是从，一步步落入骗子的陷阱。

(7) ATM机操作诈骗。

骗子团伙趁学生在ATM机上查询或取款时，分布在其左右，并偷偷记住其取款密码，这时有人提醒你"钱掉了"等，来转移学生的注意力，趁学生弯腰捡钱时，迅速将事先准备好的伪卡插入，然后便以急着取钱为由，催促学生尽快离开，这时如果学生一时慌乱，便拿着伪卡离开了，就这样，真卡便落在了骗子手里，骗子便可顺利取走里面的存款。

类似的作案手段还有骗子在插卡口内安插金属钩、贴双面胶等，给学生造成吞卡的假象，或事先将取款机的出钞口用黑色塑料卡片塞住，使取款机无法出钞，并在旁贴上"温馨提示"，留下诈骗电话，待学生拨打电话时，骗子便套取银行卡密码，或者干脆由现场的骗子将卡取出或将钱取出，达到盗取银行卡资金的目的。还有骗子在自助银行门口的刷卡器上安装一个小盒子，学生刷卡进入时，盒子便会提示"请输入密码"如果学生按要求输入了密码，那么该盒子就会记录下来学生的银行卡号和密码，以便日后盗窃、行骗。更有甚者将摄像探头、读卡器装在ATM机上，偷窥学生的银行卡信息和密码，然后伪造银行卡将钱取走。

延伸阅读

如何防范ATM机操作诈骗

1. 自助银行的门禁系统不会要求用户输入密码，如果遇到这种情况要及时报警。

2. 在使用ATM机前，应先观察有无可疑设备，如有疑问，及时拨打银行的统一客服电话查证。

3. 在ATM机上取款时，输入密码的过程中，最好以另一只手遮掩以不被人偷窥，保证密码安全，并且要求周围的人与自己保持一定的距离，如有人故意以各种理由靠近，可以正面要求其后退以保持一定的距离，如对方仍要靠近，则最好放弃取款。

4. 在交易过程中，不要被任何其他的事端吸引注意力，如遇不吐钞、吞卡等行为要及时拨打银行的统一客服电话查证，且拨打电话的同时视线不要离开取款机器。

5. 交易完成后，应核实取回的银行卡的确是本人的，不给骗子留下可乘之机。

6. 明确知道，银行工作人员或警方在任何情况下都不会要求提供银行卡密码，更不会要求向来历不明的账户转款。

（8）招生培训诈骗。

有的培训班在广告中宣称"接受培训后可以100%上岗""一周内学不会全额退款"等，实际培训过程中往往无法兑现承诺；有些培训机构缺少教学信誉，常有培训方不能按照约定时间开课、中途无故停课、培训班教师频繁更换且教学水准不高等不负责任的现象。

如何防范招生培训诈骗

1. 在选择培训机构时应尽可能寻找办学多年、信誉较高的培训机构。

2. 报名前一定要充分了解培训机构有无办班或办学的资质，合作办学的，要看清主办方资质，以及政府颁发的办学许可证。

3. 报名前应仔细阅读章程、协议条款，避免对方玩文字游戏。

4. 要及时索要正规发票，注意收集、保存招生简章等有关资料，一旦出现争议，维权时也好有据可依。

（9）"碰瓷"诈骗。

骗子会手持一些易碎易坏的所谓"贵重"物品，如瓷器、药瓶、手机、笔记本电脑等碰瓷道具，故意制造碰撞事端，继而诬陷受骗者将其"贵重"物品撞碎碰坏，趁机勒索诈骗。更有甚者，一些骗子将自己也变成了道具，故意摔倒在车辆面前，谎称受了重伤，要对方赔偿检查费、医药费、误工费等。碰瓷的骗子一般都是同伙作案，分工明确，有碰瓷者、有帮腔者、有"主持公道者"，使受骗者难以争辩、抵抗。如果仍然诈骗不成，还有可能演化为抢劫，使受骗者被迫赔钱，达到其诈骗目的。

如何应对街头"碰瓷"诈骗

1. 如果有人要求你赔偿可疑的摔坏物品，最好直接报警，切勿私了。多数碰瓷者都是惯犯，当地民警都认识他们。

2. 如果对方人多势众，纠缠不清，也不要有畏惧心理，应当众揭穿其诈骗伎俩，据理力争，同时积极争取周围群众的同情和帮助，并继续采取上一条建议措施，及时报警。

3. 如果对方索赔不成、动手抢劫，则应避免正面冲突，以保护自身安全为第一位，并记住其体貌特征和逃跑方向，遭抢后要及时报警。

（10）伪装宗教诈骗。

伪装宗教诈骗主要发生在旅游景区，发生在各种"宗教道场"里，骗子多以活佛、大师等名义进行诈骗。骗子会让你巧遇"大师"或"活佛"，并说这是你的"佛缘"，继而会利用解签、赠送法物、言语胁迫等手段，来让你捐"香火钱""功德钱"从而"消灾祈福"，以此方式牟利。其实，骗子利用的是心理学手段，套取个人信息，满足受骗者心理需求。

2. 网络诈骗

网络诈骗是相对于实地诈骗而言的，指发生在虚拟世界中的各类诈骗。

（1）假借权威诈骗。

假借权威诈骗是典型的制造恐慌型诈骗手法。如骗子拨打同学电话，谎称自己是公检法机关，告知同学电话高额欠费、银行账户洗钱、涉嫌严重犯罪、身份信息被冒用等，要求同学配合，进行转账汇款，甚至直接要求同学关机，继而联系同学亲友进行诈骗等。类似的作案手段还有骗子电话冒充学生辅导员、导师、院校领导等，约见同学骗取信任，继而以种种借口告知不方便见面，要求同学转账汇款等。

案 例

某日，某高校学生李某收到一条短信，"你有未取包裹，请速与电话号码××联系。"李某打通电话后听到一段电话录音，"你的包裹内藏有毒品，请与公安局办案刑警××联系，电话号码是××。"李某听到这里非常慌张，赶紧拨打"刑警"电话，对方说："由于你的包裹内藏有毒品，警方已将你的银行账户列为犯罪嫌疑人账户并封锁，如需解除封锁，你必须提供详细个人资料，以便警方进行核实。"李某按照要求提供了银行账户信息，并通过电话按键按下了账户密码，对方让他等待通知。随后，李某去银行查询自己的账户，发现账户并未被封锁但里边的1.2万元已经被提走了，他又打所谓的"刑警"电话，却再也打不通了。

（2）冒充亲友诈骗。

骗子还会冒充同学亲友进行电话诈骗，如有同学接到电话问"猜猜我是谁"这个过程其实就是骗子的试探步骤，受骗者往往会自然而然地猜测其身份，此时骗子顺势答应，为下一步诈骗做下铺垫，很快骗子就会采取骗钱步骤，编制出车祸、嫖娼、吸毒被抓等谎言向同学借钱，要求转账汇款到骗子的账户。

类似的作案手段还有骗子自称是同学的导师、院校领导等，要求同学第二天"到办公室来"，第二天再编造理由要求同学汇款，或者假冒医生、警察等人，打电话给同学家长称其子女在外遇到了意外，急需用钱，要求学生家长转账汇款到骗子的账户，而家长往往心急如焚，汇款受骗，或是使用QQ等聊天软件，假装是受骗者的亲友，甚至还会与受骗者视频确认是本人，得到信任后，提出转账要求，达到诈骗目的。

案例1

4名高才生被骗走数万元,而被骗的手段却是人尽皆知的"到我办公室一趟",其中最高学历者竟是一名博士。被骗的四名学生,每人被骗金额都在1万元以上。最近,一种专为高校学生设计的骗局出现,令不少学子不幸"中枪"。

骗子冒充论文指导老师致电学生,要求其第二天到办公室见面。而在第二天的时候,骗子则再以"导师"名义声称正与领导座谈,需转账给领导为由,要求学生协助汇款,个别学生由于警惕性不高,盲目相信确是导师来电,欣然借钱汇款到对方提供的银行账户,结果造成财产损失。

案例2

某日中午,研究生李某登录QQ后不久,弟弟就在QQ上向她发出了视频聊天的请求,很久没见到弟弟的她,立即接受了请求。聊了一两分钟后,弟弟说他的一个朋友突发疾病,急需一大笔钱治疗,向他借几万块钱,但自己身上的钱不够,希望姐姐借两万元应急。李某深信不疑,当即找同学凑了两万元打到了弟弟提供的银行账户上。回来后,弟弟又在QQ上对她说两万不够,要再打两万。于是,她又四处筹钱。在此过程中,有同学提醒她此事可能有问题,于是她停止了汇款,打电话给弟弟,弟弟说自己根本没有向她借过钱,也没有跟她聊过天,那个银行账户也不是他的。这时,李某才发现被骗了。

延伸阅读

QQ诈骗中的视频聊天是怎样实现的?

骗子首先和别人视频聊天,然后录下他人的视频,最后盗取他的QQ号码。再与盗取的QQ号码中的好友,尤其是标注了身份信息,如妈妈、姐姐等的好友聊天,继而在视频中播放之前录制的视频,骗取对方的信任,再编造各种借口提出转账要求,以此行骗。所以,碰到这类事情,一定要谨慎核实,尤其是涉及财物的事情,一定要跟对方打电话确认后再汇款。

(3) 群发账号诈骗。

有些骗子采取投机取巧的办法,直接群发汇款账号的短信,如"请把钱直接汇到××银行就可以了,户名××账号××",有一些恰巧有事需要汇款的同学,就会不明就里,误会自己需要汇款的账号更改了,直接把钱汇到了骗子的银行账户中,稀里糊涂上了骗子的当。

(4) 伪造消费诈骗。

骗子冒充银行工作人员,使用移动基站伪造短信号码,给同学发送刷卡购物消费的信息,并附带诈骗网站或诈骗电话,同学只要使用了骗子提供的核对渠道,就很容易陷入诈骗陷阱,骗子往往团伙作案,假扮"银行""警方""银联管理中心"等,设下层层圈套,套取同学的账号密码,或让同学直接将钱转账到"安全账户",只要同学一放松警惕,就很容易落入骗子的陷阱。

特别提醒，只要提到"安全账户"的，基本上都是诈骗。

（5）虚假中奖诈骗。

骗子通过群发邮件、网址、电话、短信等途径，随机发送虚假中奖信息，只要有信以为真的同学回拨电话或点击链接后，就会有人核实你的身份、确认你已中奖，然后告诉你需要缴纳"手续费""保证金""税费""运费"等费用。

类似的作案手段还有同学在上网浏览、玩网络游戏或聊天时收到"网络公司""客服中心"的通知，说同学已抽中幸运大奖，要求同学汇款领奖。

（6）"内幕信息"诈骗。

有些同学由于家庭条件较差，或者有幻想一夜暴富等不良心态被骗子所利用，声称掌握内部渠道，能够预知股票走势，或者预测彩票中奖号码等，要求同学缴纳少量的会员费、服务费等，即可帮助同学发大财、赚大钱，诱骗同学上当。只要同学上钩，骗子还会在"服务"过程中多次要求汇款，使同学反复受骗，即使同学有所怀疑，也会因为侥幸心理或心疼前期投入无法要回，而无法抽身。

（7）虚假网购诈骗。

高校学生由于其经济条件有限，往往对低价商品青睐有加。于是有骗子制造虚假购物玩转网络之防范诈骗基础篇信息，利用"物美价廉"的商品，诱骗学生点击链接进入其虚假购物网站，借此盗取学生的网银账号和密码，盗取钱款；或是发布一些明显低于市场价格的产品，吸引学生咨询，然后提供银行账号要求先汇少部分货款继而虚假发货，继续骗取货款，如果同学发现端倪，卖家就会不断搪塞，前期汇款也无法追回；即使是购买一些"货到付款"的商品，也有可能收到劣质商品，并被收取高额的"运费""手续费"等。

如何防范网络购物诈骗

1. 选择正规、信誉良好的购物网站选购商品，购物前要留心购物网站上的评论反馈，避免重复被骗。

2. 保持足够警惕性，发现商家过于热情或支付方式存在风险漏洞时，应及时放弃交易，以避免上当受骗。

3. 熟悉网购支付原则和方式，切记不要往商家提供的银行账户直接汇款，一定要通过正规的中介支付机构，坚持先验货、再确认交款的原则。

4. 如果已经进行了部分交易，汇出了部分货款后发觉有疑，要及时终止交易，找相关专业人士进行分析鉴别，并及时报案。

5. 注意保留网上消费的记录，以备查询，一旦发现有不明的支出款项，应立即联络发卡银行。

6. 一旦上当受骗，建议到原购物网站上投诉或挂贴，甚至找购物网站索赔，主张权利。

（8）未接来电诈骗。

同学们应该都遇到过这种情况，突然听见手机铃声响一声就挂断了，或拿起手机发现不知道什么时候有一个陌生号码的未接来电。这时候你会怎么办？是否应该回拨？这种情况其实就有可能是骗子利用伪造基站制造的电话群拨机器，可以瞬时让很多手机显示未接来电，待受骗者回拨时，就会听到广告或被直接转入付费声讯台。同学们要相信，确实找你有事的人不会找不到你就放弃的，所以，陌生电话回拨一定要谨慎。

（9）手机丢失诈骗。

随着科技发展，手机也在不断智能化，它早已不仅仅是一个通信工具，还记载着手机主人的许多个人隐私和重要信息，因此，常有同学手机丢失后，亲友就会收到同学的短信要求借钱，或接到自称同学、朋友、老师的电话，告知同学有事急需用钱等。这是因为骗子得到同学们的手机后，往往会"按名索骥"，通过电话簿了解你的亲友关系，继而冒充你本人或其朋友，对手机里面的联系人实施诈骗。如电话簿中的"妈妈""爸爸"等明确身份的电话都很容易成为被诈骗对象。这里也告诉同学们，为了以防万一，在电话簿中保存联系人信息时尽量不要表明确切的身份信息，可以使用名字、昵称等方式，防止被骗子钻了空子。

3. 求职诈骗

为缓解家庭经济压力，积累社会工作经验，很多高校学生会选择加入勤工俭学的行列，同时还有很多临近毕业的学生，要积极寻找实习工作。然而，由于高校学生社会经验少，思想单纯，很容易被骗子利用，人财两失。

（1）中介费用诈骗。

社会上一些不规范的中介机构，靠骗取中介费为生，骗子往往巧舌如簧，以介绍"高薪"工作为由，诱骗学生缴纳中介费，一旦学生交钱，骗子的目的也就达到。学生的工作或是遥遥无期，或是得到几个骗子的"托儿"假扮的工作单位，根本不会得到真正的工作，更不可能获得收入。即使学生查问中介机构，对方也会以学生自己能力不足、与中介无关进行推脱，最终学生会在耗费了大量的时间和精力后，被迫放弃追索中介费。

案 例

某高校学生强某在寻找工作过程中，在一家中介机构的游说下，交了100元中介费，中介工作人员承诺说三天之内可以帮助他找一份家教工作。结果一周过去了，中介方仍然没有任何回音。强某几次电话催促，甚至上门说理，但是工作人员总是以各种借口推脱，让他再等几天。最后，强某自己找到另一份兼职工作，再加上学业压力，根本无暇再去找中介，只好自己认栽放弃中介费追索。

（2）入职费用诈骗。

社会上还有一些不规范的公司，常年发布一些"钱多事少"的岗位，如工作内容轻松的文秘、公关等岗位，且薪酬待遇优厚，以此来吸引学生。学生求职面试后，公司便会列出押金、保证金、建档费、工服费、培训费等各种入职费用，要求学生缴纳后才能入职。如果学生相信了日后的"高薪"待遇而乖乖交钱，公司便会以各种理由辞退学生甚至直接消失。

案例

某日,某地警方陆续接到六十余名高校学生报案,称某公司以招工为名,从应聘者手中收取50~500元不等的服装保证金,待大家按约去该公司参加培训、准备上班时,公司人员已不知去向。警方经过侦查显示,3名犯罪嫌疑人伪造了身份证及相关资料,注册公司,租赁办公地点,之后以公司名义在各报纸和人才市场散发虚假招聘信息,诱使150余名高校学生与该公司签订了虚假的"兼职促销使用协议"或"专职员工用工协议"并交了50~500元不等的服装保证金。三人骗得人民币28 000多元后,分赃携款潜逃,后被警方捉拿归案。

据办案民警介绍,审讯得知受骗者有150余人,但是报案的还不到40%。未报案的同学也许是认为被骗金额很少不值得报案,也许是认为即使报案也无济于事。但这种行为不但纵容了诈骗的继续发生,也不利于骗子被抓后的量刑处罚(《刑法》中诈骗罪的量刑底线是2 000元,诈骗数额在2 000元以下的只能给予治安处罚)。

(3)克扣拖欠工资诈骗。

学生们在找到"理想工作"后,还要谨防"被义务劳动"。如有些公司雇用学生后,虽然前期约定了上班时间及薪酬待遇,但在上班过程中,总会编造各种借口,让学生大量无偿加班;而在快要支付工资时,又会寻找各种理由将学生辞退并不付酬劳,公司即使支付酬劳,也会找种种理由克扣、拖欠工资。

如何防范求职诈骗

1. 选择正规中介,查看其是否有工商局的营业执照和劳动部门颁发的职业介绍许可证原件。

2. 求职于知名大企业,入职前仔细观察公司招牌是否醒目、办公设备是否齐全、办公人员的工作状态等,来判断公司是否可靠。

3. 拒绝高薪诱惑,谨慎对待缴纳各种费用或需抵押身份证的招工公司。同学们要清楚自己的条件和特长,理智对待高薪,如果确定自己无法创造与之匹配的经济效益,就要慎重思考对方的真实目的。

4. 务必要签署劳动合同并仔细阅读其所有条款,不要被文字游戏所迷惑。

5. 如果与用人单位发生劳资纠纷,最好通过协商解决。若发现上当受骗,应立即到相关劳动部门进行投诉,必要时应采取法律手段。

(4)招聘传销诈骗。

还有一些骗子利用高校学生求职心切的心理,设下传销骗局,打着"直销""特许经营""加盟连锁""电子商务""网络直销"等旗号,诱骗学生购买劣质产品进行推销来赚取所谓"高额利润",或干脆承诺有高薪职位,要求学生前来工作,实为传销组织,学生一旦前往则会落入传销魔窟。

某日，某地警方接到举报，称当地多所高校学生涉嫌参与非法传销活动，警方调查部署后一举破获一起传销大案。调查发现，该传销团伙是王某与梁某合伙成立的"高校学生创业联合会"，目的在于吸收高校在校学生成为"会员"，并让其不断发展下线，从中获得巨额利润。800多名受骗者中，几乎清一色是高校在校学生，共涉及30多所高校，其中很多学生来自贫困家庭。这个非法组织的传销手法有三种：一是称为学生提供实践平台，采取学生拉拢学生的手法发展下线，向每人收取150～1 000元不等的"入门费"。二是让学生购买公司优惠卡取得参加公司活动和销售产品的资格。三是以招募商品和项目合作者为名，收取"权利金"。调查发现，这个公司共收取"入门费"51万余元。

办案民警介绍：高校学生表现出的无知令人震惊，一些学生直到被解救时尚不知道从事的是传销活动。

应对传销有"三招"：一辨、二防、三举报。

一要善于分辨传销形式，识破其真实面目。

二要了解传销组织惯用骗术，防止上当受骗。

三要积极举报，让传销远离自己的家人和朋友。

（5）不正当职业诈骗。

有些娱乐场所会以高薪来吸引求职者，如招聘公关人员、服务员、模特、演员、私人伴游等，并给出相当丰厚的薪资待遇条件；或有个人及团伙借用各种渠道，组织、诱骗学生，尤其是女生从事不正当交易；还有些社会人员，以找家教为名，专门哄骗高校女生到个人家里，进而提出非分要求，甚至提出包养条件等。如果有学生不谙世事，或心存贪念，到这些场所或加入团伙进行"兼职"，很容易误入歧途，陷入泥潭。

让我们再来总结一下，防范打工遇诈骗，就要记住以下八招：

第一招：通过同学或老师介绍；

第二招：选择正规且稍有规模的企业；

第三招：知名网站推荐；

第四招：谨慎对待校园张贴招聘广告；

第五招：选择适当的兼职；

第六招：尽量通过网络辨真伪；

第七招：尽量不要通过中介找工作；

第八招：通过学校的勤工助学中心找工作。

二、防骗的基本措施及技巧

（一）防骗攻略

通过上面的分析和学习我们可以发现，骗子主要是抓住了人们或贪婪或恐惧或善良的情绪特点，用各种方式哄骗、获得人们的信任，最终目标则是获得人们的钱财。想要防骗，首先我们自己就要做到"不贪财，不怕事"，另外也需要多了解社会上的信息，不要让骗子钻了信息不对称的空子，用一些谎言蒙蔽我们。

1. 学习观察，正确认识社会

同学们平时除了忙于学业外，还应该多通过报纸、电视、广播、网络等媒体正确认识社会，知晓社会的多重特点；学习法律法规，积极参加学校组织的安全防范教育活动，了解相关的防骗案例，学习防范知识，提高安全意识，掌握防骗技能。

2. 遇事保持镇静，凡事三思而后行

无论遇到什么紧急情况都要保持清醒的头脑，不急不躁，理智分析，积极核实，必要时听取他人建议，三思而后行，才不会落入骗子的陷阱。遇到不能确定的人和事时，要通过巧妙周旋，弄清对方真实意图，只要对方提到金钱、权力等字眼，就要提高警惕，寻找破绽。如果能够确定对方有诈骗意图，还要择机报案，协助警方抓获骗子。

3. 提高警惕，保护个人信息

随时注意保护个人资料和信息，对含有重要身份信息的证件、文件、物品，如身份证、手机、手机卡、银行卡、公交卡、饭卡、借书证等，要妥善保管，不轻易外借，不随意丢弃，也不要直接将证件的复印件交给别人，应在复印件上签署授权信息，如"仅授权××使用本复印件作××使用"字样，再行提交。一旦证件丢失要及时挂失或销户，发现个人信息被人非法利用要立刻报警。

身份证号码、银行卡号码和银行卡密码，绝不可同时泄露。

4. 警惕陌生信息，不信不贪不回不汇款

在短信、微信、QQ等各种通信端收到有关银行卡、金钱、汇款账号等信息时，一定要提高警惕。当不能辨别短信或信息的真假时，要在第一时间拨打银行的官方查询电话，而不要拨打短信、信息中所留的电话，或点击短信、信息里的链接。对于一些无法鉴别的陌生短信和信息，最好的做法是不理，如果已经上当，要立即报案。

5. 提防陷阱，慎对虚拟世界

对只有QQ、E-mail、手机号码而没有固定座机电话和地址的商户，切勿与其进行交易；不要在公共场合使用公用电脑进行网上购物，更不能使用公共Wi-Fi进行网银支付等操作；在安全网络环境中登录网上银行时，要注意核对网址，确定自己登录的不是钓鱼网站，不要轻易点击对方发来的任何链接；收到任何抽奖、中奖、获得礼品等信息时，要通过多种方式调查其真实性，如发现可疑网站，要及时向有关部门举报；网络交友一定要慎重，不要在网上泄露自己太多的个人信息。

6. 慎重交友，绝不感情用事

与人交往要区别对待，保持应有的理智。对突然出现的"良师益友""名人能人"等，要听其言、观其行、辨真伪，不要被对方的表象所蒙蔽。在与人交往的过程中，一旦发现对方有疑点，就要认真观察、仔细辨别。在查证过程发现疑点但无法确定真假且又不愿意轻易拒绝时，要有礼有节，采取一定的谈话、交往策略，注意在此过程中寻找破绽，尝试通过与其周旋来印证自己的猜测，必要时，还可以采取一些虚张声势的言辞，使对方心存顾忌，不敢贸然行事。

另外，虽然人人都需要别人的帮助，同学、老乡、朋友间因一时之需，相互借钱是可以的，但在此之前要考虑对方的信誉和偿还能力，三思而后行。千万不要因为钱财破坏双方关系，更不要因此而落入骗子的陷阱。

7. 加强师生沟通，依靠保卫部门

在日常生活中，同学间、师生间应该加强沟通和互助，保证安全需要；特别是在遇到紧急事件时，最好能及时与身边的人沟通，大家共同分析，保持镇静，避免上当受骗。当遇到非常可疑或紧急的情况时，要及时向老师或保卫部门反映，请学校的专业保卫人员帮助分析处理，确保人身财产安全。

8. 遵守法规，发挥应有作用

每个高校都有一系列的管理制度和规定，这都是为了维护大家的正当权益和校园秩序而设置的。比如，不允许学生私自留宿外来人员是为了控制闲杂人员和骗子混入校园作案。因此，同学们要自觉遵守法规，积极支持高校规定，努力发挥自己应有的作用，保护自己和他人的权益。

9. 提高修养，树立健全人格

高校同学要不断提高个人修养，树立正确的世界观、人生观和价值观。只有克服心存侥幸、贪图便宜、爱慕虚荣、急功近利等不良心态，拥有健康而理性的心态才是同学们预防诈骗的重要方式和原则。大家对"飞来横财""天降馅饼"，特别是不熟悉的人所许诺的利益，一定要调查分析，谨记"天下没有免费的午餐"，只有勤劳、踏实才是致富正途，才能获得成功。

思考题

（1）想要防范被骗，我们应遵循什么原则，掌握什么技巧？
（2）收到陌生信息，我们应如何处置？
（3）与陌生人交友，我们应注意什么？

（二）被骗怎么办

1. 及时报案

无论受骗者是因为自己的过错（如贪财、无知、轻信、粗心大意等），还是因为种种其他原因而受骗，都要及时向公安机关报警，向保卫部门报告，不要在自己受损的情况下，还让骗子逍遥法外。

2. 配合调查

报案的同时，大家还要注意对作案人员遗留下来的文字资料、身份证件、电话号码等证据予以保留，积极向学校保卫部门和公安机关提供骗子的体貌特征、与其交往的经过等线索，配合调查，追缴被骗财物，捕获诈骗人员。

3. 事后补救

诈骗案件发生后，同学们要及时采取事后补救措施，避免损失进一步扩大。与发生被盗案件类似，如发现信用卡、存折、就餐卡失窃，应立即通过电话银行或直接向发卡银行及有关机构办理挂失手续；若身份证同时遗失应马上到银行冻结存款，也可以采用电话银行挂失的方式先行办理临时挂失，事后再到柜台补办手续，并及时补办身份证等。处置的同时，受骗同学也要保持积极的心态，吸取教训，总结经验，尽快从受骗的噩梦中走出来，提高防骗警惕性和安全意识，保护自己的人身和财产安全。

思考题

（1）被骗后可以采取哪些处置办法？
（2）去食堂就餐饭卡丢了，卡里钱也不多就这么算了，这样处理正确吗？

第三节 防抢、防勒索攻略

抢劫、抢夺案件也叫"两抢"案件。抢夺案与抢劫案有明显的区别，即是否使用暴力，但由于实际情况的复杂性，一些案件呈现出交织性，抢夺犯罪容易转化为抢劫犯罪。

敲诈勒索罪与上述两种犯罪的显著区别是：犯罪分子多以不太可能当场实现的威胁内容作为恐吓，当场非法侵占受害人财物或要求受害人在指定的时间和地点交付财物。

延伸阅读

抢劫罪在《刑法》中有明确规定，是以非法占有为目的，对财物的所有人、保管人当场使用暴力、胁迫或其他方法，强行将公私财物抢走的行为。所谓暴力，是指行为人对被害人的身体实行打击或者强制。抢劫罪的暴力，是指对被害人的身体施以打击或强制，借以排除被害人的反抗，从而劫取他人财物的行为。这里的其他方法，是指行为人实施暴力、胁迫方法以外的其他使被害人不知反抗或不能反抗的方法。凡年满14周岁并具有刑事责任能力的自然人，均可以构成抢劫罪的主体。抢劫罪是侵犯财产罪中危害最大、性质最严重的犯罪。司法机关在对抢劫案件认定时，没有规定抢劫财物的最低数额，只要实施了抢劫行为就构成此罪。

抢夺罪在《刑法》中有明确规定，是指以非法占有为目的，乘人不备，公开夺取数额较大的公私财物的行为。抢夺罪是我国《刑法》第二编第五章侵犯财产罪中的一项罪名，是介于盗窃罪与抢劫罪之间的一种犯罪形态。抢夺数额较大的公私财物是构成抢夺罪的重要条件。此外，抢夺的情节对定抢夺罪也具有影响。因此，抢夺公私财物数额不大，情节显著轻微的，不构成犯罪，但也属于违法行为。

敲诈勒索罪在《刑法》中有明确规定，是指以非法占有为目的，对被害人使用威胁或要挟的方法，强行索要公私财物的行为。敲诈勒索公私财物，数额较大或者多次敲诈勒索的，处三年以下有期徒刑、拘役或者管制，并处或者单处罚金；数额巨大或者有其他严重情节的，处 3 年以上 10 年以下有期徒刑；数额特别巨大或者有其他特别严重情节的，处 10 年以上有期徒刑，并处罚金。敲诈勒索罪是一种重要的侵犯财产罪，其犯罪对象是公私财物。

一、高校抢劫、抢夺及勒索案类型

1. 拦路抢劫

拦路抢劫指在路上或道路附近进行的抢劫、抢夺等行为。当犯罪分子发现可下手对象时，会快速向其靠近，夺过受害人随身携带的贵重物品，然后立即逃离现场。犯罪分子抢劫、抢夺的目标多为手机，尤其是受害人正在通话或挂在胸前的手机，以及金银首饰等价值高、体积小、易夺走的物品。

2. 利用受害人的过错或隐私敲诈勒索

利用受害人的过错或隐私敲诈勒索通常指犯罪分子掌握了受害人所犯过错或其隐私的一定证据，继而以此敲诈勒索受害人，受害人往往因为被"抓住小辫子"而不得不受犯罪分子摆布，结果只能是蒙受更大损失，人财两失。

因此，提醒大家平时洁身自爱，不要给犯罪分子留下可乘之机，万一发生被敲诈勒索的情况，要勇于报案，将伤害降到最低。

案 例

某日，某高校女生姜某报案称，自己结识了网友吴某，吴某以介绍兼职为名，约她到一家宾馆见面详聊。她在喝下对方给她的饮料后就昏昏睡去，第二天醒来发现自己被强奸，随身携带的财物也不见了。而后对方给她打电话说拍了她的裸照，向她勒索 10 万元。警方经过侦查，将嫌疑人吴某抓获，没想到吴某又继续交代了其诈骗、勒索另外 6 名高校女生的犯罪事实。

据吴某交代，两个月前，他在网上认识了高校女生李某。吴某假称自己是金融投资商，要找女孩去陪侍客户，并承诺高额报酬，李某答应了。二人在见面时发生了性关系。第二天，吴某要求李某办理新的银行卡用来"转账酬劳"，并以卡需要升级为由，要求李某往该卡里存了 1 000 元，随后吴某从李某的卡中取走了这 1 000 元钱，就再也不跟李某联系了。

没过多久，吴某又如法炮制，认识了高校女生陈某，并假称自己是一个私人会所的老板，想要招聘陈某前来工作。取得了陈某的信任后，吴某提出见面，在见面时，吴某拍了一段二人发生性关系的视频。没过几天，陈某收到了吴某的电子邮件，要求她拿钱赎回视频，不然就将其传到网上。

3. 制造假象进行敲诈勒索

制造假象进行敲诈勒索通常指犯罪分子采取编造谎言、伪造假证、制造假象等手段，让受害人相信自己的人身、名誉等受到威胁，或让受害人误以为自己有错在先，于是听从犯罪分子的操控，转账汇款，甚至遭到进一步的人身伤害。近几年，常见的街头"碰瓷"

行为，有一些案例就有一定的敲诈勒索性质。

案 例

某高校学生任某因生活挥霍，竟伙同两名社会上认识的"朋友"，合谋敲诈勒索同学罗某。当日，任某驾摩托车载着罗某到某商场，并将摩托车停放在商场门口。任某假意带罗某上楼寻找朋友，然后由同伙趁机将摩托车开走，造成摩托车被盗假象。任某二人出来后以此为由，要求罗某赔偿损失3 000元，并于当日从罗某父亲处取得500元。第二天，任某还和同伙将罗某带到一隐蔽处，以罗某及其家人的安全进行威胁，继续敲诈勒索2 500元人民币，但未得手。后罗某及其父亲报警将三人抓获归案。法院经审理认为，犯罪嫌疑人任某的行为已构成敲诈勒索罪。

4. 持械作案

犯罪分子大多会持武器进行抢劫、抢夺及敲诈勒索等犯罪活动，常见的武器包括水果刀、匕首等，统称为持刀作案。除此之外，还有个别极猖狂的犯罪分子会持有自制手枪等作为作案工具。使用持械作案手段的既有作案团伙，也有单人、两人作案者。此类作案手段对受害人造成的人身威胁性高，社会危害也更严重，一旦发生，将成为公安机关的重点侦破案件。

5. 飞车作案

犯罪分子一般是两人、三人骑摩托车，从被害人身上抢走背包、钱包、手机、金银首饰等贵重物品，然后迅速驾车离去。这类抢夺案件不但使被害人的财物受损，也容易导致人身伤害，有些还会由抢夺转化为抢劫。

因此，提醒大家走路要走人行道，尽量不要靠近机动车道；手机最好不要挂在胸前，放在口袋里比较安全，打电话时要注意身边是否有可疑的陌生人；骑车时也要尽量靠近里侧骑行，遇到路口或紧急情况停车时要注意周边情况；拎包应放在胸前，背包最好靠右侧斜背；要对周围的可疑车辆和人员提高警惕，特别是对驾驶摩托车时车速慢、骑车人东张西望、故意遮盖车牌等异常情况加强防范，以免遭到犯罪分子袭击。

案 例

某日零时许，某高校女生骑电动车在路上行驶时，突然遭遇飞车抢劫，犯罪嫌疑人一把抓住她的拎包试图实施抢夺。该女生称，她其实很想放弃被抢的拎包，但自己的脖子却被拎包带死死勒住。此时，疯狂的犯罪嫌疑人仍不放弃，驾车将该女生拖行约200米，造成她右手三根手指齐断，身体多处受伤，现场可见该女生头发已被卷进摩托车链条中，如果车辆继续行驶，后果不堪设想。最终，在市民的追赶下两名犯罪嫌疑人弃车逃跑。消防员赶到后，将受伤女生救出。

6. 恐吓作案

犯罪分子抓住部分高校学生胆小怕事的心理，对受害人进行言语恐吓或暴力威胁，以达到侵占财物的目的。恐吓作案的发案地点往往在偏僻场所，对象多为单个人或人数较少的同伴、情侣等。此类案件的犯罪分子一般不会对受害人的人身有实质性的伤害，抢劫、抢夺类案件的犯罪分子在获得财物后会迅速离开，但敲诈勒索类案件的犯罪分子却极有可能反复作案。

案 例

某高校学生刘某、陈某相约去海滩露营。当时海滩上漆黑一片，她们支好帐篷准备休息时，突然有一只手将帐篷扒开，三名少年出现在她们眼前。令刘某等人没想到的是，面前三位稚气未脱的少年竟然是来打劫的。"快点把钱和手机拿出来，不然拿刀捅你。"听到对方恶狠狠的恐吓，刘某和陈某吓坏了，赶紧交出身上的两部手机和300多元现金。三名少年拿到财物后，还威胁她们："敢报警，你们就死定了！"劫匪走后，刘某和陈某赶紧跑到路旁向保安求助并报警。警方接到报案后，经过侦查，成功抓获三名犯罪嫌疑人，他们平均年龄还不到17岁，却心狠手辣，实施过多次抢劫行为。

7. 暴力作案

即犯罪分子采用殴打、捆绑等行为实施犯罪。这类案件中，犯罪分子手段残忍，被害人不但财物受损，而且还会造成人身伤害，甚至转化、升级为强奸、凶杀等恶性案件。近几年，还有犯罪分子不但暴力抢劫受害人的随身财物，还威胁受害人说出银行卡密码，将卡内存款提空；或直接联系受害人家庭，进行绑架勒索。

案 例

某日晚8时许，某高校女生在步行返回宿舍楼的过程中，遭遇暴力抢劫，被劫走一台笔记本电脑。犯罪嫌疑人为两名年轻男子，二人骑着一辆自行车，后座上的男子下车后尾随女生，企图从该女生背后暴力抢夺笔记本电脑，女生强烈反抗，并大声呼救，于是该名男子用力拖住电脑，甩开女生。该女生左边背包被甩飞，人被拖倒在地，衣服被撕裂，腿部被划伤。最终，该名男子抢走电脑，快速跑到大路上，与等候在大路上的另一犯罪嫌疑人会合后，骑自行车迅速逃离。

8. 诱骗作案

犯罪分子以网友见面为名，约见高校学生到偏僻地点；或假扮用人单位；以招聘为名诱骗高校学生到指定场所，甚至诱骗高校学生前往外地面试，并主动派车（多为摩托车）去接学生，继而编造理由假意"借"走学生的手机等财物。种种行为最终目的都是实施抢劫、抢夺及敲诈勒索。

案 例

某高校学生周某到人才市场求职，第二天，周某就接到一个自称是某招聘单位的电话，约他去某地面试，并要求他带上笔记本电脑。周某带着电脑到达约见地点后，有"公司负责人"打来电话说派了一辆摩托车接他，还说："为了安全，你将电脑放在师傅的后备厢。"果然，很快有一人骑摩托车来到周某面前，自称是接周某去面试的，于是周某将笔记本电脑交给对方锁在后备厢里。这时"公司负责人"又打来电话问周某是否见到接他的师傅，并说："那位师傅不是很了解情况，你把手机给他，我和他说。"于是周某把手机递给师傅，这时那个骑摩托车的人一踩油门就跑了。经了解，该招聘单位并没有进行招聘面试，更没有周某所说的"公司负责人"。

9. 突发性作案

突发性作案一般指犯罪分子事先并没有作案打算，也没有进行过周密计划，而是突发性的、临时起意，甚至是模仿作案而实施了犯罪。此种手段多见于拦路抢劫、空手作案和部分敲诈勒索案件中。

二、高校抢劫、抢夺及勒索案的预防

（一）预防抢劫、抢夺

1. 提高防范意识

提高防范警惕性、强化安全意识是预防"两抢"案件发生的第一步，也就是要求我们警钟长鸣。

2. 尽早回，不晚归

无论是外出学习、打工还是外出娱乐、约会，都要尽早归寝、回家，一定要避免晚归，更不要夜不归宿。很多案例证明，晚归者常常成为犯罪分子伺机抢劫、抢夺的对象。为了确保学生的安全，高校都有相应的规章制度对归寝时间提出要求，大家要遵守纪律，按时归寝，避免成为犯罪分子下手的目标。

3. 找同伴，不独行

外出时尽量结伴而行，尤其是女生。夜晚独行的女生、身处偏僻地方的情侣，都是犯罪分子实施抢劫、抢夺的重要目标和作案对象。如果女生要独行外出，一定要注意归寝时间，路线也要尽量选择人多热闹处，可携带尖叫报警器等不会对自己造成伤害的防身工具。如果外出必须要携带大量现金、贵重物品等，则一定要求有家人、同学、朋友等同行。

4. 不前往偏僻处

高校抢劫、抢夺案件的高发地点就是无人的草地、边缘的假山、偏僻的小道和校外行人稀少的公园等。因此，为避免受到犯罪分子侵害，大家尽量不要选择灯暗、人少、位置偏僻的道路行走，宁可多绕一段路，也绝不将自己置于险境。如果确实非走不可，则一定要结伴而行，快速通过，切不可逗留，更不要选择此类地方谈情说爱。

5. 不带过多现金

外出时不携带过多的现金和贵重物品，是在万一发生"两抢"案件时将财物损失降到最低的有效方法。外出时只携带够用的钱，尽量不携带银行卡，更不要携带无用的贵重物品，既减少负担，又降低风险。

第五章　财产安全

6. 妥善保管财物

外出前要提前收拾好所需物品，统一放置在包内，钱包、手机最好放在贴身的口袋中。携带的包一定要看牢，把包挪到马路外侧的肩上；手机也是一样，尽量拿在马路外侧的那只手上或放入该侧口袋中，注意不要插着耳机边走边听，这样很不利于及时发现周围的异常情况。

7. 不要显财露富

财不外露，可以降低被当成作案目标的概率，也可以有效避免遭受犯罪分子临时起意的侵犯。外出前应准备好零钱放在方便拿取的口袋中，尽量不要在人多眼杂时翻看钱包，不要当众向他人炫耀和展示自己的金钱与贵重物品，以防听者有心。

8. 慎选取款地点

需要取款时，一定要选择白天而且到较为安全的取款处进行，尽量不要在路边设置的自动取款机里取款，更不要在夜间进行取款，这样很容易被犯罪分子跟踪，继而进行抢劫、抢夺，甚至发生人身伤害。

案　例

某高校女生李某为社团活动准备经费，独自前往校外 ATM 机室取款，当时 ATM 机室内还有一名男子好像也在取钱。当李某取出 3 000 元后，该男子突然冲到李某背后勒住了她的脖子，用刀顶着她的腰，要求她把钱交出来。李某虽然心里害怕，但还是很机智地看了对方一眼，记住了对方的样貌。男子一把抓走 3 000 元冲出了 ATM 机室。

接到报案后，警方通过调查，判断这是一起有预谋的抢劫案。监控录像显示，嫌疑人在案发前两小时，就已经来到了银行门口。但银行白天进出人员比较多，里面还有大量安保人员，所以直到银行关门，嫌疑人才走进 ATM 机室。按照李某对歹徒的描述和录像追踪，警方最终锁定了犯罪嫌疑人并将其抓获。

经审查，犯罪嫌疑人史某由于刚刚辞职，失去了经济来源，外有欠债，又没钱交房租，于是想到了抢劫。史某交代，他之所以在 ATM 机室选择下手目标，是因为来这里存取款的人，手里拿的都是现金，他抢劫李某时是用一支圆珠笔顶住李某的腰，抢来的钱都用来还债了。

9. 不轻信陌生人

防人之心不可无。在与陌生人交往时，一定要提高警惕，陌生人的约见不要轻易赴约，必要的约见如招聘面试等，可以结伴前往。不要单独前去陌生、偏远的地方。与陌生人见面时，不要吃喝对方递过来的食物、饮料等。切不可与陌生人在偏僻处或密闭空间独处，尤其是女生，以免遭受人身财产伤害。外出遇陌生人打招呼、问路等，谈话时最好保持一定距离，避免迷药侵袭，同时要注意身上的物品。行走时要注意观察身边的情况，发现有可疑的人跟踪或尾随时，要向旁边的行人求助，并立刻朝人多、明亮的道路、商场、超市行走，或假装大叫熟人的名字、假意给家人打电话等，总之一定要学会随机应变。

(二) 预防敲诈勒索

高校学生首先应保证自己行正坐端，这样才能有效预防自己被敲诈勒索。即使不幸发生，也要正确应对，确保自己的人身安全，尽量降低损失。

1. 避免授人以柄

大家一定要珍惜自己的大好前途，洁身自好，不贪来之不义之财，不做违法乱纪之事，避免因自己犯下错误而给别人留下把柄，这在很大程度上降低了预谋性敲诈勒索发生的可能。

2. 注意保护隐私

大家一定要树立保护隐私的安全意识，自己的个人情况、家庭情况，以及各类证件号码、账号密码等，一定要注意保密，即使是同学、朋友，也不要随便透露，以防被人利用；对于陌生人，有关自己的隐私更要闭口不谈，还要注意保护人身安全，尤其是女生，免遭敲诈勒索。

（1）针对"两抢"案件，我们有哪些防范措施？
（2）针对勒索案件，我们有哪些防范措施？

三、高校"两抢"、勒索案的应对

预防工作做得再好，也无法完全避免侵害的发生。分析实际的案件情况，我们会发现，在遇到侵害时，如果受害人应对得当，就很可能转危为安，甚至还能迅速抓获罪犯，为社会除害；如果受害人不会应对，也很容易激化犯罪分子，最后不仅损失钱财，还有可能危及性命。

（一）应对抢夺、抢劫

受害人遭受的抢劫、抢夺，往往都具有突然性，大家要掌握以下几点应对策略，来保证侵犯发生时能够保护自身安全，尽量减少损失。

1. 确保人身安全

这是大家应对侵害的第一项原则，也是最重要的原则。犯罪分子大多配有凶器、心狠手辣，并且经过充分准备和周密计划，采用团伙作案方式，有一定的危险性。因此，同学们万一遇到此类案件，不要盲目反抗，要以确保自身安全为先，切不可"要钱不要命"，更不要自恃身体强壮就不顾一切地冲上去，结果将自己置于更危险的境地。

案 例

某日晚7时许，某高校一对情侣带着两台电脑在一偏僻的公园内谈恋爱，结果遭3名男子抢劫。男生叫女生拿着电脑快跑，自己留下来和歹徒进行激烈搏斗，不幸被歹徒捅伤腹部，经抢救无效死亡。据悉两个学生都是大一新生。

2. 保持沉着冷静

一定要沉着冷静，切勿过度紧张。遇到突发的侵害，受害人难免会害怕和紧张，此时一定要告诉自己，保持镇定，沉着冷静的情绪状态对于应对危局至关重要，只有在此基础上才能思考恰当的应对办法，不至于手足无措、盲目反应，同时要尽量记住犯罪分子的特征，为事后报案提供线索。

案 例

某日晚6时许，某高校女教师出差回家，开门后看到客房的门半开着，于是她推门入内查看，突然从门后蹿出一男子用刀顶住她的脖子，叫女教师不许出声，否则一刀捅死她。之后，女教师被男子绑住，男子扬言要杀她全家。于是，女教师装作很配合，与该男子周旋，想尽办法拖延时间，等待时机寻找救援。在周旋中，男子声称他是被人雇来杀害女教师一家的，已经收了对方30万元，如果失败就要给对方60万元，接着又问女教师的丈夫和小孩什么时候回来。女教师答应给犯罪嫌疑人60万元，继续拖延时间。午夜12时许，女教师的先生陈某回到家，犯罪嫌疑人又拿刀顶住陈某，且情绪比较激动。陈某想方设法缓和犯罪嫌疑人的情绪，并答应对方要求，把家里所有的钱全部给他。女教师趁去房间拿钱的机会，赶紧打电话向学校保卫部门报警。接警后，保卫部门人员迅速赶到现场。听到门外有声音，女教师奋力呼喊着冲出去开门，陈某抓住机会与犯罪嫌疑人搏斗。门打开后，保卫部门人员冲进室内，男子被当场抓获。

事后警方分析，受害人能够成功脱险主要有三大因素：

（1）与犯罪嫌疑人周旋。

（2）许诺犯罪嫌疑人60万元的要求，并同意把家里的现金都拿出来，转移了犯罪嫌疑人的注意力。

（3）抓住机会，迅速报警。正是因为受害人临危不惧、随机应变，最终化险为夷，既保护了自己，又捉拿了疑犯。

3. 求助自救

在发现异常情况时，首先要思考如何自救。一是迅速前往人多、灯亮的地方，如宿舍楼、超市等。二是尽量制造假象，给犯罪分子作案增加难度，如假装与陌生人相识与之打招呼，假装给家人打电话告诉对方自己的行踪或要求对方来接，还可以直接向路人求助，等等。总之一定要积极地求助，采取自救措施，让自己尽快脱离险境。

案 例

某日下午，某高校4名女生在校外被一名男子尾随，途中，腰间挂着匕首的男子还向4名女生索要钱财。为了甩开男子，4名女生分成两组逃离。无法摆脱尾随的女生周某和顾某，眼看男子已经掏出匕首就要动手，无奈之下，躲进一家餐馆的卫生间内，男子谎称卫生间内的一个女孩与自己是情侣，餐馆内的人均以为只是家事，无人报警。周某和顾某只得一边与男子谈判一边用手机报警。两人成功拖延了时间，等到了民警的救援。

民警事后分析称：

（1）分散逃离不妥，当时己方有4人，而犯罪嫌疑人只有1人，这种时候完全不必害怕，可以立即报警。在遇见犯罪嫌疑人尾随的情况下，不应该一味逃避，而要积极寻求帮助。在弱势群体人数较多的时候，分散力量反而会给犯罪嫌疑人可乘之机。

（2）二人的后续应对很恰当，在无法摆脱犯罪嫌疑人的情况下，要寻找安全空间，与犯罪嫌疑人隔离开，避免受到直接伤害。但要注意以下几点：首先，要确认这个密闭空间是安全的。其次，躲藏时间不宜过长。最后，最关键的一点是要及时报警。

（3）在和犯罪嫌疑人对峙的时候，为了防止犯罪嫌疑人进一步伤害自己，应该尽量与之周旋，讨价还价，避免过分激怒对方，为自己争取时间，赢得呼救、报警的时机。

4. 间接反抗逃脱

在无法采取以上自救途径的情况下，大家还可以采取间接反抗的方式，尽量不要硬碰硬，避免激怒对方。一是迅速寻找有利地形、防身武器，利用路边的石头作为自卫武器与犯罪分子僵持，采用语言反抗，高声对犯罪分子进行说服教育，给犯罪分子造成心理压力，以等待援助者的到来，或分散对方注意力伺机逃脱。二是如果自己已被犯罪分子控制的话，则务必以人身安全为重，可以按照犯罪分子的要求交出部分财物且表示无反抗意图，从而麻痹对方，不过此时也要掌握好度，不要让犯罪分子觉得你过于顺从而得寸进尺。犯罪分子往往求财心切，希望尽量缩短作案时间，大家的最终目标是在此过程中寻找机会，迅速逃脱。

5. 积极提供线索

在与犯罪分子的对峙中，在保证自身安全的前提下，要努力记住犯罪分子的特征，努力为公安机关侦查破案提供线索。一是可以趁犯罪分子不注意时，在其身上留下标记，如在其衣服的某个部位上擦点血迹或在其口袋放入可识别的物件等。二是犯罪分子逃跑时可根据当时的情况应对，如果周围有行人，应大声呼喊，并奋力追赶犯罪分子，但要注意与犯罪分子保持一定距离，同时充分发动周围的师生、群众进行堵截、追捕，迫使犯罪分子放弃所抢的物品，如果当时你孤身一人、势单力薄，则在犯罪分子得逞逃跑时，记住其特征，如外貌、体型、口音、所持武器、车型及颜色、车牌号码、逃跑方向等，不要盲目追赶、跟踪，更不可暴露自己，以防犯罪分子狗急跳墙做出过激行为，得不偿失。

6. 务必及时报案

犯罪分子得手后，很可能在附近的酒店餐厅、娱乐场所大肆挥霍，也有可能继续寻找地点和目标，在短期内再次作案。只要受害人能够及时报案，提供有效线索，就非常有利于公安机关和保卫部门及时组织布控，抓获犯罪分子。因此，无论大家是在校内还是校外遭到抢劫、抢夺及敲诈勒索，都要及时到就近的派出所报案，校内发生的话，还要及时报告给保卫部门。

案 例

某日晚11时许，某高校两名女生在校内一僻静、黑暗的路段遇到4名男子持刀劫持搜身，在抢走两部手机及少量现金后，犯罪嫌疑人分散逃跑。由于被害人报案及时，派出所和学校保卫部门反应迅速，追堵布控措施得力，当即在校内抓获了一名未及时逃脱的犯罪嫌疑人。通过审讯深挖，当晚在市区一网吧又将其他3名犯罪嫌疑人全部抓获。

7. 合理见义勇为

大家共同生活在校园里，校园就是我们的家，同学、老师就是我们的家人，看见家里有坏人为非作歹，看见家人被人侵害，我们每一个人都有责任和义务挺身而出，出手相助，这也是大家应有的社会责任感。如看见深夜在外独处的行人，特别是女生，可以善意地提醒其早归，甚至礼貌地提议陪同护送，但也不要勉强，发现有可疑人员尾随他人或潜伏在暗处，要及时提醒路人，甚至可以报警，看到侵害发生时，在保证自身安全的情况下，可以出手相助，或者及时报警，减少受害人的人身及财产损失。

见义勇为的方式多种多样，并不一定要直面犯罪分子。希望大家中的每一个人都可以利用自己的机智勇敢帮助他人，直接或间接地让受害人能够化险为夷。

（二）应对敲诈勒索

高校学生一旦遇到敲诈勒索的侵害，尤其是对方以自己的隐私、过错相要挟时，很容易手足无措而消极应对，最后不仅财物受损，还容易给身心都造成巨大伤害。在遭到敲诈勒索时，大家可以采取以下应对措施：

1. 切勿任人摆布

面对犯罪分子的要挟和恐吓，一定要保持清醒和冷静，严词斥责，大胆反抗，同时向公安机关和学校保卫部门报案，切不可抱着"破财免灾""私了"等心态而任人摆布。即使你有过错，也不要害怕，更不要相信犯罪分子的"承诺"，要知道犯罪分子正是利用你的这些心理进行敲诈勒索，你越害怕，犯罪分子就越嚣张。大量事实证明，一旦你服软、听从，只会使犯罪分子得寸进尺，对自己的财产安全和人身安全造成更大的损害。对于你的隐私，公安机关、学校保卫部门是有义务和责任为你保密的，不要有后顾之忧。

2. 配合打击罪犯

及时向公安机关和学校保卫部门报案后，应积极配合公安机关、保卫部门的工作，大胆、详尽地回答工作人员的问题，不要因顾及面子或心有惧怕而隐瞒情况，否则将给案件侦查工作和对当事人的保护都造成不便。报案后，要与公安机关、学校保卫部门保持密切联系，对于犯罪分子提出的新要求、出现的新情况，要及时向公安机关、学校保卫部门报告，切不可单独行事。只有采用正确的方法，才能避免侵害进一步扩大，有效保护自己的合法权益，严厉打击犯罪分子和违法行为。

案 例

某高校女生万某刚刚失恋，于是想在网上寻找兼职转移注意力。她看到一则招聘信息称招聘服务员，日工资2 000元，一日一结。万某与对方联系后，确定第二天下午见面，见面才知道对方是要找一夜情。万某本想离开，没想到对方施苦肉计，还诉说自己的悲惨身世，让万某不禁对其有一种同病相怜之感，与其发生了性关系。事后，对方称临时有事让万某下楼等待，很快万某收到了对方短信，称趁万某洗澡时偷拍了她的裸照，继而提出转账要求来勒索万某。万某惊慌不已,与对方多次联系无果。对方提出要求万某转账7 000元给自己"买电脑",作为学生的万某根本就没有那么多钱,于是不得不向同学借钱。在汇出5 000元后,实在是无钱可借、无路可走的万某向公安机关报警。

警方在一宾馆将犯罪嫌疑人袁某抓获。经审查,袁某所持的手机不过值几十元钱,只能打电话和发短信,根本不具备拍照功能,其所说的裸照根本就不存在。最终人民法院审理后,依法以敲诈勒索罪判处袁某有期徒刑10个月,并处罚金5 000元。

发生任何侵害案件以后,一定要及时报警。如果你不报警,就会一直让犯罪分子逍遥法外,继续危害他人。所以,报警不仅是你的权利,更是你对社会的一种责任。公安机关和保卫部门会对你的情况进行保密,也可以根据你的报案有针对性地采取一些防范措施,从而避免更多的人受害。

思考题

(1) 我们可以采取哪些措施应对"两抢"案件?
(2) 我们可以采取哪些措施应对勒索案?

扫一扫,进入陕西交院"大学生安全教育"微课

第六章　交通安全

　　交通安全是世界各国共同面临的严重问题，交通事故造成的伤亡已被公认为是威胁人类安全的"第一公害"。大学生更容易发生哪些交通事故？大学生应该掌握哪些公共交通常识？一旦发生交通突发事件该如何应对？

第一节　常见交通事故及其特点

案　例

　　2010年7月17日下午，粤赣高速河源市东源县灯塔路段发生一起严重交通事故。一辆载着××职业技术学院（汽车学院）35名赴河源支教学子及两名教师的大客车，在雨天中不慎与高速公路的护栏发生碰撞，造成大客车侧翻，18名大学生在事故中不同程度受伤，其中9人重伤。

点　评

　　车祸猛于虎。每一次车祸的发生，总是伴随着财产的损失和人员的伤亡。作为社会骄子及国家栋梁之材的大学生，因自身、交通设备环境及肇事者等原因在交通事故中造成伤害或是死亡，实在令人惋惜。大学生需要时时注意交通安全，加强安全意识，遵守安全交通规则，不搭乘无牌无证的面包车、摩托车等，不酒后驾车。

　　当前我国的交通事故频发，交通安全已经成为我国一个非常突出的安全问题，应引起我们每位大学生的高度重视。

一、交通事故概述

　　交通事故已成为"世界第一大杀手"，而中国是世界上交通事故死亡人数最多的国家之一。据公安部交通管理局通报：2015年，全国共发生道路交通事故10 597 358起，造成68 432人死亡，而酒后驾车是导致交通事故的罪魁祸首之一。高校大学生作为社会的组成部分，同样不可避免地受到了交通事故的困扰。近年，其中由于学生自己不遵守交通法规而发生的交通事故站了相当的比例,这不仅给学生个人及家庭带来灾难,对国家来说也是巨大的损失。

(一)交通事故的定义

《中华人民共和国道路路交通安全法》第一百一十九条规定:"交通事故,是指车辆在道路上因过错或者意外造成的人身伤亡或者财产损失的事件。"

这里的"车辆",是指机动车和非机动车。所谓"机动车",是指以动力装置驱动或者牵引,在道路行驶的供人员乘用或者用于运送物品及进行工程专项作业的轮式车辆。所谓"非机动车",是指以人力或者畜力驱动,在道路行驶的交通工具及虽有动力装置驱动但设计最高时速、空车质量、外形尺寸符合有关国家标准的残疾人机动轮椅车、电动自行车等交通工具。

这里的"道路"是指公路、城市道路和虽在单位管辖范围但允许社会机动车通行的地方,包括广场、公共停车场等用于公众通行的场所。

在交通事故中,责任人主观上必须表现为非故意,即是因过错或过失。如果行为人出于故意伤害他人或者造成他人财产损失的目的,则该行为已超出了交通事故法律、法规所调整的范畴,属于其他违法行为。

过失是指行为人应当预见到其行为可能会发生危害结果,因粗心大意没有预见,或者虽预见但轻信能够避免,以致发生了交通事故。如果行为人没有过失,但其行为造成了一定损害,在某些情形下也要承担定责任。因为车辆驾驶人,尤其是机动车驾驶人驾驶车辆具有高度危险性,根据《民法通则》等法律、法规的规定,对这些具有高度危险性的行为实行无过错责任原则,所以,车辆驾驶人或所有人即使没有过错也要承担一定的责任。

(二)交通事故的分类

交通事故通常划分为轻微事故、一般事故、重大事故和特大事故四类。

(1)轻微事故。是指一次造成轻伤1至2人,或者财产损失机动车事故不足1 000元,非机动车事故不足200元的事故。

(2)一般事故。是指一次造成重伤1至2人,或者轻伤3人以上,或者财产损失不足3万元的事故。

(3)重大事故。是指一次造成死亡1至2人,或者重伤3人以上10人以下,或者财产损失3万元以上不足6万元的事故。

(4)特大事故。是指一次造成死亡3人以上,或者重伤11人以上,或者死亡1人,同时重伤8人以上,或者死亡2人,同时重伤5人以上,或者财产损失6万元以上的事故。

二、大学生易发生的交通事故的主要类型

1. 被机动车撞伤、撞死

大学生发生交通事故致死致伤的,主要是与机动车相撞造成的,其中有的是汽车,有

第六章　交通安全

的是摩托车。

被撞伤、撞死的大学生有的是在校园内的马路上骑自行车，有的是步行穿过马路或者在便道上行走，还有的是在路边等人、等车。

被撞伤、撞死的大学生，有的要承担一定的责任，如骑车违章带人、逆行、过马路不走人行横道、在校园内的道路上嬉笑打闹等。

有些交通事故是机动车驾驶员违章造成的，如学生在校园内非机动车道上骑自行车，被后边违章行驶在非机动车道的汽车撞伤、撞死；学生在通过路口时，被违章的汽车撞伤、撞死；学生在校园内路边等车或等人时，被酒后驾车者撞伤、撞死；学生在校园内人行便道上行走时，被违章汽车撞死、撞伤等。

案例 1

2010 年 7 月 11 日，某高校学生谢某骑自行车带着同学赵某进校，因进校后正好是下坡且谢某行车速度过快，在进校约三十米左右的地方摔倒，致使坐在后座的赵某不幸身亡。

案例 2

某高校学生陈某骑车去购物，行至下坡路处，即开始滑行。这时对面驶来一辆大货车，驾驶员发现自行车速度很快，左右摇晃，紧急鸣笛并靠右停车。陈某听到汽车鸣笛后，急忙捏车闸，发现车闸失灵，忙伸出右脚蹬击后车轮圈。由于陈某在高速滑行中采取上述措施，造成自行车左右摇晃得厉害，迎面撞上已停靠路右边的大货车，造成重伤，在医院抢救无效死亡。

案例 3

某高校学生曾某骑自行车回家途中，横穿机动车道。行至机动车道左侧中心线时，突然高速驶来一辆超车的中巴客车，曾某欲退回却躲闪不及，被中巴车撞倒弹出 15 米远，送医院抢救无效死亡。

案例 4

某高校学生谭某到同学处玩耍，骑车返校途中，一辆解放牌大货车带挂车由后面驶来，驾驶员鸣笛示意超越。谭某听到鸣笛后没有理会，继续骑行，当自行车与汽车齐头时，谭某因为恐惧，自行车发生摇晃，前轮偏转与大货车发生刮擦，倒入大货车与挂车之间，被挂车碾压头部，当场死亡。

2. 驾驶机动车违章发生交通事故致死、致伤

近年来，高校中拥有驾驶证的有车族大学生日益增多。其中一些学生驾车时间短、经验少，遇到紧急情况时，缺乏处理经验，手忙脚乱，易发生交通事故。

学生醉酒后驾车，致使车辆翻倒，造成驾驶人和乘车人死伤。

学生无证驾驶无牌照摩托车，并且在后座上带人，因驾驶技术不佳，发生事故造成乘

车人死伤。

不熟悉道路交通标识,对交通规则麻痹大意,遇到紧急状况慌乱等都是交通事故的诱因,有时甚至会造成群体性伤亡,教训十分惨重。

3. 被非机动车撞伤

这种情况在校园内发生得特别多。大学生被骑自行车的人撞伤,而肇事者大多数还是大学生。大学生在校园内随意骑车,认为校园内没有红绿灯,可以不分上下行道、骑快车等,极易发生交通事故。

4. 行走时发生交通事故

大学生闲暇时间购物、观光、访友要到市区活动,这些地方车流量大、行人多,各种交通标识令人眼花缭乱,交通状况比校园更加复杂,再加上大学生缺乏通行经验,发生交通事故的概率还是极高的。

案 例

某高校男生丁某,双休日与几个同学上街,街上车辆川流不息、行人熙熙攘攘,不一会儿丁某就掉了队。正当他四处张望时,同学在马路对面大声叫丁某的名字,他就慌忙朝马路对面跑过去,此时一辆大卡车正飞驰而来,将其撞倒并从他身上碾压过去,丁某当场死亡。

5. 乘坐汽车、外出游玩发生事故致死、致伤

大学生因乘坐汽车发生的交通事故屡见不鲜,有时甚至造成群死群伤事件,教训十分惨重。造成大学生群死群伤的交通事故大多与学生外出旅游有关。有的学生租用非法运营的私人车辆外出旅游,有的乘坐旅游公司的车辆旅游,途中发生交通事故,造成多人伤亡。还有的学生乘坐朋友、老师的私家车,发生交通事故,导致死伤。

案 例

某高校学生马某等6人相约一起骑车外出郊游,沿途嬉笑打闹、互相追逐。途中马某加速骑行从左侧超越前方骑行的同学,在超车过程中自行车后轮挂住了被超自行车的左侧脚架,自行车当即失去平衡,发生摇晃,偏向路中。此时恰巧一辆拖拉机迎面驶来,自行车前轮被拖拉机前端碰撞,马某被撞倒,被拖拉机前轮碾压,当场死亡。

三、交通事故的特点

道路交通事故具有突发性强、发生率高,连锁性强、伤亡人员多、救援难度大等特点。

1. 突发性强

由于交通事故发生过程中驾驶员从信息感知器官感知到危险情况到交通事故的发生经历的时间极为短暂,往往短于驾驶员的反应时间与采取相应措施所需的时间之和,这使得

交通事故的发生表现出突发性的鲜明特点，给人的感觉就是一瞬间。

2. 发生率高

从世界范围来看，几乎每时每刻都在发生道路交通事故。

3. 连锁性强

车祸危害具有很强的连锁性，不仅车辆本身可能车毁人亡，还可能殃及四邻，祸及无辜。随着我国公路质量的逐步改善，特别是高速公路建设的飞速发展，行车速度越来越快。因此，多车相撞的恶性交通事故越来越多。

4. 伤亡人员多

世界每年平均1万人中就有1人死于车祸，每1 000辆汽车中就有1辆撞死人。公路交通事故的死亡率为2.7%～22.1%。据估算，进入21世纪以来，世界每年因车祸死亡的人数达100万人，伤残数达3 000万人。因此，加强对交通安全的防范意识显得非常重要。

5. 救援难度大

（1）救援车辆受阻。

车祸发生后，往往会引起人员围观和交通阻塞，造成交通秩序混乱，甚至可能因此而引发新的车祸。这些情况都直接影响到抢救力量的快速行动和投入。

（2）险情隐患突出。

车祸发生后，往往会潜藏多种险情隐患，如车体内的油箱、机具及车载危险品都有可能发生爆炸而再生灾祸，稍有不慎就可能危及伤员和抢救人员的生命安全。

（3）次生灾害多。

汽车相撞所造成的交通事故，常伴随火灾事故的发生。装载危险化学品的车辆一旦发生交通事故，可能导致大量有毒有害物质外泄，造成更大的人员伤亡，并严重污染生态环境。

鉴于以上特点，一旦发生交通事故，后果严重。大家需要提高警惕，遵守交通规则，安全驾驶，不要拿自己和他人的生命开玩笑。

第二节　交通事故的原因分析

案　例

2015年12月13日22时许，暮色中的槐安路行人稀少。石家庄某职业学院大三学生康某和兼职公司同事田某骑车准备返回住处。半个多小时前，两人刚在某大学内完成了招聘店长的工作。一路上，两个年轻人有说有笑，不知不觉中便来到了槐安路与南长街附近的地道桥。"加把动儿，马上就上桥了！"骑在前面的田某话音刚落，一声刺耳的撞击声便从身后传来。田某被从后方驶来的轿车撞倒在地，等他爬起来时，康某已经没了踪影。地面上散落着康某背包里的物品和一只鞋。"人呢？"田某忍着疼痛向前奔跑。

"我跑到前面时,看到还有几辆轿车也被撞了。"田某说,他在每辆车的前前后后甚至连车底都找了一遍,都没有发现康某。田某再次跑回事发地,经过几番寻找后,终于在水泥护栏的北侧找到了康某。此时的康某已经完全失去了意识。

2015年12月14日凌晨1时许,医生宣布抢救无效,康某年轻的生命至此画上了句号。

近年来,随着高校办学规模的不断扩大和师生生活水平的提高,高校内机动车数量明显增加。校园周边机动车和非机动车车辆密集,行人、自行车、机动车争道问题严重。而交通安全意识淡薄、交通标志欠缺、交通管理空白、外来车辆漠视校园规章制度等交通问题依然突出,造成师生交通安全事故增多,轻则受伤,重则死亡。

大量的事实表明,目前,我国正处在交通事故多发的高峰期,发生交通事故的原因十分复杂,是人、车、路、环境、管理、法制等多种因素共同作用的结果。进一步分析大学生发生交通事故的原因,可以归纳为人为因素、车辆因素、道路因素、环境因素四个方面。

一、人为因素

1. 思想麻痹,安全意识淡薄

许多大学生刚刚离开父母和家庭,缺乏社会生活经验,头脑里交通安全意识比较淡薄,主要表现形式有以下几方面:

(1) 注意力不集中。表现为边走路边看书,或边听音乐,又或左顾右盼,心不在焉。

(2) 在路上进行球类活动。大学生精力旺盛、活泼好动即使在路上行走也是蹦蹦跳跳、嬉戏打闹,甚至有时还在路上进行球类活动,更容易发生交通事故。

(3) 骑快车。一般高校校园面积都比较大,宿舍与教学楼、图书馆之间的距离比较远,许多大学生购买了自行车,夜间或下课时骑着自行车在人海中穿行。部分学生自认为骑车技术高超,甚至骑着自行车与汽车比快,殊不知就此埋下了祸根。

2. 交通安全知识缺乏

许多大学生只注重学习学校规定需要考试的几门课程,很少主动学习交通安全知识,甚至有的同学连基本的交通安全常识都不甚了解。学校方面也没有专门将交通安全方面的课程列入正常的教学计划中,大学生只能被动地从校保卫部门的提醒中获得这方面的知识。

大学生应从自身主观因素上下功夫,主动学习交通安全知识,自觉遵守交通法规,尽可能地预防和避免交通事故的发生。

3. 遵守交通规则的自觉性差

有些大学生在日常的学习和生活中没有养成良好的自觉遵守法律、法规的习惯,自制能力和自觉性较差,无视交通信号和交通警察指挥而经常做出横穿马路,不走人行横道线、人行道,在校园内道路上踢球、拍球、嬉笑打闹,在马路上边走边聊天等违反交通法规的事情。

4. 驾驶人员操控不当

驾驶员操作不当引发的道路交通事故所占比例最高。这些因素包括调度(信号)失灵,违章操作(下坡发动机熄火、刹车长时间处于制动状态),酒后驾车,无证驾驶,违章超车,强行并线,载货超宽、超重、超高等。

而不少初考驾照者在没有完全掌握交通安全知识的情况下就上路,成为诱发交通事故的又一大因素,被称为"马路杀手"。由于开车的大学生往往是新手,驾驶经验明显不足,遇到紧急情况时往往惊慌失措,导致操控不当,容易引发交通事故。

二、车辆因素

车辆是现代道路交通中的主要元素,车辆状况的好坏直接影响着道路交通的安全。机动车在行驶过程中制动系统、转向系统、行驶系统和电气系统中的某一个构件失效或性能不良均可造成交通事故,因车辆原因导致的交通事故又称为机械事故。

车辆造成事故的原因主要是车辆性能差、机件失灵。每年全国因机动车机件故障发生交通死亡事故的次数约占全部死亡事故的2%以上。

三、道路因素

道路因素主要表现在道路设施不完善或年久失修,道路两侧的山体滑坡、塌方、落石、泥石流等掩埋道路,甚至冲毁桥梁堵塞隧道、混合交通、平面交叉、标志不全、路面障碍、道路不符合标准、洪水直接冲毁路基和桥梁墩台等,也是导致交通事故的重要因素。

四、环境因素

环境因素主要指气象条件和道路环境,如气温、狂风、暴雨、大雪、浓雾及昼夜差别、地理环境、社会环境、交通秩序等。

第三节　对交通事故的预防及现场处置

案例1

2008年3月7日,××大学人文学院学生王某骑自行车由南向北正常行驶至涛园路口南50米处时,自动化系学生孟某的自行车由北向南逆向行驶且突然拐弯,双方发生碰撞,致使王某晕倒，医生诊断为左后脑皮下血肿并伴有轻微脑震荡。

点　评

该事故的直接原因是孟某骑车拐弯未伸手示意，猛拐弯且逆行，后经交警鉴定，孟某负全部责任。骑自行车时要靠马路右侧行驶，拐弯时应给身后或者对面行驶而来的人以手势，举手之劳能避免不必要的麻烦甚至一起交通事故。

案例2

2008年4月24日，在××大学一个十字路口发生一起交通事故，学生江某乘坐河北司机李某驾驶的非法运营车辆由北向南行驶，由于没有按规定让行，与一辆私家车在十字路口处相撞，李某所驾驶的轿车发生侧翻，导致学生江某锁骨等部位多处骨折。

点　评

很多非法运营车辆的车主为了获取最大利益往往不参加任何保险，一旦造成乘客生命财产损失，受害者往往只能自食其果。该事故中李某的黑车没有运营资质，没有购买保险，造成学生江某的合法权益不能够得到有效保障。由于车主赔偿能力有限，法院判令其予以赔偿，但是执行难度很大。为了自身安全，外出时一定要乘坐公交车或者正规出租车并索要票据。

一、发生交通事故怎么办

1. 求救自救

立刻拨打交通事故报警电话122，在警察到来之前保护现场。若事故发生在校内，应打电话通知学校保卫处，若事故中有人受伤，必要时拨打120电话寻求救援。

2. 保护现场，迅速拍照，留下证据

事故现场的勘察结论是划分事故责任的重要依据之一，发生交通事故后要保护好事故现场。若肇事者想逃脱，在保障自身安全的情况下要设法控制，自己不能控制时可以发动周围的人帮忙控制，并要记住肇事车辆的车牌号等基本特征。若肇事车辆企图逃逸，需牢记车牌、颜色、车型，以便搜查。

3. 协助调查

在交警处理事故的过程中，当事人必须如实陈述交通事故发生的经过，不得隐瞒交通事故的真实情况。

4. 联系老师和同学

一般不要与肇事者"私了"，发生交通事故除了及时报案、报告学校保卫处之外，还要及时跟自己所在院系的辅导员或者相关老师、同学联系。

二、应对紧急情况

1. 车辆起火

(1) 遇到公交车起火：要有序疏散，如车门着火，火势小可用衣物蒙头冲出；火势大应破窗逃生。

(2) 遇到地铁起火：一旦发现火情，立即启动车内警报装置。着火初期，可使用车内灭火器灭火。疏散时，用围巾、衣物遮住口鼻避免烟呛，放低身姿，遵循广播有序疏散。

(3) 遇到火车起火：自车厢两头通道有序离开火场。火势不大时不开门窗，防止空气进入扩大火势。火势较大时，可用硬物砸碎车窗逃生。

2. 车辆落水

遇到汽车掉进水里，可把握下沉前的一点时间从车门或车窗及时逃生。

(1) 一旦落水，不能惊慌失措，应双手抓紧扶手或椅背，让身体后仰，紧贴着靠背，随着车体翻滚，避免汽车在翻滚入水之前，被撞击昏迷，以致入水后无法自救而死亡。

(2) 坠落过程中，应紧闭嘴唇，咬紧牙关，以防咬伤舌头。汽车是有一定的闭水性能的，汽车入水后，不要急于打开车门和车窗，而应该关闭车门和所有车窗，阻止水涌入。如有时间，开亮前灯和车厢照明灯，既能看清四周，也便于救援人员搜寻。争取时间关上通风管道，以保留车厢内的空气。

(3) 汽车在逐渐下沉过程中，车身孔隙不断进水，到内外压力相等时，车厢内水位才不再上升。这段时间要保持镇定，耐心等待。内外压力不等时强行打开车门反而会减少逃生机会。

(4) 当水位不再上升时，做一个深呼吸，然后打开车门或车窗跳出。假如车门打不开，可用修车工具敲碎车窗玻璃。

(5) 假如车里不止一人，应手牵手一起出来，要确定没有留下任何人。

三、交通事故处置法律相关规定

(1) 在道路上发生交通事故，没造成人员伤亡，当事人对事实及成因无争议的，可以即行撤离现场，恢复交通，自行协商处理损害赔偿事宜，不即行撤离现场的，应当迅速报告执勤的交通警察或者公安机关交通管理部门。在道路上发生交通事故，仅造成轻微财产损失，并且基本事实清楚的，当事人应当先撤离现场再进行协商处理。

(2) 对交通事故损害赔偿的争议，当事人可以请求公安机关交通管理部门调解，也可以直接向人民法院提起民事诉讼。经公安机关交通管理部门调解，当事人未达成协议或者调解书生效后不履行的，当事人可以向人民法院提起民事诉讼。

(3) 机动车发生交通事故造成人身伤亡、财产损失的，由保险公司在机动车第三者责任强制保险责任限额范围内予以赔偿。超过责任限额的部分，按照下列方式承担赔偿责任：

①机动车之间发生交通事故的,有过错的一方承担责任;双方都有过错的,按照各自过错的比例分担责任。

②机动车与非机动车驾驶人、行人之间发生交通事故的,由机动车一方承担责任;但是,有证据证明非机动车驾驶人、行人违反道路交通安全法律、法规,机动车驾驶人已经采取必要处置措施的,减轻机动车一方的责任。

③交通事故的损失是由非机动车驾驶人、行人故意造成的,机动车一方不承担责任。

第四节 交通安全常识

在道路交通事故中,除车辆自身安全因素和天气原因外,事故的发生主要是人为因素导致的。在人为因素方面,其一是行人因素,如行人不遵守交通规则、翻越护栏、进入高速公路等。其二是驾驶人员因素,如酒后驾车、超速行驶、无证驾驶、违法超车、疲劳驾驶等。总而言之,都是由于相关人员缺乏交通安全意识、不遵守交通法规造成的。

大学生的交通安全问题,已经成为一个重要的社会问题,必须引起社会各方面的高度重视,尤其应该引起大学生本人的高度重视。确保交通安全,维护自己的人身安全,大学生自己要承担第一位的责任,一定要树立交通安全意识,积极防范交通事故的发生。

案 例

某高校学生李某,高度近视却喜欢戴着耳机边听音乐,边走路,边看书,有时候车到了跟前他才发觉。同学提醒他要注意,他却当作耳边风。2009年11月的一天下午,他跟往常一样一边听音乐一边看着书回宿舍,经过十字路口时,一辆桑塔纳从他左侧开过来,汽车鸣笛,他丝毫没有避让的意思,结果汽车刹车不及将其撞倒,造成李某左大腿骨折。

不管是校内还是校外,不论是行人、骑车人还是乘车人、开车人,发生交通事故最主要的原因都是思想麻痹、不遵守交通法规、缺乏交通安全常识、自我保护意识淡薄。为了预防交通事故,避免发生不必要的伤亡,需要注意以下几点:

一、在路上行走

(1) 不要在倒车的机动车后方抢行,下了公交车后不要从车头横穿马路。

(2) 在路边等信号灯的时候,要注意与拐弯的车辆保持至少2米的距离,因为车辆拐弯时存在一个内轮差,也就是车辆转弯时内前轮转弯半径与内后轮转弯半径之差,而这部分区域是司机从后视镜看不到的。

(3) 雨雪天出行,过马路要格外注意。因为,这种天气刹车距离都会变长,车不容易受控制,要注意观察路面和周围环境是否有隐藏的危险,特别是路边有高大树木或者有供电线路、电缆从空中穿过的区域,路边有变压器、郊区有高压线路的地方。

(4) 穿越居民区、胡同和从正在施工的建筑物旁通过时,应注意观察住户窗户上是否摆放物品和是否有人在活动，建筑物施工场地是否设有安全标志线和安全设施，尽量不要从工地上直接穿过去。

（5）不与机动车抢道，不突然横穿马路，不戴着耳机、看着手机过马路。

（6）不在路上使用旱冰鞋、滑板等。

（7）在设有护栏或隔离墩的道路上不要横穿马路；不倚坐人行道、车行道和铁路道口的护栏。

（8）不进入有"禁止行人通行""危险"等标志的地方。

（9）不在车道上招呼出租车或营运车辆；不在道路上扒车、强行拦车等。

二、在社会道路上骑自行车

（1）骑自行车时要在非机动车道行驶，在没有非机动车道的道路上，应当靠车行道的右侧行驶，不抢行、争道，不醉酒骑车。

（2）出行前检查车铃、闸、锁是否齐全、有效。

（3）不逆行骑车，不扶肩并行，不相互追逐，转弯时伸手示意，不强行猛拐。

（4）通过陡坡、横穿四条以上机动车道或途中车闸失灵时，须下车推行。下车前须伸手上下摆动示意，不要妨碍后面的车辆通行。

（5）过人行道时，要注意避让行人，停车等灯时，不要越过停车线。

（6）不要双手离把，攀扶其他车辆或手中持物，不要牵引车辆或被其他车辆牵引。

（7）应按交通标志指定的地点有序停放自行车，在没有设置交通标志的路上停放时不要影响车辆、行人的正常通行。

（8）在雨雪天气骑车要格外小心，不要打伞，最好穿着颜色鲜艳的雨衣，低速慢行。

三、在校园内安全驾驶

近年来，大学生开车上学已经不再是新鲜事。大学生作为机动车驾驶人员，除了需要认真学习并遵守道路交通规定外，还应特别注意在校园内的行驶安全。为保障师生的安全，缓解校园交通压力，各学校根据自身道路交通环境状况，采取了相应的管理措施，有的学校在道路上画定交通标线、设立交通标志等，还有的学校限制车辆入校，大学生应遵守学校的有关规定。同时，在校园内不要开快车（各校规定不同，一般规定车速不超过20千米/小时）和鸣笛，注意避让行人。

四、乘车安全

（一）乘坐公共汽车或出租车、轿车

（1）乘坐公共汽车或出租车、轿车时，要在路边或站台上排队等车，乘车的过程中不要将身体的任何一部分伸出车外。

(2) 上下车时，按先下后上的次序来。
(3) 车辆行驶时，坐好站稳，抓住扶手。
(4) 下车后走人行横道，不在车前车尾穿行。
(5) 乘坐出租车或轿车时，在机动车道上不从机动车左侧上下车；开关车门不妨碍其他车辆和行人通行；下车时注意后面行驶过来的机动车和非机动车。

（二）乘坐客运长途汽车

(1) 不乘坐没有经营资格、超员、超载的车辆。
(2) 乘车时，不携带易燃、易爆等危险品。
(3) 保管好自己的行李物品。
(4) 旅途中如遇超速、超载、疲劳驾驶、酒后驾驶等，要及时指出并要求改正或拨打举报电话。

（三）乘坐地铁等轨道交通工具

(1) 进站时主动配合安检，不携带任何危险品进站乘车。
(2) 按照路面或者其他地方的指示标志行进，不逆行、不乱行。
(3) 候车时，站在黄色安全线内有序等候。
(4) 乘车时，不倚靠车门，不在车厢连接处逗留。
(5) 注意收听到站广播，做好上下车准备。
(6) 行李放在视线之内，随时注意身边情况。

思考题

(1)《中华人民共和国道路交通安全法》对行人和乘车人通行有什么规定？
(2)《中华人民共和国道路交通安全法》对非机动车的通行有什么规定？
(3) 如何在校园内安全骑自行车？
(4) 乘坐地铁等轨道交通工具时应该注意什么？

扫一扫，进入陕西交院"大学生安全教育"微课

第七章　消防安全

大学校园是人员高度聚集的场所，教学仪器、科研设备、易燃品多，用电量大，学生宿舍密集，一旦发生火灾事故，影响广、损失大。懂得火灾预防和学会火场逃生，可以从根本上减少或避免校园火灾事故的发生及人员的伤亡。大学生通过学习消防安全常识，可以增强消防安全常识，熟悉消防器材的性能和特点，掌握灭火、疏散、逃生的技能，提高自防自救能力，做到"三懂三会"，即懂火灾的危害性、懂火灾的扑救方法、懂火灾的预防措施，会报火警、会使用灭火器、会逃生自救。

"隐患险于明火，防范胜于救灾，责任重于泰山"。希望同学们自觉承担起校园防火工作的义务，更多地学习和掌握消防知识，遵守各项防火制度，积极参与校园消防工作，使校园形成"人人关心消防、处处注意防火"的群防群治的局面，从根本上减少或避免校园火灾事故。

第一节　消防基础知识

案　例

2015年12月10日下午，位于汉南区纱帽街的湖北某职业学院一学生寝室生火灾，失火的是4号楼320寝室。当时有一名男生正在寝室睡觉，其他寝室的学生发现后报警，三辆消防车赶到现场才将大火扑灭。

点　评

在高校，学生宿舍和实验室是火灾发生的主要区域，电器使用不当是造成火灾的主要原因。上述案例已经充分说明，校园消防安全不可忽视，稍有不慎就有可能酿成大祸。然而，发生在校园中的火灾，大部分是可以预防的。学生应该学习和掌握必要的防火知识，以备不测。

一、火灾的发展规律

实践证明，多数火势是从小到大、由弱到强逐步发展的。火灾的形成过程一般分为初期、成长、猛烈、衰退四个阶段，前三个阶段是造成火灾危害的关键。

1. 火灾初期阶段

一般固体可燃物质发生燃烧，火源面积不大，火焰不高，烟和气体的流速不快，辐射热不强，火势向四周发展的速度比较缓慢，这段时间的长短，随建筑物结构及空间大小的不同而不同。在这种情况下，只需少量的人力和简单的灭火工具就可以将火扑灭。

2. 火灾成长阶段

如果初期阶段的火灾未被发现或扑救，随着燃烧时间的延长，燃烧强度增大，温度逐渐上升，燃烧区内逐步被烟气所充满，周围的可燃物迅速被加热。此时气体对流增强，燃烧速度加快，燃烧面积迅速扩大，会在一瞬间形成一团大的火焰。在这种情况下，必须有一定数量的人力和消防器材装备，才能及时有效地扑灭大火。

3. 火灾猛烈阶段

随着燃烧时间的延长，燃烧速度不断加快，燃烧面积迅速扩大，燃烧温度急剧上升，持续温度达 600~800℃ 辐射热最强，气体对流达到最高速度，燃烧物质的放热量达到最高数值，此时建筑材料和结构受到破坏，发生变形或倒塌。这段时间的长短和温度高低，取决于建筑物的耐火等级。在这种情况下，需要组织较多的灭火力量和花费较长的时间，才能控制火势。

4. 火灾衰退阶段

猛烈燃烧过后，火势衰退，室内温度下降，烟雾消散，火灾渐渐平息。

二、火灾的成因

火灾事故发生的原因主要有纵火、电气、违章操作、用火不慎、玩火、吸烟不慎、自燃、雷击、静电及其他因素如地震、风灾等。校园火灾事故发生的原因主要有以下几点：

（1）不良习惯，如乱扔未熄灭的烟头，躺在床上吸烟，把燃烧的香烟放在一边去干别的事情。

（2）违规使用明火，如宿舍内点蜡烛、烧酒精炉等。

（3）违规使用大功率电器及使用或放置电器不当，如电炉、热得快、电热壶、电饭锅、电熨斗、电吹风、充电器等长时间处于通电状态，违规使用大功率电器，外出忘记关电源或照明灯具靠可燃物太近等。

（4）乱拉乱接电源线。

（5）学生在做实验的过程中操作不慎。

案例1

2001年3月10日夜，某校学生郝某在教室里用电脑时吸烟，将烟灰缸中未熄灭的烟头放入教室门后的废纸篓里后离开，约半小时烟头引燃废纸、书柜等物，烧毁天花板、柜子、计算机等物，价值数千元。依据有关规定，郝某被治安拘留7天。

案例2

2012年10月29日5时左右,长春大学旅游学院一寝室电器短路发生火灾。寝室学生及时发现,宿舍管理和保安5分钟成功将楼内400名学生疏散,并且在消防人员赶到前将火扑灭。经过初步调查,失火原因是电器使用不当,清晨供电时电器短路。

案例3

2011年10月10日下午,中南大学实验楼楼顶发生火灾,过火面积790平方米,直接经济损失49.97万元。引发火灾的罪魁祸首是一个损坏的水龙头。前些日子,该水龙头出了故障,时好时坏,没有得到及时维修。有人在水槽上盖了一块板子,提醒水龙头有问题,不要使用。当天上午9点多学生进入实验室打扫卫生,午饭时间后,学生们关上实验室门出去吃饭。结果,那个损坏的水龙头突然流水,水顺着板子流到了下方的储藏柜中,储藏柜里放着遇水便燃烧的金属钠、三氯氧磷等化学药剂。

第二节 火灾的预防

校园火灾屡见不鲜,轻则财物损毁,重则人身伤亡。面对无情水火,我们不仅要掌握相关的灭火技能、逃生技能,更要明白防重于治。

那么,你知道有哪些防火注意事项吗?发现火灾真的应该马上逃生吗?什么样的火灾可以自行扑灭?又该如何扑灭?需要逃生时应该采取什么样的逃生自救措施?在不同的火灾地点又有哪些不同的逃生方法呢?

校园是师生每天生活、工作、学习的地方,宿舍、教室、食堂等都是我们的必到之处,保证这些地方的消防安全是我们每个人的责任和义务,如何正确地使用电气设备也就成为防火的重要部分。

让我们一起学习宿舍、教室及校园公共场所的防火注意事项,掌握电气设备的防火要领,提高消防安全意识,消除火灾于未患之时,保障自己的生命安全和财产安全。

一、宿舍防火

宿舍是我们共同的家,里面有大量的生活、学习用品,如衣物、书籍、电脑、家具等,这些物品数量多、燃点又低,一旦遇有明火很容易快速燃烧。所以,大家一定要遵守宿舍管理规定,注意宿舍防火防盗安全。

在宿舍一定要做到:
(1) 禁止吸烟。
(2) 禁止使用明火及燃烧蚊香。
(3) 禁止使用大功率电器。

(4) 禁止私拉电源线路。

(5) 避免长时间使用电器或超时充电。

(6) 禁止在疏散通道内堆积杂物。

(7) 做到人走断电。

延伸阅读

灯泡也能引发火灾

白炽灯通电后钨丝温度可达1 000~3 000℃。宿舍内易燃物品的燃点为：纸张130℃、棉布200℃。我们可以看到，易燃物品的燃点远远小于钨丝通电温度，因此，在日常生活中应注意，严禁用纸、布等可燃物遮挡灯具，灯具正下方不可堆放可燃物，灯具与可燃物的距离应不小于50cm；养成人走灯熄的习惯。

二、教室、实验室、教研室防火

这些地点仪器多、管线多，所以，大家在使用仪器设备前，应认真检查水电、管线、辅助仪器设备等，使用完毕应认真进行清理，关闭电源、火源、气源、水源等，并清除杂物和垃圾。尤其在使用易燃易爆及危险品时，更要注意防火防爆。总之，在实验室、教研室学习或工作时，一定要严格遵守各项安全管理、安全操作等规定和制度。

三、体育馆、报告厅、食堂的防火

在这类校园公共场所活动时，一定要遵守消防安全制度，不得携带易燃易爆品，如汽油、酒精等，不要吸烟，更不能随地丢弃烟头、火种，要保持安全通道畅通。防重于消，消除火灾的关键，就是做好火灾的预防工作。

第三节 火灾逃生与自救

一、高楼火灾中的逃生与自救

案 例

上海某公寓大楼发生一起特别重大火灾事故，造成58人死亡、71人受伤，建筑物过火面积12 000平方米。调查认定，这起事故是一起因企业违规造成的责任事故。四名无证电工在加脚手架的悬挑支架过程中，违规进行电焊作业，引燃堆积的聚氨酯保温材料碎块、碎屑引发火灾。由于事故发生在高层大楼，且现场火势发展迅速，人员无法顺利逃生，结果造成了巨大的人员伤亡和经济损失。

1. 先离房间

开门时，用手背触一下房门，看是否发热。要是门已经发热，千万别打开，小心烟火冲进房间，要是门不热，火势可能不大，要迅速离开房间。逃生时要用湿毛巾捂住口鼻，并身披湿衣服、湿棉被。记得要随手关门，避免新鲜空气不断涌入火场，造成更大火势。

2. 从楼梯逃

高层着火时，要尽量往下跑，以利于救援。如果疏散楼梯被火焰封住了，或浓烟弥漫，千万不要贸然闯火场。无法向下逃生时，要往上逃到较为安全的楼层，等待救援。

3. 别乘电梯

千万不要乘电梯逃生。火灾发生时，高层建筑的供电系统随时会断电，此时就会被困在电梯里面，电梯井也成为烟雾的通道，人很容易因被火烧、烟呛而有生命危险。

4. 就地打滚

身上一旦着火，如果手边没有水，就要脱掉衣服，就地打滚，压灭火苗。注意千万不要乱跑。

5. 靠墙躲避

消防人员进室内时，都是沿墙壁摸索前进的，所以，当被烟气熏得无法自救时，要努力滚向墙边或者门口。

6. 不要跳楼

如果被困在较低楼层（7~8米以下），逃生时可以把室内席梦思、被子等软物抛到楼底，再从窗口跳到软物上逃生，或是把床单、窗帘、衣物等接成绳，沿着绳子滑下去。

处于较高层时，要将自己充分暴露在易被发现的地方，等待消防人员救援。千万不要盲目跳楼，白白送命！

7. 管道逃生

如果实在没有办法，可以考虑房间外墙上的管道。在确定管道承重能力没有问题后，有把握的人可以用管道逃生，否则建议还是等待救援。

8. 尽量暴露

若暂时无法逃离，千万不要藏到顶楼、壁橱等隐蔽的地方，给救援增加难度。要选择待在阳台、窗口等容易被人发现的地方，并挥舞颜色鲜艳的毛巾、使用手电筒等，引起救援人员的注意，提高被救概率。

二、公交火灾中的逃生与自救

案 例

某地市区主路地段，一辆大巴车突然燃烧，警方紧急施救。当时车上有50多名乘客，事故致车内5名乘客丧生火海，35人不同程度受伤。据现场目击者称，公交车中前部位先行起火，燃烧后浓烟滚滚，现场数千米外都能看见，几秒钟时间就有七八个乘客砸破窗户跳出来。据判断，事故原因为车辆自燃。

1. 不携带易燃易爆等危险品乘车

很多公交车火灾都是由于安全意识淡薄的乘客携带了易燃易爆危险品乘坐公交车，这是非常危险且不负责任的行为。因此要提醒大家，如果在乘坐公共交通工具时，闻到汽油、煤油、酒精等气味，要及时提醒驾驶员，找出气味来源。如果是乘客携带，建议他尽快下车，避免引起火灾，威胁大家的安全。

2. 公交火灾逃生措施

乘客发现火灾首先要通知驾驶员，驾驶员应尽快开启车门，让乘客从前后车门下车。若驾驶员无法开启车门，可手动扳动逃生应急开关，使车门打开，快速撤离。如果火焰封住了车门，乘客可用衣物蒙住头部，从车门冲下。逃生自救过程中需要注意尽量低身前行，如果有条件，要用湿手帕、湿衣物捂住口鼻。要顺序逃生，千万不要乱拥乱挤、大喊大叫。人员撤离后要迅速报警，并听从驾驶员指挥，用随车灭火器扑灭火焰。

3. 车门无法开启怎么办

如果车辆线路受损、断电，导致车门无法开启，乘客可找到车门上方的车门开启安全阀，旋转安全阀，手动将车门打开。

4. 利用车窗逃生

如果车门确实无法打开，乘客可选择车窗逃生。滑动车窗可直接打开，跳出逃生，封闭车窗可使用车窗上方的车窗消防锤敲开窗户，从就近窗口逃生。在没有消防锤的情况下，可寻找尖锐硬物，如钥匙、高跟鞋等，使用其棱角击打车窗四角等薄弱位置，快速敲碎玻璃，安全逃生。

延伸阅读

车内安装的消防锤被人们称为"生命锤"，然而很多公交车队面临的却是消防锤的大量丢失，这对于车辆的防火安全和突发情况处置是很大的隐患。而个别乘客拿走消防锤的理由竟是"砸核桃""当玩具"。为了防止消防锤丢失，一些车队只好将消防锤完全固定住，然而却使消防锤失去了救急的作用。有些人认为将消防锤据为己有只是一件小事，但并没有想到这种行为导致的结果是使公交车存在安全隐患，在遇到紧急情况时，甚至会危及他人的生命。部分乘客取走了"生命锤"，可能就是取走了他人甚至自己的生命！

事实上，这种行为不仅是不道德的，而且是违法的。《中华人民共和国消防法》第六十条规定，个人有消防违法行为的，处警告或者500元以下罚款。经责令改正拒不改正的，强制执行，所需费用由违法行为人承担。

希望大家能够自觉维护公共消防设施，在发现其他人的错误行为时，要及时予以提醒和制止。

5. 利用天窗逃生

一些客车配有天窗，危急时刻，乘客只要旋转车顶天窗上的红色扳手，就能将天窗打开，供一些身材较小的乘客逃生。此方法也适用于车辆侧翻导致无法开门的情况。

6. 静待救援

如果一时无法逃出车厢，随身带饮用水或饮料的乘客，应立即用水或饮料淋湿衣物布料，并将身体淋湿，用湿布捂住口鼻，等待救援。

7. 身上着火

如果乘车人员衣服被火烧着了，应冷静采取以下措施：如果仅是衣服着火，要迅速脱下衣服，将火踩灭；如果来不及脱衣服，可就地打滚，将火压灭；如果发现他人身上着火，可以脱下自己的衣服或其他布物，将他人身上的火捂灭。无论如何，切忌着火后乱跑，这样会加速燃烧。也不能用灭火器对着着火人身上喷射，否则灭火剂会对人体造成严重伤害。

8. 组织灭火

乘客已安全转移后，要迅速报警，并听从驾驶员指挥，尽快灭火。灭火器一般在驾驶座后面、下车门附近及后置发动机箱三个位置。在扑救火灾时，要有重点地保护驾驶室和油箱部位。

三、地铁火灾中的逃生与自救

案 例

韩国某地铁发生火灾，造成135人死亡、137人受伤、318人失踪。火灾是由精神病人放火所致。先有一组列车起火，几分钟后，另一组与起火列车相反方向驶来的列车进入车站，两组列车均为六节车厢，共计载有旅客约800人。后进站的列车驾驶员因为害怕有毒气体进入车厢，没有及时打开车门疏散乘客，然后由于断电全体乘客被关了在黑暗的车厢内。一些车厢的乘客找到了应急装置，用手动方式打开了车门得以逃生，但是许多车门一直未被打开。第一组列车的车厢门是开着的，所以乘客可以及时逃出去，但第二组列车的车门却是紧闭的，大多数死者是第二组列车上的乘客。

这场火灾事故表明：地铁列车一旦着火，地铁自身的防灾系统和控制指挥系统对于人员逃生、疏散起着至关重要的作用。在此前提下，个人是否具有消防安全意识和逃生自救知识也非常重要。在这场地铁火灾中，有的人能够利用应急装置，手动打开车门，而更多的人恐怕连应急装置、灭火器在哪里都不清楚，有的人虽然从列车中逃了出来，但是没有上到地面就被烟气熏倒，如果这些人能够采用正确的方法，比如，用湿的毛巾或者把衣袖弄湿捂住口鼻，低姿势迅速穿过烟气区，也许又一条鲜活的生命可以获救。

1. 当你处于站台上

当你在站台上还没登车时，就按消防指示标志逃生。逃生时要注意方向，地铁里有排风装置、送风装置,要冲着风来的方向走,也就是逆风而行。如果方向搞反了,可是会吸入浓烟的!

2. 当你处于车厢里

车厢着火了怎么办?首先要迅速拨打119,还可以按住车厢门旁边的红色按钮,告诉司机车厢着火了。如果在隧道里,司机会赶紧把车开到车站,同时也会通知指挥中心拨打119。

3. 要是车头着火了,往哪儿跑

车头着火时,车头车尾两个方向的车站会同时启动排风和送风装置,车头方向抽风、排风把火往车头方向吸,车尾方向也会把风吹向车头,这时大家逃生和站台上一样,就是逆风而行。

4. 积极配合工作人员疏散

(1) 留意车上广播:逃生过程中要听从工作人员指挥或广播的疏散方向,不要盲目乱窜。

(2) 不要砸窗跳车:地铁遇火与公交不同,一定要等驾驶员把车开到前方车站,听从指挥再行处理。列车在运行时,千万不要拉门、砸窗、跳车,那是相当危险的,可能会触电。

(3) 捂住口鼻低行,尽可能润湿口罩、手帕或衣角,捂住口鼻,贴地逃离。要是视线不清,可以手摸墙壁徐徐撤离。

四、公共娱乐场所火灾中的逃生与自救

案 例

某KTV发生火灾,造成11死24伤。据猜测,火灾原因或因电暖器烤炸空气清新剂,引发火灾。据调查,该KTV部分包房因紧邻民房,遭居民噪声投诉,后用木板将窗户封死,起火后疑有人砸窗跳楼逃生。起火位置是KTV大厅,过火面积不到20平方米,消防队员表示火很小,造成如此大的伤亡,主要是因为报警晚,且在场人员不会逃生。有逃生员工说,平时从未做过火灾逃生训练。

公共娱乐场所指供公众使用的下列场所,影剧院、录像厅、礼堂等演出放映场所;舞厅、卡拉OK厅等歌舞娱乐场所;保龄球馆、旱冰场等健身休闲场所。

1. 选择多种途径逃生

发生火灾时,先找到安全出口。

重要提醒,娱乐场所一般只有一个安全出口,逃生过程中极易造成堵塞,滞留火场。一旦安全出口堵塞,就不要盲目从众了,应果断放弃!

如果安全出口堵塞,应该怎样逃生呢?设在一层的歌舞厅、卡拉OK厅,可直接从窗口跳出。如果在二、三层,可用手抓窗台往下滑,尽量缩小高度,让双脚先着地。设在高

层的歌舞厅发生火灾时,先选择疏散通道和疏散楼梯、屋顶、阳台逃生,若被烟火封住,可以借助坚固的雨水管道或窗户逃生。

重要提示:从窗户逃生时,可以用窗帘或地毯卷成长条,制成安全绳,沿着绳滑下去,千万不要急于跳楼。

2. 防止中毒

歌舞厅、卡拉OK厅四壁和顶部有大量的塑料、纤维等装饰物,一旦发生火灾,便会产生有毒气体。所以,在逃生时,千万不要大声呼喊,可以用水或饮料打湿衣服捂住口鼻,低身行走或匍匐爬行。

小心火灾中的烟雾

某小区发生火灾,造成两人受伤,15人死亡。事后调查发现,现场过火面积仅四平方米,且只有一名死者是在一楼被火烧而亡,其余14人都是在楼梯间的第三、四层间,窒息昏倒后被火灼伤而亡。消防队员分析认为,不明原因起火后,烧着了堆积在楼道里的杂物,产生的大量有毒气体沿楼梯间向上冒,租住在顶层七楼的17位某酒店女员工因下班晚,尚未休息,发现了火情,纷纷拉着箱子、提包向楼下跑。跑到三四楼间相继被毒烟熏倒,发生窒息,部分人继而被火和热浪灼伤。而在这次火灾事故中,居住在其他楼层的十几户居民未发生任何伤亡。消防队员提醒,此时应该先报火警,再用湿毛巾等把门缝塞住,防止烟雾进入。即使逃生,也要用湿毛巾捂住口鼻。而这17名女生不仅未采取任何防护措施,还拎着大包小包往火里冲。缺乏基本的火灾自救逃生常识,造成了如此惨痛的悲剧。

回到我们前面的问题,火灾中造成人员伤亡的主要原因究竟是大火还是烟雾?很多人都认为火灾中最大的敌人是高温的大火,其实,烟雾的危害性比火还要严重,国内外大量火灾实例统计数字表明,火灾伤亡大多数是烟雾所致,其中受烟害直接致死的可达总死亡人数的2/3。可以说,烟雾窒息是火灾致死的主要因素。火灾中,很多被火烧致死的人实际上也是先烟气中毒窒息之后又遭火烧致死的。烟雾窒息1~3分钟就会导致死亡。

火灾逃生妙用毛巾

在火灾逃生中,毛巾可以用来捂住口鼻以防烟雾中毒,也可以用来扑救初起火灾……毛巾可谓火场逃生中的重要角色,你知道毛巾都有哪些妙用吗?

1. 保护双手

在火场中搬运灼热的液化气钢瓶等物体时,为避免烫伤,可垫上一条湿毛巾再搬运;结绳自救时,为防止下滑过程中绳索摩擦发热灼伤手掌,在手掌上缠一条湿毛巾便可安然无恙。

2. 挥舞求救

当被困高层建筑物时,被困人员可以在窗口挥动颜色鲜艳的毛巾作为求救信号,引起救援人员的注意，得到消防人员的救援。

3. 盖灭小火

当油锅、厨具起火时，可将湿毛巾盖住起火部位，然后关闭阀门，顺利灭火；如遇小面积失火，用湿毛巾覆盖火苗，即可窒息灭火。

4. 堵门窗缝

万一火场中无路可逃，要进入房间躲避。为躲避烟雾威胁，防止高温烟火从门窗缝或其他孔洞蹿进室内，可用湿毛巾或湿床单等物堵塞缝隙或孔洞，并不断向迎烟火的门窗及遮挡物泼水降温，以延长门窗被烧穿的时间。

5. 捂住口鼻

火灾发生时，将毛巾浸湿，多次折叠，捂住口鼻，可防烟雾入侵。在不影响呼吸的前提下，毛巾的湿度越大，对折次数越多，除烟效果越好。一般情况下，折叠八层的普通湿毛巾，含水量在自重三倍之内时，烟雾消除率可达60%。

火场中使用毛巾需特别注意，要用湿毛巾，不要用干毛巾，要用纯棉毛巾，不要用化纤毛巾，要将毛巾折叠加厚使用，不要单层使用。

第四节　火灾的扑救

案　例

2015年9月22日下午，某高校临时聘请的勤杂工张某，请其亲属李某帮忙打扫多媒体教室。在打扫得差不多时，李某坐在教室后排抽烟，将未熄灭的烟头随手一扔，恰巧扔到门缝处，引燃了在门后堆放的沙发等杂物，顿时烟雾弥漫。李某不知所措，张某也不去扑救，火越烧越大。直到其他人报警后，火灾才被赶来的消防员扑灭。火灾烧毁门窗、桌椅等设施，价值近万元。公安消防部门依据有关规定，对张某治安拘留7天，对李某治安拘留10天。

点　评

这是一个当事人缺乏消防安全意识又不懂得初起火灾时如何扑救而造成的火灾案例。张某没有向李某交代，多媒体教室里不能抽烟；李某随意在教室里抽烟，并把未熄灭的烟头随便乱扔，这都是两人消防意识薄弱、消防知识缺乏的表现。这件事也说明了后勤管理部门加强对工作人员防火安全教育的必要性。当事人张某和李某缺乏初起火灾如何扑救的常识，发现起火后，张李二人既没有用附近的灭火器具灭火，或挪走那些易燃的物品，也没有叫人来帮助灭火，或赶快打火警电话报告火情，而是惊慌失措，听之任之，从而失去了宝贵的扑灭初起火灾的机会，致使火势越来越大，加大了火灾所造成的损失。

学校的消防安全管理也存在漏洞，教室堆放的易燃物没有及时清理，是引起火灾发生的重要原因。所以,每学期的开始和期末,学校都应该进行校园消防安全检查,及时、认真地清除各处堆放的闲杂物品,减少可燃源。同时,学校也应加强对各类人员的消防安全教育培训,提高他们的防火灭火技能。

一、初起火灾

案 例

某商场发生大火,消防员扑救9个小时才将火扑灭,不仅造成巨大的经济损失,还致使两名消防员牺牲。经调查,起火原因系商场内某餐厅一辆电动车充电时发生故障,而餐厅店员发现火情后,既没有采取灭火措施也没有疏散客人,自行逃离,其失职导致失去了最佳的灭火时机,商场消防中控室的值班人员听到自动报警后也没有采取相应措施,导致火情没有被控制。就这样,一场本可以迅速扑灭的小火变成了夺人性命的大火!

上述案例中餐厅发生的小火也就是我们说的"初起火灾",指发生火灾初期(一般为15分钟之内)的火灾,也叫"初期火灾"。初起火灾如果发现及时、方法得当,那么,只需用少量人力和简单的灭火器材就能很快把火扑灭,大大减少损失,相反,如果置之不理,初起火灾也很容易演变为大火吞噬我们的财产和生命。

所以,我们要学会判断初起火灾,并且使用正确的方法,遵循一定原则,扑灭初起火灾,不给火势蔓延的机会!

(一)初起火灾的特征

如何判断是否为初起火灾呢?

1. 燃烧面积小,不蔓延

可燃物质燃烧面积小、燃烧范围小,还局限于起火部位或起火空间内燃烧,火焰高度低,没有突破空间,火势范围小,没有蔓延到其他场所。

2. 烟雾不浓烈,不高聚

虽然初起火灾烟雾较大,但烟雾不浓烈,也没有聚集在人的头部高度。

3. 火场温差大,不灼热

火场温度差异大,虽然燃烧区域附近温度较高,但其他区域温度较低;火场辐射热不强,没有灼热感。

4. 火势发展慢,不稳定

火势发展速度较慢,且不稳定。

(二)扑救初起火灾的原则和方法

扑救初起火灾一定要掌握重要原则,使用正确方法。

扑救初起火灾的原则,立即报警、救人要紧、及时灭火。

最好的灭火工具当然还是灭火器、灭火毯等专门的灭火器材，但在没有灭火器的情况下，水、湿布、湿拖把、沙土等身边可利用的物品都可以用来灭火。发现初起火灾，要奋力将小火控制、扑灭。千万不要惊慌失措，置小火于不顾，结果酿成大灾。

扑救初起火灾不仅要争分夺秒，还要掌握正确的方法：

（1）发现火灾立即报警，先疏散人，后扑灭火。

（2）先断电断气再灭火。

（3）不要被火焰和烟气所迷惑，重要的是扑灭火源。

（4）背对逃生出口灭火，万一失败，迅速撤离。

（5）灭火时要佩戴防毒面具，使用防护用品。

（6）在扑灭易燃易爆危险品火灾时要防止爆炸，如无确切把握，应迅速撤离。

（7）灭火过程中随时注意火场温度，有灼烧感时要立即撤离火场，不要重返火场。

（三）扑救不同情况的初起火灾

（1）如果着火的东西不带电，一盆水就可以搞定，或者用湿布、湿拖把等，直接将火焰盖灭。

延伸阅读

在家做饭时油锅着火了怎么办？当油锅因温度过高着火时，应迅速关掉气源，并盖上锅盖，没有锅盖的话可以用湿毛巾、湿布甚至湿的蔬菜直接将火苗盖住。千万不要用水浇油锅，这样会使燃着的油溅出来，引燃其他可燃物。

（2）如果电器着火，先切断电源，再用干粉灭火器、气体灭火器将火扑灭；如果没有灭火器，可以使用湿棉被从后面或侧面接近它，包裹灭火；如果是在野外，电器设备发生火灾，可用铁锹铲一些沙土覆盖到电器设备上。不管怎样，电器着火千万不要用水扑灭，会引起爆炸的！

（3）如果在公共场所发现初起火灾，可以直接用身边的灭火器消灭它。

二、消防灭火

学习了这么多预防火灾的知识和逃生自救的措施，我们已经知道应该怎样规避火灾、遇到火灾应该怎么办了。那么，在保证人身安全的情况下，我们又该怎样报警，怎样灭火呢？让我们一起来学习一下消防报警和消防灭火吧！

（一）消防报警

1. 常见的消防报警类器材——报警按钮、火灾探测器、报警器

（1）报警按钮包括常见的为手动火灾报警按钮。当你发现火灾时，可手动按下手动报警按钮，报告火灾信号。按下手动报警按钮后，持续3~5秒钟，手动报警按钮上的火警确认灯会点亮，这个状态灯表示火灾报警控制器已经收到火警信号，并且确认了现场位置。

（2）火灾探测器具体包括感温火灾探测器、感烟火灾探测器、紫外火焰火灾探测器等。火灾探测器在消防火灾自动报警系统中的作用，是监视环境中有没有火灾发生。

（3）报警器包括火灾声报警器、火灾光报警器等。报警器一般设置在走道处、楼梯口等经常有人出没的地方，当发生火灾时可以发出声音报警，并且有闪灯闪烁以提醒在场人员注意。

2. 发生火灾时如何电话报警

（1）火警电话打通后，首先要讲清楚着火单位，所在区、街道、门牌等详细地址。

（2）除了要讲清楚着火环境怎样外，还要讲清楚起火部位、燃烧物质和燃烧情况。

（3）报警人要讲清楚自己的姓名、工作单位和联系电话。

（4）报警后要派专人在街道路口等候消防车到来，指引消防车迅速、准确到达火场。

发生火灾一定要保持镇静，记牢火警电话119。

发现火灾应及时报警，这是每个公民的责任。

（二）消防灭火类器材

1. 消防灭火器的分类

常见消防灭火类器材有灭火器、消火栓和破拆工具。

（1）灭火器按所充装的灭火剂可分为泡沫、干粉、二氧化碳、卤代烷、清水等几类，泡沫、干粉、二氧化碳是生活中常见的三类灭火器。泡沫灭火器适宜扑救汽油、柴油等液体火灾和固体物质火灾，但不能扑救水溶性可燃、易燃液体的火灾和带电火灾，否则将威胁人身安全。干粉灭火器可扑灭一般火灾和石油、有机溶剂等易燃液体、可燃气体和电气设备的初起火灾。二氧化碳灭火器用于扑救贵重设备、档案资料、仪器仪表、600伏以下电气设备及油类的初起火灾。

（2）消火栓包括室内消火栓系统和室外消火栓系统，主要供消防员灭火使用。

（3）破拆工具类包括消防斧、切割工具等。

延伸阅读

根据我国法律法规的有关规定，擅自操作有警示标志的按钮、开关装置，无故随意使用灭火器材，恶意虚假报警，都将会被处罚，由此造成的安全事故还将追究相关法律责任。

无论是消防报警类器材还是消防灭火类器材，都是消防系统中的重要部分。除此之外，消防系统还包括防火卷帘门、机械排烟通道、安全疏散通道等，只有每个部分都保证正常运行、提供保障，才能真正防火、灭火。所以，识别日常消防隐患并及时报告，是每个人的责任和义务。

延伸阅读

灭火器箱是专门用于放置手提式灭火器的，也是商场、工厂、仓库、办公楼、车站和码头等公共场所必备的消防器材。

防火卷帘门具有防火、隔烟、抑制火灾蔓延、保护人员疏散的特殊功能，是重要的防火设备。一旦发生火灾，如果防火卷帘门不能发挥正常的防火作用，将会造成巨大的损失。安全疏散通道是火灾等意外事件发生时，人们迅速、有序、安全地撤离危险区域，到达安全地点或安全地带所需要的路径。因此，要严格禁止在防火卷帘门下、安全疏散通道内堆放杂物。

2. 泡沫灭火器的使用方法

泡沫灭火器又分为化学泡沫灭火器和空气泡沫灭火器。

（1）化学泡沫灭火器的使用方法。

可手提筒体上部的提环，迅速奔赴火场。这时应注意，不得使灭火器过分倾斜，更不可横拿或颠倒，以免两种药剂混合而提前喷出。当距离着火点10米左右时，即可将筒体颠倒过来，一只手紧握提环，另一只手扶住筒体的底圈，将射流对准燃烧物。化学泡沫灭火器使用时，应始终保持倒置状态，否则会中断喷射。

（2）空气泡沫灭火器的使用方法。

使用时可手提或肩扛迅速奔到火场，在距燃烧物6米左右，拔出保险销，一手握住开启压把，另一手紧握喷枪；用力捏紧开启压把，打开密封或刺穿储气瓶密封片，空气泡沫即可从喷枪口喷出。空气泡沫灭火器使用时，应使灭火器始终保持直立状态，切勿颠倒或横卧使用，否则会中断喷射。同时，应一直紧握开启压把，不能松手，否则也会中断喷射。

使用泡沫灭火器的注意事项：

①在扑救可燃液体火灾时，如已呈流淌状燃烧，则将泡沫由近而远喷射，使泡沫完全覆盖在燃烧液面上。

②如在容器内燃烧，应将泡沫射向容器的内壁，使泡沫沿着内壁流淌，逐步覆盖着火液面。切忌直接对准液面喷射，以免由于射流的冲击，反而将燃烧的液体冲散或冲出容器，扩大燃烧范围。

③在扑救固体物质火灾时，应将射流对准燃烧最猛烈处。

④灭火时随着有效喷射距离的缩短，使用者应逐渐向燃烧区靠近，并始终将泡沫喷在燃烧物上，直到扑灭。

3. 干粉灭火器的使用方法

（1）使用前上下颠倒几次，干粉松动了才能顺畅地射出来。

（2）除掉铅封，拔掉保险销。

（3）左手握着喷管，右手提着压把，站到火焰附近的安全地带。

（4）对准火源根部，右手用力压下压把，左手拿着喷管左右摇摆，直到把火扑灭。

4. 二氧化碳灭火器的使用方法

（1）除掉铅封，拔出保险销。

（2）一手拿着喇叭筒根部，一手压下压把，站在火源附近的上风位置，用力喷射。

（3）扑救流散液体火灾时，要由近而远喷射火焰。

使用二氧化碳灭火器的注意事项：

（1）使用时，不要用手握住喇叭筒外壁或金属管，容易冻伤。

（2）在室内，使用二氧化碳灭火器后，要及时通风、快速撤离，否则易引起人员窒息。

快速掌握灭火器的使用方法，记住以下四个步骤：一提，二拔，三瞄，四喷。

三、几种常见起火情况的扑救方式

1. 电路着火

先关闭电源开关，然后用干粉或气体灭火器、湿毛毯等将火扑灭，切不可直接用水扑救；电视机着火应从侧面扑救，以防显像管爆裂伤人。

2. 电线冒火花

不可盲目接近，以防发生触电事故，应先关闭电源总开关或通知供电部门断电后再进行扑救。

3. 衣服、织物及小家具着火

迅速拿到室外或卫生间等处用水浇灭，切记不要在家中乱扑乱打以免引燃其他可燃物。

4. 固定家具着火

先用水扑救，如果火势得不到控制，则利用消防栓放水扑救，同时迅速移开家具旁的可燃物。

5. 身上衣物着火

可脱下着火衣服，并就地打滚压灭身上火苗，千万不要奔跑，灭火后要及时就医。

6. 汽油、煤油、酒精等易燃物着火

切勿用水浇，可使用灭火器、细沙、湿毛毯等扑救。

思考题

（1）发生火灾时应怎样电话报警，怎样使用报警按钮？

（2）常见的灭火器有哪三种，分别针对什么类型的火灾使用？

（3）泡沫灭火器、干粉灭火器、二氧化碳灭火器的使用方法有哪些相同和不同之处？

扫一扫，进入陕西交院"大学生安全教育"微课

第八章　公共安全

自然灾害是指自然环境中对人类生命安全和财产安全构成危害的自然变异和极端事件。主要包括气象灾害和地质灾害两大类。

第一节　气象灾害

气象灾害主要包括台风、暴雨、干旱、洪涝、雷电、山火等。

一、风灾的安全防范

案 例

2018年9月，强台风"山竹"造成广东、广西、海南、湖南、贵州5省（区）近300万人受灾，5人死亡，1人失踪，160.1万人紧急避险转移和安置；据应急管理部有关负责人介绍，台风"山竹"还造成5省（区）的2 200余间房屋倒塌，800余间严重损坏，近3 500间一般损坏；农作物受灾面积174 400公顷，其中绝收3 300公顷；直接经济损失52亿元。

点 评

台风和热风暴主要是借助大风对人和物造成伤害。因此，在大风来临之前，最好待在室内，避免外出遭受台风袭击。外出旅游时，也要注意观察天气情况，确保没有台风、龙卷风等天气再外出。尤其是前往海南、广州等有过台风袭击事件发生的省份或城市时，需要特别注意。

风对人类的生活具有很大影响，它可以用来发电，帮助致冷和传授植物花粉。但是，当风速和风力超过一定限度时，它也可以给人类带来巨大灾害。学习和了解风的基本知识，掌握对风灾防护的方法是提高防护技能的一种重要途径。

（一）风灾概述

平均风力达6级或以上（即风速10.8m/s以上），瞬时风力达8级或以上（风速大于17.8m/s），以及对生活、生产产生严重影响的风称为大风。在我国，东南沿海是风灾最为严重的地域。

大风除有时会造成少量人口伤亡、失踪外，主要破坏房屋、车辆、船舶、树木、农作物以及通信设施、电力设施等，由此造成的灾害为风灾。

大风等级采用蒲福风力等级标准划分。风灾灾害等级一般可划分为三级：

（1）一般大风：相当6~8级大风，主要破坏农作物，对工程设施一般不会造成破坏。

（2）较强大风：相当9~11级大风，除破坏农作物、林木外，对工程设施可造成不同程度的破坏。

（3）特强大风：相当于12级和以上大风，除破坏农作物、林木外，对工程设施和船舶、车辆等可造成严重破坏，并严重威胁人员生命安全。

（二）风灾防护

1. 在大风来临前

（1）要弄清楚自己所处的区域是否是大风要袭击的危险区域。

（2）要了解安全撤离的路径以及政府提供的避风场所（各级政府要做好预案）。

（3）要准备充足且不易腐坏的食品和水。

2. 大风到来时

（1）当气象部门发布白色、绿色台风信号时。

①要经常收听电台、收看电视以了解最新的热带气旋动态。

②保养好家用交通工具，加足燃料，以备紧急转移。

③检查并加固活动房屋的固定物以及其他危险部位；检查并且准备关好门窗，迎风面之门窗应加装防风板，以防玻璃破碎；常检查电力设施、设备和用电器，注意炉火、煤气、液化气，以防火灾。

④检查电池、直流电收音机，以及储备罐装食品、饮用水和药品；准备一定的现金。

⑤清扫屋外排水沟及屋顶排水孔，以防阻塞积水。

⑥居住河边或低洼地带，应预防河水泛滥，及早撤到较高地区；如果居住在移动房、海岸线上、小山上、山坡上容易被洪水或泥石流冲击的房屋里，要时刻准备撤离该地。

⑦屋外各种悬挂物体应立即取下或钉牢，并修剪树枝，以防暴风吹毁伤人。

⑧风势突然停止时可能正处于大风眼时刻，不可贸然外出。确需行走时，应避开危险建筑、高层建筑与高层建筑之间道路等。徒步者可选择雨衣作雨具，特别是学生应少使用雨伞；骑车者应下车步行，以免失去控制；开车者应减速慢行，注意加强观察，并避免将车辆停放在低地、桥梁、路肩及树下，以防淹水、塌方或压损。

⑨遇有紧急情况，可拨打"110""119""120"等特服电话。

（2）当气象部门发布黄、红、黑色信号时。

①听从当地政府部门的安排。

②如需离开住所,要尽快离开,并且尽量和朋友、家人在一起,到地势比较高的坚固房子,或到事先指定的洪水区域以外的地区。

③无论如何都要离开移动房屋、危房、简易棚、铁皮屋;不能靠在围墙旁避风,以免围墙被台风刮倒引致人员伤亡。

④把自己的撤离计划通知邻居和在警报区以外的家人或亲戚。

⑤千万不能为了赶时间而冒险蹚过水流湍急的河沟。

切记!如果被通知撤离,就应立即执行。如果没有被通知离开房屋,那么,就留在结构坚固的建筑内,要计划好强风来临时,自己将怎样行动。如果家有冰箱,将冰箱开到最冷挡,以防停电引起食物过早变质;拔掉小的电源插头;浴缸和大的容器中充满水,以备清洁卫生需要。当外边的风变得越来强时,要远离门窗,关闭所有的内房间门,加固外门。如果在楼中居住,要待在一楼的内间,比如洗澡间或壁橱中。如果住的是多层楼房,要待在一楼或二楼的大堂内并且远离门窗,需要时躺在桌子下面或者是坚固的物体下面。

特别需要警惕:

①旋转风。往往在台风中心附近,由于风力大且风向变化突然,其破坏力特强。

②"平静"的"台风眼"。陆地上往往在受强烈的偏北风和暴雨袭击之后,会出现一片风平浪静、云开雨停甚至蓝天星月的"迷"人景象。这实际上是受"台风眼"影响,千万不要被这种暂时的现象所迷惑而放松防护。当"台风眼"过去之后,风向可能突转180度,变成偏南方向,并且会很快达到甚至超过原先的强度。

3. 当大风信号解除后

要坚持收听电台广播、收看电视,当撤离的地区被宣布安全时,才可以返回该地区。为了保护生命的安全,道路有可能被封锁,如果遇到路障或者是被洪水淹没的道路,要绕道而行。要避免走不坚固的桥;不要开车进入洪水暴发区域,留在地面坚固的地方。那些静止的水域很有可能因为地下电缆或者是垂下来的电线而具有导电性。

要仔细检查煤气、水,以及电线线路的安全性,断落电线不可触摸,应通知电力部门检修。检查房屋架构是否损坏。在不能确定自来水是否被污染之前,不要喝自来水或者用它做饭。避免在房间内使用蜡烛或者有火焰的燃具,而要使用手电筒。在生命遇到危险时,要用电话求救。要及时打扫环境,排除积水,实施消毒,防止病害。

如何识别龙卷风?

2016年6月,江苏省盐城市阜宁县遭遇了强冰雹和龙卷风双重灾害。在吴滩镇立新村,房屋受损严重,路边树木和电线杆倒塌。特别重大的龙卷风冰雹灾害共造成99人死亡,846人受伤。此次灾害已被确认为龙卷风,专家组判定等级为EF4级,风力超过17级。

1. 正确识别龙卷风

龙卷风多发生在夏秋季的雷雨天,尤以午后至傍晚最多见。当发现滚轴状云和漏斗云时，就是龙卷风的前兆，一般还会伴有沉闷的呼啸声。（千万不可因为龙卷风开始移动的速度不快，就掉以轻心，这个时候也不要忙着发朋友圈了！）

2. 逃生后怎么跑

如果有足够的逃生时间，一定要逃出住宅。务必远离危房和活动房、树木、电线杆，然后向着垂直于龙卷风移动的方向撤离（龙卷风一般不会转向），并尽量藏于低洼的地区作为保护屏障，注意保护好头部。

3. 在室内的正确做法

龙卷风袭来，如果你在住宅中来不及逃走，想办法打开一些窗户，但千万不要全部关闭或打开。这么做的目的是平衡建筑物内外压力。尽可能地躲到小房间或地下室，面向墙壁抱头蹲下。

4. 在车内应该怎么做

不管是汽车、自行车还是摩托车，发现得早，一定要看准垂直方向驶离风带。否则，应立即下车，找到周边合适的避难区域（再次强调，注意远离树木、电线杆）。不要躲在车内或车下，那是很容易被卷走的。

5. 躲避龙卷风的最佳处在哪里

①地下室、防空洞以及既不会被风卷走又不遭水淹，也不会被东西堵住的高楼最底层是躲避龙卷风的最佳处。

②如果在学校、医院、工厂或购物中心，要到最接近地面的室内房间或大堂躲避。远离周围环境中有玻璃或有宽屋顶的地方。

③在田野空旷处遇到龙卷风时，可选择沟渠、河床等低洼处卧倒。

④警告：不要到礼堂、仓库、临时建筑这类空旷、不安全的场所躲避。

二、雷电灾害的安全防范

2008年6月23日19时左右，在淳安文昌镇丰茂村附近的杨梅岛，一艘正在靠岸的船只被雷电击中，造成船上3人死亡，4人受伤。

造成雷击事故的主要原因有：

（1）当时船在湖面上，相对宽广的湖面，船是制高点，一旦有雷电出现，船只很容易成为雷电落地的目标。

（2）湖面水汽充足，大量微小的水珠随对流运动容易产生大量电荷，给雷暴的产生创造了前提条件。

（3）船顶包着白铁皮，金属是导体，且船体没有完全屏蔽，容易被雷电击中。

 **拓展阅读**

我国是雷电灾害频繁发生的地区，每年发生的雷电灾害有近万次，造成的人员伤亡有3 000~4 000人，直接经济损失达几十亿元。仅以陕西省为例，2016年陕西省发生闪电超过76 000次，全年共发生5起重大雷电事故，1人死亡；2017年陕西省共发生闪电127 000次，重大雷电事故6起，经济损失120万元。

因此，雷电发生时，要采取有效措施，以防遭受雷击。如果外出遇到雷雨天气，要尽量采取措施躲避雷击。

（一）雷电灾害概述

雷电是常见的自然现象，实质上是天空中雷暴云中的火花放电，放电时产生的光就是闪电，闪电使空气受热迅速膨胀而发出巨大的雷声。

雷电常伴有强烈的阵风和暴雨，有时还伴有冰雹和龙卷风。雷电灾害经常导致人员伤亡，还可能导致供配电系统、通信设备、民用电器的损坏，引起森林火灾，仓储、炼油厂、油田等燃烧甚至爆炸，造成重大的经济损失和不良社会影响。

（二）雷电灾害预防

雷电灾害是我们无法控制的一种自然灾害，但如果掌握一定的避雷知识，在不同情况下选择合适的方式保护自己，就可以将伤害降到最小。

1. 室内防雷击

夏季对流天气强，雷电出现的可能性比较大，市民在做好防暑降温工作的同时，也要提防雷电的危险。

（1）雷雨天应该留在室内，关好门窗。对钢筋水泥框架结构的建筑物来说，关闭门窗可以预防侧击雷和球雷的侵入。大多数球雷沿建筑物的烟囱、窗户、门进入室内，在室内运动数秒钟便逸出，逸出时引起爆炸。

（2）不宜使用无防雷措施或防雷措施不足的电视、音响等电器，不宜使用水龙头。

（3）切勿接触天线、水管、铁丝网、金属门窗、建筑物外墙，远离电线等带电设备或其他类似金属装置。

（4）尽量少使用电话和手机。

（5）切勿处理开口容器盛载的易燃物品。

2. 户外防雷击

总的原则是：一是尽量降低人体位置，减少直接雷击的危险。二是人体与地面的接触部分如双脚应尽量靠近，与地面接触越小越好，以减少"跨步电压"。

（1）如果在雷电交加时，头、颈、手处有蚂蚁爬走感，头发竖起，说明将发生雷击，应赶紧趴在地上，这样可以减少遭雷击的危险，并拿去身上佩戴的金属饰品和发卡、项链等。

感觉到身上的毛发突然立起来，皮肤感到轻微的刺痛，甚至听到轻微的爆裂声，这就是雷电快要击中你的征兆。遇到这种情况，应马上蹲下来，身体前倾，把手放在膝盖上，曲成一个球状，千万不要平躺在地上。不要用手撑地，应同时双手抱膝，胸口紧贴膝盖，尽量低下头。

（2）如果身处树木、楼房等高大物体附近，应该马上离开。不宜在大树下躲避雷雨，如万不得已，则须与树干保持3米距离，下蹲、双腿靠拢。如果来不及离开高大的物体，应该找些干燥的绝缘物放在地下，坐在上面，采用下蹲的避雷姿势，注意双脚并拢、双手合拢。不可躺下，这时虽然高度降低，却增大了"跨步电压"的危险。切记水能导电，潮湿的物体不绝缘，不要随意碰触。

（3）不要在山洞口、大石下或悬岩下躲避雷雨，因为，这些地方会成为火花隙，电流从中通过时产生的电弧可以伤人。但是，事物是一分为二的，如果野外有片密林，一时又找不到其他避雷场所，那么也可以利用密林来避雷，因为，密林各处遭受雷击的机会差不多。这时不要站在树林边缘，最好选择林中空地，双脚合拢，与四周各树保持差不多的距离就行了。

（4）在雷雨天气中，远离铁栏及其他金属物体。不宜在旷野中打伞，或高举羽毛球拍、高尔夫球棍、锄头等；不宜进行户外球类运动，雷雨天气进行高尔夫球、足球等运动是非常危险的；不宜在水面和水边停留；不宜在河边洗衣服、钓鱼、游泳、玩耍。

（5）雷雨时如果身在空旷的地方，应该马上蹲在地上，这样可减少遭雷击的危险。不要用手撑地，这样会扩大身体与地面接触的范围，增加遭雷击的危险。双手抱膝，胸口紧贴膝盖，尽量低头，因为头部最易遭雷击。

（6）空旷地带和山顶上的孤树和孤立草棚等应该回避，因为它们易遭雷击。这时如在其中避雨是非常危险的，尤其是站在向两旁伸展很远的低枝下面。但深邃的山洞很安全，应尽量往里面走。尽量躲到山洞深处，你的两脚也要并拢，身体也不可接触洞壁，同时也要把身上的带金属的物件，如手表、戒指、耳环、项链等物品摘下来，还有金属工具也要离开身体，放到一旁。

（7）原则上说，雷电期间应尽量回避未安装避雷设备的高大物体，如高塔、大吊车、开阔地的干草堆和帐篷等，也不要到山顶或山梁等制高点去。不要靠近避雷设备的任何部分。铁路、延伸很长的金属栏杆和其他庞大的金属物体等也应回避。

（8）如果你在江、河、湖泊或游泳池中游泳时，遇上雷雨则要赶快上岸离开。因为水面易遭雷击，况且在水中若受到雷击伤害，还会增加溺水的危险。另外，尽可能不要待在没有避雷设备的船只上，特别是高桅杆的木帆船。

（9）如正在驾车，应留在车内。千万不能将头、手伸出车外。车壳是金属的，因屏蔽作用，就算闪电击中汽车，也不会伤人，因此，车厢是躲避雷击的理想地方。但是雷电期间最好不要骑马、骑自行车、骑摩托车和开敞篷拖拉机。

（10）在雷雨天气中，不宜快速开摩托、快骑自行车或在雨中狂奔，因为身体的跨步越大，电压就越大，也越容易伤人。

（11）如果看到高压线遭雷击断裂，应提高警惕，因为高压线断点附近存在跨步电压，身处附近的人此时千万不要跑动，应双脚并拢、跳离现场。

（12）在打雷时不要拨打或接听手机，最好关掉手机电源。因为雷电的干扰，手机的无线频率跳跃性增强，很容易诱发雷击和烧机等事故。

3. 雷击后的急救

发生雷电伤人事件后，市民在打"120"求助的同时，对于轻伤者，应立即转移到附近避雨避雷处休息；对于重伤者，要立即就地进行抢救，迅速使伤者仰卧，并不断地进行人工呼吸和心肺复苏术，直至呼吸、心跳恢复正常为止。

雷电伤人主要是强大的雷电电流的作用。它对人体的主要危险，往往不是灼伤。如果雷电击中头部，并且通过躯体传到地面，会使人的神经和心脏麻痹，就很可能致命。人受雷电电流冲击后，心脏不是停止跳动，就是跳动速率极不规则，发生颤动。这两种情况都使血液循环中止，造成脑神经损伤，人在几分钟内就可以死亡。遭雷击后抢救及时还是有可能复活的。当人体被雷击中后，往往会觉得遭雷击的人身上还有电，不敢抢救而延误了救援时间，其实这种观念是错误的，受到雷击的人可能被烧伤或严重休克，但身上并不带电，可以安全地加以处理。如果遇到一群人被闪电击中，那些会发出呻吟的不要紧，先抢救那些已无法发出声息的人。

（1）人体在遭受雷击后，往往会出现"假死"状态，此时，应根据遭受雷击者的伤害程度采取相应措施。

①如果患者已经失去知觉，但仍有呼吸，则自行恢复的可能性很大，应让患者安静休息。

②若遭受雷击者停止呼吸，应立即进行人工呼吸；若遭受雷击者心跳停止，应立即进行心脏按压。

③若遭受雷击者心跳和呼吸都已停止，则应用两种方法同时进行抢救，如果能在四分钟内以心肺复苏法进行抢救，让心脏恢复跳动，还有机会救活。

④受雷击伤的患者，如仅有头晕或无明显损伤，也应请医生进行检查，看看其全身某部位是否被电击伤。

雷击后进行就地抢救得越及时，救活的可能性越大，对伤者的身体恢复越好，人脑缺氧的时间超过十几分钟就会有致命的危险。

（2）救护地点应选在通风阴凉的地方，不可高寒或暴热，被救护人的周围不可围一圈人，不能用刺激的方法，例如，对遭受雷击者泼冷水，在旁边大呼其名字等，更不要架着被救护人到处乱跑。

（3）如果伤者遭受雷击后引起衣服着火，此时，应马上让伤者躺下，使火焰不致烧伤面部，否则伤者可能会死于缺氧或被烧死，可往伤者身上泼水，或者用厚外衣、毯子等把伤者裹住扑灭火焰。

三、洪灾的安全防范

案 例

2007年8月，受强热带风暴"帕布"的影响，广东湛江雷州半岛遭遇暴雨袭击。暴雨造成不少村庄和房屋被淹，群众被洪水围困，多处公路中断，雷州市局部地区出现了较严重的浸涝，大湾水库两次出现漫顶险情。驻广东湛江边防部队紧急出动车辆、船艇和官兵奔赴灾区，转移被困群众23 000多人。

（一）洪水暴发的原因

洪水通常由暴雨或融雪引起。

暴雨洪水：多发于江河附近区域的4~9月。

融雪洪水：多发于高纬度地区的4~5月。

（二）洪水来之前的准备

（1）准备逃生装备，包括：

①防水求生包（家中常备），里面包含手电筒、蜡烛、打火机、哨子等。

②保质期较长的饮用水和压缩食品。

③密封起来的干燥衣物。

④救生圈等漂浮工具。

⑤预防灾后传染病的常用药。

（2）提前参加洪水的应急演习，尽量学会游泳。

（三）洪水到来时的应对

（1）根据当地电视、广播等媒体提供的洪水信息，结合自己所处的位置和条件，冷静地选择最佳路线撤离，避免出现"人未走水先到"的被动局面。撤离时认清路标，明确撤离的路线和目的地，避免因为惊慌而走错路。

（2）洪水到来时，来不及转移的人员，要就近迅速向山坡、高地、楼房、避洪台等地方转移，或者立即爬上楼房高层、大树、高墙等高的地方暂避。

（3）如果洪水继续上涨，暂避的地方已难自保，则要充分利用准备好的救生器材逃生，或者迅速找一些门板、桌椅、木床、大块的泡沫塑料等能漂浮的材料扎成筏逃生。

（4）如果已被卷入洪水中，一定要迅速平静下来，尽可能抓住固定的或能漂浮的东西，寻找机会逃生。如果会游泳，应顺着水流的方向斜着游向岸边，不要横渡也不要逆流，如果不会游泳，可以脸朝上、头仰后，双脚像骑自行车一样踩水，双手拍水，让头露出水面。

（5）开车时遇到洪水，千万不要试图穿越被淹区域，应果断往高处开。如果熄火，果断弃车或逃到车顶，千万别待在车里，否则很可能因推不开车门而被淹死。

（6）挥舞色彩鲜艳的衣服、有规律地敲打东西、吹口哨等这些有效的求救方式更容易被发现。千万不要盲目游泳逃生，不可攀爬带电的电线杆、铁塔，也不要爬到泥坯房的屋顶。

（四）洪水过后的自救和互救

（1）洪水过后不要急于回到曾经居住的屋子，一定要收听当地的天气预报的广播，防止洪水再次到来。

（2）听从救援人员的指挥，沉着冷静，不盲目行动。

(3) 要做好各项卫生防疫工作，预防疫病的流行。

第二节　地质灾害

地质灾害包括地震、泥石流、滑坡等。

一、地震的安全防范

案例

"5·12"汶川地震，发生于北京时间2008年5月12日（星期一）14时28分04秒，震中位于我国四川省阿坝藏族羌族自治州汶川县映秀镇与漩口镇交界处。根据中国地震局的数据，此次地震的面波震级达8.0Ms、矩震级达8.3Ms，严重破坏地区超过10万平方千米。地震波及大半个中国及亚洲多个国家和地区。北至辽宁，东至上海，南至香港、澳门、泰国、越南，西至巴基斯坦均有震感。

截至2008年9月18日12时，汶川大地震共造成69 227人死亡、374 643人受伤、17 923人失踪，是中华人民共和国成立以来破坏力最大的地震，也是继唐山大地震后伤亡最严重的一次地震。

点评

众所周知，地震带给人们的伤害是非常巨大的。震撼全国的汶川大地震造成的人员伤亡数量非常庞大，让人痛心。城市顷刻之间几乎成为废墟。地震带来的不仅是物质上的伤害，精神上的伤害更是让人们痛不欲生，失去家人的痛、伤残的痛等，都是人们不愿意看到的。而地震的发生很大程度上是不可预测的。为此，大学生需要提高警惕，在日常生活中要未雨绸缪，学习掌握逃生自救知识，做好抗震应急物品储备，只有这样，当地震发生时才能有备无患、冷静应对，减少地震带来的伤害。

（一）地震概述

1. 地震的概念

地震又称地动、地振动，是地壳快速释放能量过程中造成的振动，其间会产生地震波的一种自然现象。地球上板块与板块之间相互挤压碰撞，造成板块边沿及板块内部产生错动和破裂，是引起地震的主要原因。

地震开始发生的地点称为震源，震源正上方的地面称为震中。破坏性地震的地面振动最激烈处称为极震区，极震区往往也就是震中所在的地区。地震常常造成严重的人员伤亡，能引起火灾、水灾、有毒气体泄漏、细菌及放射性物质扩散，还可能造成海啸、滑坡、崩塌、地裂缝等次生灾害。

当前的科技水平尚无法预测地震的到来，未来相当长的一段时间内，地震也是无法预测的。对于地震，我们更应该做的是提高建筑抗震等级、做好防御，而不是依赖于地震预测。

（二）地震求生

1. 震前应对

（1）学习地震的逃生和自救知识，做好应急物品准备，如：水、食物、御寒的衣物、毛毯、应急灯或者手电筒、身份证件等。

（2）熟悉所处环境，预先了解逃生通道。

（3）参加地震演习，能够组织撤离。

（4）清除室内安全隐患，如：衣柜、书架等设法固定，天花板上不要悬挂较重的物品等。

（5）注意地震前的异常现象。地震前一般会出现地光、地声、地面的初期震动现象，此时应快速跑到室外安全的地方。

（6）撤离时要保持冷静，尤其是在教室、食堂等人多的地方，要听从老师或相关人员的指挥，避免人群因惊慌而出现踩踏事故。

2. 震中逃生

不要反复权衡、犹豫不决，应在最短的时间内选定一处，就近躲避。

（1）如果是在高层楼房室内，无法撤离时千万不要去阳台，不要乱跑或慌张跳楼，更不要使用电梯，应到坚固的家具下面，或者找一个可形成三角空间的地方，或者选择到厨房、卫生间等有管道支撑的地方。

（2）如果是在室外，就选择空旷开阔的地方。

（3）如果是在野外，就要避开山脚、陡崖、山谷，要特别注意滚石和滑坡，还要避开水岸。

注意：即使情况看上去不是很严重，也绝对不要乘电梯！无论情况看上去有多严重，也绝对不要跳楼！

3. 避震姿势

（1）下蹲、蜷曲身体，躲进坚固的桌子下，或贴近床沿、承重墙趴下。

（2）用枕头、被褥等保护头部，用湿毛巾捂住口鼻，防止吸入粉尘。

（3）双臂交叉于胸前，两肘接地，保护胸腹。

（4）尽量远离如玻璃、书柜这类易碎易倒的物体。

（5）抓牢固定物，防止身体移动。

4. 震后自救

（1）震后能自己脱险的，不要顾着拿取财物等，要迅速撤离。

（2）如果被困，暂时不能脱离危险区，要设法避开身体上方不结实的坍塌物，寻找物品支撑断壁残垣，加固周围环境。如果逃离有很大的困难或者危险，就保存体力等待救援。

（3）如果被压在废墟中且周围一片漆黑，切记不要慌张，可用物品敲打墙壁、管道，引起救援人员的注意。切忌盲目呼喊，避免耗费体力和吸入大量灰尘或有毒气体等。

（4）如果一时无法脱险，要尽量节省力气，树立信心，保护自己，坚持到底，永不放弃。

5. 震后互救

幸免于难的人员在救助亲人、邻里、同学和其他被埋人员时应做到：

（1）在互救过程中，要有组织，讲究方法，避免盲目图快而增加不应有的伤亡。首先，通过侦听、呼叫、询问及根据建筑物结构特点，判断被埋人员的位置，特别是头部方位，在开挖施救中，最好用手一点点拨，不可用利器刨挖。

（2）如伤势严重，不能自行出来的，不得强拉硬拖，应设法暴露全身，查明伤情，施行包扎固定或急救。

（3）在互救中，应利用铲、铁杆等轻便工具和毛巾、被单、衬衣、木板等方便器材。

（4）挖掘时要分清哪些是支撑物，哪些是压埋阻挡物，应保护支撑物，清除埋压物，才能保护被压埋者赖以生存的空间不遭覆压。

（5）清除压埋物及钻凿、分割时，有条件的要泼水，以防伤员呛闷而死。

（6）对暂时无力救出的伤员，要使废墟下面的空间保护通风，递送食品，静等时机再进行营救。

 小贴士

大地震前有何前兆？

由于地下岩层受到挤压或拉伸，使地下水位上升或下降；或者使地壳内部气体和某些物质随水溢出，而使地下水冒泡、发浑、变味等。

有这样一首歌谣来描述井水对地震的征兆："井水是个宝，前兆来得早，天雨水质浑，天旱井水冒，水位变化大，翻花冒气泡，有的变颜色，有的变味道。"2008年5月12日下午14时左右，四川绵竹市土门镇向阳村的地震测报员雷兴和，照例来到他家附近的一口地震观测井"川-39号"观测水位，刚走到观测井外面的鱼塘边，就看见鱼塘里的鱼纷纷往上跳，池水也翻涌着。凭多年的观测经验，他意识到地震危险在即。于是雷兴和扯开嗓子大喊："地震了，快跑啊！"刚喊了没几声，地就开始晃了，人也站不稳了。就是他这几嗓子，让向阳村五组80多个村民在房屋倒塌一大半的情况下，无一人伤亡。

震前一两天，牛马赶不进圈，乱蹦乱跳，嘶叫不止，烦躁不安；一些猪羊不吃食，烦躁不安，乱跑乱窜；狗狂叫不止；鸡不进窝，惊啼不止；鱼惊慌乱跳游向岸边，翻白肚等。

地光和地声是地震前夕或地震时，从地下或地面发出的光亮及声音，是重要的临震迹象。

地震谣言如何甄别？

（1）正确认识国内外当前地震预报的实际水平，人类目前做出的较大时间尺度的中长

期预报已有一定的可信度,但短时预报和临时预报的成功率还相对较低。

(2) 要明确,在我国,发布地震预防的权限在政府,任何其他单位或个人都无权发布地震预报消息。对待地震谣传,要做到不相信、不传播、及时报告。

(3) 学习地震常识,消除恐震心理。

二、泥石流、山体滑坡的安全防范

(一) 泥石流、山体滑坡概述

1. 对泥石流的认识

在地形陡峭、植被稀少及遍地泥沙、石块的半干旱山区或高原冰川区,春夏之际暴雨来临或冰川解冻时,泥沙和石块随着水流沿斜坡向下滑动,称为"泥石流"。泥石流看似流动,但是密度极大,一旦卷入便无法挣脱。

泥石流前兆:

(1) 沟谷溪水突然断流或上涨并携带柴草、树枝等。

(2) 远处山谷传来闷雷般的轰鸣声。

(3) 从山坡上流出的水由清变浊。

案例

2012年8月7日,甘肃省甘南藏族自治州的舟曲县,持续40多分钟的暴雨使得土石冲进县城,并截断两条河流形成堰塞湖。截至21日,舟曲特大泥石流灾害中遇难1 434人,失踪331人,累计门诊人数2 062人。

2. 对山体滑坡的认识

土体或者岩体在地壳运动或大型工程活动的作用下崩解,顺坡向下滑动,称为"山体滑坡"。由于滑坡体是致密的,被掩埋后会立即被压死、窒息,几乎没有生还的可能。

山体滑坡前兆:

(1) 有岩石挤压或开裂的声音。

(2) 山坡前部出现裂缝。

(3) 坡脚处土体凸起。

(4) 树木倾斜。

(5) 动物异常。

案例

2012年10月4日上午8时许,彝良龙海乡镇河村油房村民小组发生山体滑坡。此次滑坡塌方量达1万立方米以上,并阻断小河形成堰塞湖;油房小学教学楼全部被掩埋,据初查18名学生被埋在垮塌的教学楼内;学校附近两户农户房舍被掩埋,其中一户农户3口人全部逃离,另一户1人被掩埋。

（二）对泥石流、山体滑坡的防范

（1）泥石流和山体滑坡是无法准确预测的，所以，要避免在多发季节前往多发地域。

（2）如果必须前往泥石流、山体滑坡多发区域，应提前了解地形和地质常识，知道哪里相对安全，并根据当地有关部门的安排参加演习。

（3）在山谷行走时，一旦遭遇大雨，应立即转移到高地上，不要在谷底停留；露营时，应选择平整的高地。

（4）遇到灾害，选择科学冷静的方式方法逃生，增加生还概率。

（三）遇到泥石流或山体滑坡的自救

（1）不要顺着流动方向跑，更不要向山下跑，要垂直于流动方向，向两侧的山坡上跑。

（2）如果山体整体滑动，无处可逃，可就地抱住大树。

（3）撤出危险区后，不要看灾区一时平静就急于返回，避免灾害二次发生。

（4）万一不幸陷入泥潭中，不要慌乱，要大声呼救，并且冷静地自救。可以尽力将身体向后仰，轻轻躺在泥潭上慢慢将身体抽出，万万不可胡乱挣扎，以免越陷越深。

三、其他自然灾害的防范和应对

（一）海啸的安全防范

海啸就是由海底地震、火山爆发、海底滑坡或气象变化产生的破坏性海浪，它主要受海底地形、海岸线几何形状及波浪特性的控制，呼啸的海浪每隔数分钟或数十分钟就重复一次，摧毁堤岸、淹没陆地、夺走生命财产，破坏力极大。

如何应对海啸？

（1）如果收到海啸预警或者发现了海啸的征兆，要立即撤离到高处，解除海啸警报之前不要靠近海岸。

（2）来不及撤离时，应就近逃到高层的建筑中去。

（3）海水退去后也不要去捡冲上来的鱼虾，因为，此时可能还会有更大的海浪来袭。

（4）如果在海啸中不幸落水，要设法抓住树枝、木板之类的漂浮物，不要胡乱地挣扎，也不要游泳，随波漂流即可，注意保存体力。

（5）不要喝海水，不仅不能解渴，反而容易让人产生幻觉。

（二）高温天气的安全防范

35℃以上的天气称为"高温天"，如果连续5天以上最高温都达到或超过35℃，即为持续高温。

如何应对高温？

（1）保证充足睡眠，多喝白开水、绿豆汤、冷盐水等，补充身体水分。

（2）上午10点到下午2点之间尽量不要出门。如果必须外出，一定要涂抹防晒霜、打伞或戴遮阳帽，穿宽松、透气、颜色浅的衣服。

（3）室内外温差不超7℃，空调冷风不要直吹，要常开窗换气且用温水洗澡。

（4）常备中暑药，如清凉油、风油精、藿香正气水等，外出也要随身携带。一旦感到头晕、恶心、身上无力，立即转移到通风、阴凉处吃药、休息。

（5）中暑后应立即转移到阴凉、通风处，坐下或躺下，解开衣服安静地休息，还可以用凉水擦身或冷敷。如病情严重，要立即拨打120。

（三）雾霾天气的安全防范

雾霾天气是一种大气污染状态，雾霾是对大气中各种悬浮颗粒物含量超标的笼统表述，PM2.5被认为是造成雾霾天气的"元凶"。

如何应对雾霾？

（1）雾霾天尽量不要在外运动，防止肺吸入大量空气中的悬浮颗粒。

（2）外出戴口罩，可有效减少人体吸入悬浮颗粒。

（3）进入室内洗脸、漱口、清理鼻腔。

（4）雾霾天尽量不要开窗，可在中午等雾霾弱一些的时候开窗换气。

（5）室内应装备空气净化装置。

第三节　突发公共卫生事件

一、突发公共卫生事件概述

突发公共卫生事件是指突然发生，造成或者可能造成社会公众健康严重损害的重大传染病疫情、群体性不明原因疾病、重大食物和职业中毒以及其他严重影响公众健康的事件。主要包括传染病疫情、群体性不明原因疾病、食品安全、职业危害、动物疫情以及其他严重影响公众健康和生命安全的事件。

突发公共卫生事件分为特别重大突发公共卫生事件（Ⅰ级）、重大突发公共卫生事件（Ⅱ级）、较大突发公共卫生事件（Ⅲ级）、一般突发公共卫生事件（Ⅳ级）四个级别，依次用红色、橙色、黄色和蓝色预警。

突发公共卫生事件都具有以下几个基本特点：

（1）**突发性**：突发公共卫生事件都是突然发生、突如其来的，一般是不容易预测的。

（2）**群体性**：突发公共卫生事件危害的不是特定的人，而是不特定的群体。

（3）**危害性**：突发公共卫生事件对公众健康和生命安全、身心健康、社会经济发展、生态环境等造成严重危害。

（4）**系统性**：突发公共卫生事件不仅仅是一个公共卫生问题，它还是一个社会问题，需要有关部门的共同努力，甚至是全社会的共同参与。

突发公共卫生事件单位和个人应该如何做？

国务院卫生行政主管部门或者其他有关部门指定的专业技术机构，有权进入突发事件现场进行调查、采样、技术分析和检验，对地方突发事件的应急处理工作进行技术指导，有关单位和个人应当予以配合；任何单位和个人不得以任何理由予以拒绝。

在突发事件应急处理工作中，有关单位和个人未依照本条例的规定履行报告职责，隐瞒、缓报或者谎报，阻碍突发事件应急处理工作人员执行职务，拒绝国务院卫生行政主管部门或者其他有关部门指定的专业技术机构进入突发事件现场，或者不配合调查、采样、技术分析和检验的，对有关责任人员依法给予行政处分或者纪律处分；触犯《中华人民共和国治安管理处罚条例》，构成违反治安管理行为的，由公安机关依法予以处罚；构成犯罪的，依法追究刑事责任。

二、突发公共卫生事件应对与处置

（一）新冠肺炎疫情应对与处置

1. 什么是新型冠状病毒肺炎

新型冠状病毒肺炎是指由新型冠状病毒感染引起的肺炎，以发热、干咳、乏力为主要表现，少数患者伴有鼻塞、流涕、咽痛、肌痛和腹泻等症状。重症患者多在发病一周后出现呼吸困难和/或低氧血症，严重者快速进展为急性呼吸窘迫综合征、脓毒症休克、难以纠正的代谢性酸中毒和出凝血功能障碍及多器官功能衰竭等。

2. 新型冠状病毒肺炎与流感、普通感冒有什么区别

新型冠状病毒肺炎的症状与普通感冒和流感存在一定的差别。三者的病原体和临床表现不同。普通感冒主要由鼻病毒、副流感病毒、呼吸道合胞病毒等引起，常见症状为鼻塞、流涕、打喷嚏等上呼吸道症状，无明显发热、乏力、头痛、关节痛、周身不适、食欲不振等症状，一般上呼吸道症状较重，但全身表现较轻。流感由流感病毒感染引起，发病急，会出现高热、咽喉痛、头痛、肌肉酸痛、乏力、食欲下降等症状。新型冠状病毒肺炎由新型冠状病毒引起，主要症状是发热、干咳、乏力，少数患者伴有鼻塞、流涕、咽痛、肌痛和腹泻等症状，重症患者多在发病一周后出现呼吸困难等症状，轻症患者仅表现为低热、轻微乏力等，无肺炎表现。

3. 如何预防新型冠状病毒肺炎

新型冠状病毒肺炎是一种新发传染病，根据目前对该疾病的认识，在疾病流行期间，个人应从以下几个方面做好预防工作。

（1）养成良好的个人卫生习惯。讲究个人卫生，咳嗽或打喷嚏时用纸巾掩住口鼻，勤洗手，不用脏手触摸口、眼、鼻，不随地吐痰。

（2）避免聚集。聚集人群相互之间都是密切接触者，咳嗽、打喷嚏、说话产生的飞沫，有可能造成疾病传播，为了防止新型冠状病毒传播，请不要聚集。

（3）少去公共场所。公共场所人员多，流动量大，人员组成复杂，一旦有病毒携带

者，很容易造成人与人之间的传播，尤其是人员密集、空气流动性差的公共场所，例如商场、餐厅、影院、网吧、KTV、车站、机场、码头、展览馆等。

（4）经常开窗通风。室内环境密闭，容易造成病菌滋生繁殖，增加人体感染疾病的风险。勤开窗通风可有效减少室内致病微生物和其他污染物的含量，阳光中的紫外线还有杀菌作用。因此，每天早中晚均应开窗通风，每次通风不低于15分钟。

（5）保持居室清洁。居室门把手、遥控器、手机、电话座机、马桶圈、儿童玩具等是家人经常共用的物品，被病菌污染后这些物品就成为疾病传播的重要载体和媒介，为了家人健康，应经常用干净的湿毛巾或湿纸巾擦拭清洗，必要时可使用家用消毒剂擦拭。

（6）勤洗手。经手可传播多种疾病，如被病菌污染的手接触食物可传播消化道疾病，揉眼睛可传播红眼病、角膜炎等疾病，抠鼻子可传播呼吸道疾病等。外出归来、饭前便后、咳嗽打喷嚏时用手捂口鼻后，都应及时洗手。洗手时，请使用流动水和肥皂或洗手液洗手。

（7）外出佩戴口罩。公众外出前往公共场所、就医（除发热门诊）和乘坐公共交通工具时，应正确佩戴一次性使用医用口罩。不随地吐痰，口鼻分泌物用纸巾包好，弃置于有盖垃圾箱内。

（8）养成健康生活方式。合理膳食，不暴饮暴食，食用肉类和蛋类要煮熟、煮透。不吸烟，少喝酒，不酗酒。劳逸结合，不熬夜，生活有规律。适当锻炼，吃动平衡。

（9）做好健康监测。尽可能避免与有呼吸道疾病症状（如发热、咳嗽或打喷嚏等）的人密切接触。自觉发热时要主动测量体温。家中有小孩的，要早晚摸小孩的额头，如有发热要为其测量体温。发现家人有发热、干咳等呼吸道症状或腹泻等消化道症状时，应及时向村（居）委会或医疗卫生机构报告。

（10）不接触、猎捕、加工、运输、宰杀、食用野生动物。

传染病是由各种病原体引起的能在人与人、动物与动物或人与动物之间相互传播的一类疾病。学校里常见的传染病有哪些？如何预防？特别是对于艾滋病和结核病这两种严重的传染病该如何防治。

（二）结核病应对与处置

1. 认识结核病

结核病是由结核杆菌感染引起的慢性传染病，它能侵入人体全身各种器官，主要侵犯肺脏，称为肺结核病，也叫"肺痨"。结核病主要通过空气在人与人之间传播，90%以上是通过呼吸道传染的，而全世界20%以上的结核病病例由吸烟引起。

另外，艾滋病问题加重了结核病疫情。近年来，艾滋病问题在世界范围日益突出，据统计，艾滋病病人中有30%以上最终死于结核病。结核病、艾滋病这两种疾病相互"作用"，进一步加大了防治结核病的难度。

结核病已经紧跟艾滋病，成为单一传染性病原体界的头号杀手。

2. 结核病的症状

结核病早期症状并不明显，主要表现为咳嗽、咳痰等，后期逐步伴有胸痛、胸闷、咳血等症状,当体内结核菌数量较大时,才会出现全身症状,如乏力、低热、面部潮红、厌食、消瘦等。

专家建议:当发现有咳嗽、咳痰等症状并持续两周以上时,应尽快去医院进行检查,排除被结核菌感染的可能。

3. 结核病的治疗

少数危急、重症肺结核患者、疑难病人,伴有严重合并症或并发症的肺结核患者,以及抗结核药物过敏或有严重不良反应的患者,可采取住院治疗。患者出院后,应转至结防机构继续实施严格的治疗管理,直至疗程结束。

疗程结束,症状消失不等于治愈了,不可停药。结核菌是相当顽固的一种细菌,在用药两个月左右,大部分敏感菌可被杀灭,但少量非敏感菌可能依然存活,完全有可能死灰复燃,所以,结核病患者应坚持完成整个治疗过程,必须至少服药治疗6个月,然后由结核病专科医生根据患者的病症、痰结核菌检查、放射学检查等结果评估是停药还是延长疗程(严重情况需延长),以达到治愈和减少复发的目的。

只要和医生很好地配合,坚持规律用药,90%以上的肺结核病人是可以治愈的,但活动性(传染性)肺结核如不治疗,5年内50%的病人会死亡。

4. 结核病的预防

(1)目前,还未发现可有效预防结核病感染或发病的疫苗,卡介苗只对儿童重症结核病的防治有较好的保护作用。

(2)打喷嚏时要用手帕捂住嘴,避免面对他人。

(3)勤洗手,多通风,不随地吐痰,养成良好的卫生习惯。

(4)房内要经常换气,人群密集的地方更要注意空气流通。

(5)多锻炼,提高免疫力。

(三)艾滋病应对与处置

1. 认识艾滋病

中国目前的法定传染病有甲、乙、丙三类,共39种,艾滋病属于乙类传染病,是一种危害大、死亡率高的严重传染病,不可治愈。主要通过性传播,还可以通过血液传播和母婴垂直传播。日常学习生活接触不会传播艾滋病病毒,蚊虫叮咬不会传播艾滋病病毒,共用学习用品、共同进餐、共用卫生间、握手、拥抱等日常接触都不会传播。

目前,我国青年学生中艾滋病流行呈快速增长趋势,主要传播方式为男性同性性行为,其次为异性性行为。感染艾滋病会给学习、生活带来巨大影响,对于家庭、父母心存愧疚,需要终生规律服药,精神压力增大。

延伸阅读

HIV的"弱点":

(1)它不能独立存活,离开人类血液、体液就会死亡。

(2)它害怕高温,在56℃的条件下30分钟就会死亡。

（3）它害怕暴露，独立暴露在空气、水、食物中，便会失去传染性。

2. 艾滋病的症状

HIV 感染初期（2~6 周），叫作窗口期，这时感染者体内的 HIV 数量会达到一个峰值，传染性极强，且不易被查出。窗口期可能会有发热、皮疹、腹泻等症状，但更多的可能是没有任何症状。窗口期过后是毫无症状的潜伏期，潜伏期一般为 6~10 年。窗口期、潜伏期之后是发病期，这时 HIV 大量繁殖，当 HIV 侵犯中枢神经系统时，常出现痴呆、健忘等症状，如感染了肺结核或者肿瘤，便危及生命了。

当人感染 HIV 后，病毒会缓慢破坏人的免疫系统，若不坚持规范治疗，发病后病情发展迅速。发病后的常见症状包括，皮肤、黏膜出现感染，出现单纯疱疹、带状疱疹、血疱、瘀血斑、持续性发热、肺炎、肺结核、呼吸困难、持续性腹泻、便血、肝脾肿大、并发恶性肿瘤等。因此，艾滋病病毒感染者/艾滋病病人需要终身治疗，由此产生的治疗费用较高，同时也会给艾滋病病毒感染者、艾滋病病人带来沉重的精神压力。

3. 艾滋病的预防

艾滋病目前没有疫苗可以预防，拒绝毒品、自尊自爱、遵守性道德是预防艾滋病的根本措施。

艾滋病存在较长时间的潜伏期，艾滋病病毒感染者在发病前外表与正常人无异，不能从一个人外表是否健康来判断其是否感染艾滋病。

一些学生由于自控力不强，疾病预防知识匮乏，无法抵御异性或同性的引诱、哄骗，与外表健康的人发生性行为，感染艾滋病病毒。也有极个别的艾滋病病毒感染者，出于各种原因，蓄意与他人发生无保护性行为，传播疾病，需要引起高度警惕。

（1）学习掌握性健康知识，提高自我保护意识与技能，培养积极向上的生活方式。掌握科学的性知识，树立正确的性观念，保证安全的性行为。性既不神秘、肮脏，也并非自由、放纵。性冲动是一种正常的生理现象，是成长的必经过程。青年学生应积极接受性健康教育，丰富课余生活，提高自制力。

（2）注射吸毒会增加经血液感染艾滋病病毒的风险，使用新型合成毒品、醉酒会增加经新途径感染艾滋病病毒的风险。与艾滋病病毒感染者共用针具吸毒会使病毒通过污染的针具传播。使用新型合成毒品（冰毒、摇头丸、K 粉等）或者醉酒可刺激或抑制中枢神经活动，刺激性行为发生或导致易受性暴力侵害，从而发生高危行为，感染艾滋病。

（3）性病可增加感染艾滋病病毒的风险，必须及时到正规医疗机构诊治。性病病人感染艾滋病的危险更高。特别是像梅毒、生殖器疱疹和软下疳等以生殖器溃疡为特征的性病，溃疡使艾滋病病毒更容易入侵。

坚持每次正确使用安全套，可有效预防艾滋病、性病的感染与传播。

4. 艾滋病的治疗

人类还没有有效的疫苗和药物来治愈艾滋病，目前，全世界进行治疗的临床标准是：CD4 细胞数。治疗方案主要是吃一些抗艾药物，然而，抗艾药一般都有很大的毒性和副作用，很多人会出现恶心、厌食等问题，但如果因此而不按要求坚持吃药，很容易在体内产生耐药性，而从导致过早地出现无药可吃。

(1) 发生高危行为后（共用针具吸毒、无保护性行为等），应该主动进行艾滋病检测与咨询，早发现、早诊断、早治疗。

急性感染期传染性较强，常出现的症状有发热、头痛、皮疹、腹泻等流行性感冒样症状。但是这些症状是否出现因人而异。

抗体的初筛检测结果呈阳性不能确定是否感染，应尽快到具备诊断资格的医疗卫生机构进行确诊。

个体刚刚感染的一段时间内，虽然感染者体内有艾滋病病毒，但血清中尚不能检测到抗体，这就是我们常说的检测窗口期。根据个体不同，此过程长短不一，通常为2~12周。因此，需要注意检测的时间要在窗口期过后。具体可咨询当地的自愿咨询检测门诊。

(2) 疾控中心、医院等机构均能提供保密的艾滋病检测和咨询服务。国务院《艾滋病防治条例》规定，国家对个人接受自愿咨询检测的信息完全保密。

(3) 感染艾滋病病毒后及早接受抗病毒治疗可提高患者的生活质量，同时减少艾滋病病毒传播。一旦感染艾滋病病毒，体内病毒复制就已经开始，会逐渐损害全身多个器官，及早治疗能够抑制病毒复制，降低上述损害的发生机会，使免疫功能恢复并保持正常水平，保持较好的身体状况，减少艾滋病病毒传播。

艾滋病与法律

艾滋病病毒感染者和艾滋病病人的各项权利受到法律保护。《传染病防治法》规定，"任何单位和个人不得歧视传染病病人、病原携带者和疑似传染病病人"。《艾滋病防治条例》规定，"任何单位和个人不得歧视艾滋病病毒感染者、艾滋病病人及其家属。艾滋病病毒感染者、艾滋病病人及其家属享有的婚姻、就业、就医、入学等合法权益受法律保护"。

社会对于艾滋病病毒感染者和艾滋病病人的歧视，不利于控制艾滋病传播。有感染风险的人群因担心受到歧视而不愿检测，不了解自身感染状况，会妨碍其采取预防及治疗措施，增加传播艾滋病病毒的风险，艾滋病病毒感染者和艾滋病病人感染者因受到歧视不能积极面对生活，甚至产生报复和危害社会的念头。

艾滋病病毒感染者和艾滋病病人在得知感染艾滋病病毒后应主动告知性伴或配偶，若继续同他人发生无保护性行为则为故意传播。《艾滋病防治条例》第三十八条规定："艾滋病病毒感染者和艾滋病病人不得以任何方式故意传播艾滋病。"《传染病防治法》第七十七条规定："单位和个人违反本法规定，导致传染病传播、流行，给他人人身、财产造成损害的，应当依法承担民事责任。"

艾滋病病毒感染者也是艾滋病的受害者，应该得到理解和关心，但故意传播艾滋病的行为既不道德，也要承担法律责任。

（四）其他易发传染病的应对与处置

(1) 乙肝。乙肝有三"高"高发病率、高流行率、高携带率，它主要通过血液、性、母婴三个途径进行传播，预防乙肝最有效的方法是注射乙肝疫苗。

(2) 甲肝。甲肝主要靠接触传播，学校人口密集，接触性强，很容易被传染。甲肝可以完全治愈。预防它首先一定要注意饮食和个人卫生。

(3) 痢疾。痢疾发生后会有中毒甚至排脓血的症状。预防痢疾一定要注意饮食卫生和个人卫生。

(4) 麻疹。麻疹的传染性极强。没有患过病且没有接种过麻疹疫苗的人接触患麻疹的人后发病率几乎100%。患过病后免疫力持久，如没有患过病，可利用接种疫苗来预防。

(5) 流行性腮腺炎。流行性腮腺炎患病后病毒能侵犯各种腺组织、神经系统及体内几乎所有的器官。一般一次感染后就可获得持久性的免疫。预防它除了注意个人卫生外，最好是注射疫苗！

(6) 流行性感冒。流行性感冒是由病毒引起的急性呼吸道传染病，有极强的传染性。预防流感要注意个人卫生，提高自身免疫力，避免跟带有流感病毒的人直接或间接接触，也可以接种疫苗。

(7) 红眼病。红眼病是急性结膜炎的一种，俗称"红眼"或"火眼"，是由细菌感染引起的一种常见的急性流行性眼病，预防它主要是注意个人卫生与患者接触后彻底清洗。

思考题

(1) 如何预防新冠肺炎？
(2) 如何预防艾滋病？
(3) 如何预防肺结核？

扫一扫，进入陕西交院"大学生安全教育"微课

第九章 心理健康安全

大学生是社会上的一个特殊群体,承载着希望,也承受着压力。因心理健康问题而引发的暴力伤人、自杀、自残等事件时有发生,部分大学生出现性情粗暴、冷漠自大、易走极端、缺乏爱心和责任感、无法适应社会工作及压力等现象,这一切已经引起社会各界的广泛关注。如今,大学生心理健康教育已经成为我国心理学研究的一项重要课题。大学生的健康,不仅基于健康的体魄,更源于健康的心理。

第一节 人际交往安全

最新的心理学研究表明,个人的幸福感很大程度上取决于个人的人际关系。大学时期是当代青年步入社会前的过渡时期,大学时期与室友、同学、老师的交往,为我们以后步入社会、面对社会复杂的人际关系打下了基础。学习和掌握良好的人际交往技巧,可以为我们的幸福生活打下良好的基础。

一、如何成为受欢迎的人

要想成为受人欢迎的人,应该遵循以下人际交往的原则:

(一)热情和真诚原则

案 例

小王是大一新生,进入宿舍后刚开始和其他人相处得还可以,但是一段时间后,小王发现其他人都在孤立自己,而自己又不知道到底是哪里出了问题。最后,室友集体反映到辅导员处,说小王说话总是太伤人,导致其他人都不敢跟他说话了。小王才意识到自己的说话方式有问题,经过调节,舍友原谅了他,他也开始学习得体表达的方式方法,最后与舍友相处得较为融洽。

所谓人际关系良好,就是和别人的互动很好,并且能让别人在和你的互动中感到舒适愉快。建立良好人际关系的第一步,就是让自己成为一个让人喜欢的人。当别人喜欢你时,自然就想和你开展人际关系的第二步:沟通。

如何才能让别人喜欢你呢?1946年,美国心理学家所罗门·阿希进行的被称为"热情的中心性品质"的实验,列出了有关人格的7项品质,然后对两组被试者作了一次详细的人格评定。这项实验证明,热情与冷酷是人的中心性品质,具有"热情"品质的人,受到了被试者的衷心喜爱。

除了热情,真诚亦是人际交往中的关键词。

1968年,美国心理学家安德森做了一项调查。他将500个描写人的品质的形容词做成一张表格,让被试者从中挑选出他们喜欢的和讨厌的,以此验证何种品质是最受欢迎和最受厌恶的。结果表明,排在第一位的品质是"真诚",在8个得票数最高的形容词中,有"真诚的""诚实的""忠实的""信得过的""可靠的"等6个词语是与真诚有直接关系的。

所以说,热情+真诚,绝对是让别人喜欢你的利器!

(二) 相互性原则和交换性原则

1. 相互性原则:互相喜欢的原则

要想让别人喜欢你,首先你要喜欢别人。

人际关系的基础是彼此相互重视与支持。任何个体都不会无缘无故地接纳他人。喜欢是有前提的,相互性就是前提:我们喜欢那些也喜欢我们的人。人际交往中的接近与疏远、喜欢与不喜欢都是相互的。

2. 交换性原则:功利价值的原则

社交达人有一个共同点,那就是拥有人们喜爱和需要的价值。想想看,那些受人欢迎的人身上都有什么优点呢?家庭富裕、高颜值、运动能力好、有幽默感、头脑聪明、乐于助人……这些都是能够给他人提供物质价值或情绪价值的优点。

人际交往是一个社会交换过程。交换的原则是:个体期待人际交往对自己是有价值的,即在交往过程中得大于失,至少等于失。人际交往是双方根据自己的价值观进行选择的结果。别人吃到甜头,才愿意接近你,愿意围绕你,这就是社会心理学中的交换性原则。

现在我们知道了,要想成为一个受欢迎的人,要热情、真诚、发自内心地去欣赏别人的优点、去喜欢别人,并且发扬自己的优点,给别人带来欢乐和价值。

当然,没有人会受到所有人的喜爱。俗话说得好:"萝卜白菜各有所爱。"在做好自己的前提下,要坦然接受他人对于自己的喜爱或者不喜爱。

二、室友关系

林森浩与黄洋均为复旦大学上海医学院2010级硕士研究生,分属不同的医学专业。

2010年8月起，林森浩入住复旦大学某宿舍楼421室。一年后，黄洋调入该寝室。之后，林因琐事对黄不满，逐渐怀恨在心。2013年3月29日，林森浩在大学宿舍听黄洋和其他同学调侃说愚人节即将到来，想做节目整人。林森浩看到黄洋笑得很得意，便联想起其他学校用毒整人的事件，便计划投毒"整"黄洋，让同学难受。投毒后致黄洋死亡。

当我们和家人相处时，我们的生活习惯是随家庭养成的，不会出现矛盾；当我们和其他同学相处时，因为不住在一起、不用在同一个空间吃喝洗漱，也就没有那么大的矛盾。

来自不同家庭、不同地域，拥有不同文化背景的同学在同一个房间里生活时，生活习惯的矛盾就爆发了。

室友关系往往有三个发展阶段：

（1）蜜月期：刚刚相识，这个时候大家都会尽量包容、尽量展现自己的优点，关系会非常融洽。

（2）矛盾期：蜜月期的新鲜劲过去后，容忍的底线到了，很多"早就忍了你很久"的矛盾就爆发了。

（3）平缓期：矛盾爆发后，经过双方的沟通，事情得到了解决。

以上三个阶段是一个正常的发展过程，爆发矛盾并不是坏事，只要有沟通，反而是好事。如果大家从一开始就三观相合当然最好了，但是如果三观不合还勉强忍受、藏在心里，不表达、不沟通，矛盾不爆发，反而是非常不好的事情。

那么，矛盾爆发了，如何积极地表达自己的需求？如何建设性地解决问题呢？

三、如何化解矛盾

1. 端正心态

首先，我们要知道这个世界上有不同的文化、风俗、习惯，很多东西是没有对错之分的。比如，到底是三天洗一次澡还是一天一洗，这种问题，只要当事人自己觉得舒服又没有影响到别人，就没必要替别人操这份心。

谨记以下两条：

（1）只有在尊重他人感受的前提下，才有言论和行动的自由。

（2）一个人只要没有影响到别人，我们就无权干涉这个人的行为、生活。

2. 建设性地表达自己的感受

当我们感到愤怒、被侵犯时，可能会说出攻击对方的话来，但这些无益于解决问题。出现问题时，首先要控制好自己的情绪，然后以解决问题为目的去沟通，而不是以开批判大会、谴责对方为目的。

为了不让对方感到被攻击，说话时要用"我感到……"的句式，而不是"你……（形容词）"，并且要描述具体事情，而不是绝对化地贴标签。比如，把"你这样做太自私了"改成"我觉得吧，你把大家的那份东西给用了，这样不太好，我们会觉得你并不尊重我们，会觉得很不舒服"。

由于人天生具有防卫机制，当遇到批评时，如果接受批评就等于承认"我不好"，为了保卫"我好"，人们就会产生逆反心理，不接受批评。因此，沟通时要多描述对方行为带来的后果，而不去直接指责对方的行为，这样反而会让对方更能接受并自己感到错误和内疚。

3. 不要奢求世界上所有人都能和平相处

有些人就是处不来，有些人就是不合群。当我们开放、真诚地去和对方沟通，也不能得到相应的回应时，就没有必要一味去迁就。可以淡化处理，不与这样的人过多交往，可以和与自己价值观相同的同学交往。另外，如果发现有些同学表现出不太寻常的行为，一定要及时和学校老师、辅导员沟通。

温馨寝室六步走

Step1：时时微笑

你低着脑袋、拉着脸走进寝室，大家只会被你的怨气吓跑。笑一笑吧，把自己当作一个小太阳，向日葵们一定会很高兴认识你的！

Step2：请笑纳

小小礼物情意重，送给室友一人一份小礼物，一定会让大家记住贴心的你。但是选礼物时一定要注意价格适中，礼物太贵会给人压力，但也不能太随便，要让对方感受到你的诚意。推荐选择具有家乡特色的小食品，毕竟美食是人们最不能抗拒的礼物之一。

Step3：昵称——让感情升温的法宝

别小看这一小步，拥有了昵称，就代表着你们的关系非同一般了哦，感情升温指日可待啊！

Step4：来一次愉快的聚餐吧

美食总是容易使人快乐，一起享用美食的时光也一定会欢乐无穷，大家一起坐在桌边，你一句"这个烤肉是极好的"，我一句"这块肉配上这个辣椒酱真是最好不过的了"，这样的时光也真是难得！

Step5：没有隔夜仇

有不满不要憋着，用适当的方式表达，有矛盾一定不能拖到第二天，不要给矛盾累积的机会，一定要把矛盾扼杀在摇篮里。我们要把心里话敞开说，卧谈会、奶茶店谈心都是不错的选择。

Step6：无计可施，走为上策

当所有的办法都已经无法挽救你们的感情，申请调换寝室是没有办法的办法。大家不要轻易尝试"诀别"的滋味，但是当一切已经无法挽回，破镜无法再重圆的时候，走为上策。

(1) 如何成为受欢迎的人？

(2) 如何解决室友之间的矛盾？

第二节 大学生心理健康

心理也有亚健康、小感冒，心理问题普遍存在于大多数人身上，不同的人群有不同的心理问题。大学生处于心理、生理日趋成熟的阶段，生活环境、学习方法的巨大改变，人际关系的复杂化，就业、考研的挑战等因素，给大学生的身心健康发展带来了很大的压力。

从马加爵事件到药家鑫事件，屡见不鲜的大学生因心理不健康导致的违法犯罪问题警示我们，大学生心理健康问题不可小觑，每个当代大学生都应当了解和掌握心理健康的基本知识。

一、心理健康的定义

国内外心理学家对不同的行为表现进行观察，提出了不同的心理健康标准。我国知名心理学家郭念锋先生提出了心理健康的10条标准，对照看看，哪些是你已经达标的，哪些是你还需要"锻炼"的。

1. 周期节律性

人的心理活动在形式和效率上都有着自己内在的节律性，比如，白天思维清晰，注意力高，适于工作；晚上能进入睡眠，以便养精蓄锐。如果一个人到了晚上就睡不着觉，那表明他的心理活动的固有节律处在紊乱状态。

2. 意识水平

意识水平的高低，往往以注意力水平为客观指标。如果一个人不能专注于某种工作，不能专注于思考问题，思想经常开小差或者因注意力分散而出现工作上的差错，就有可能存在心理健康方面的问题了。

3. 暗示性

易受暗示性的人，往往容易因周围环境引起情绪的波动和思维的动摇，有时表现为意志力薄弱。他们的情绪和思维很容易随环境变化，使精神活动具有不太稳定的特点。不易受暗示性的人不容易受外界影响，能保持自己的心理稳定。

4. 心理活动强度

这是指对于精神刺激的抵抗能力。一种强烈的精神打击出现在面前，抵抗力弱的人往往容易遗留下后患，可能因为一次精神刺激导致反应性精神病或癔症，而抵抗力强的人虽有反应但不致病。心理健康的基本知识应当是我们每个当代大学生都要了解和掌握的。

5. 心理活动耐受力

这是指人的心理对于现实生活中长期反复出现的精神刺激的抵抗能力。这种慢性刺激虽不如一次性刺激强大、剧烈，但却久久不能消失，几乎每日每时都要缠绕着人的心灵。耐受力弱的人在持久的压力下容易产生心理疾病，耐受力强的人则可能适应这些压力。

6. 心理康复能力

由于人们各自的认识能力不同，各自的经验不同，从一次打击中恢复过来所需要的时间也会有所不同，恢复的程度也有差别。这种从创伤刺激中恢复到往常水平的能力，称为心理康复能力。

7. 心理自控力

情绪的强度、情感的表达、思维的方向和过程都是在人的自觉控制下实现的。当一个人身心十分健康时，他的心理活动会十分自如，情感的表达恰如其分，辞令通畅、仪态大方，既不拘谨也不放肆。

8. 自信心

一个人是否有恰当的自信心是精神健康的一种标准。自信心实质上是一种自我认知和思维的分析综合能力，这种能力可以在生活实践中逐步提高。

9. 社会交往

一个人与社会中其他人的交往程度，也往往标志着这个人的精神健康水平。当一个人严重地、毫无理由地与亲友断绝来往，或者变得十分冷漠时，这就构成了精神病症状，叫作接触不良。如果过分地进行社会交往，也可能处于一种躁狂状态。

10. 环境适应能力

环境就是人的生存环境，包括工作环境、生活环境等。人不仅能适应环境，而且可以通过实践和认识去改造环境。

二、了解心理咨询

当我们因为生活中的具体事情产生了轻度的不良情绪，有了烦恼和困扰时，这就是我们的心理"亚健康"了。这时，我们可以自己克服，也可以通过心理咨询来加速恢复。

当我们平时偶尔或某段时间内感受到的情绪、不稳定的精神状态长时间固定存在着，并严重影响我们的正常生活和人际交往时，心理已经出现问题了，这时需要去做心理咨询，寻求心理咨询师的帮助。

简单了解一下心理咨询：

（1）心理咨询师是一位善于倾听并能够真正懂得你的思想的人，是一个无条件接纳、倾听求助者的"知心姐姐"。

（2）学习心理学能让人了解一些人类心理的普遍规律，但并不能对别人的心理进行精准预测和推算，更不能操纵别人。

（3）心理咨询有利于神经症和精神病的康复。

（4）发展心理咨询：一个心理健康的人，在自我发展（想要变得更好）时遇到问题（在学业、恋爱、人际交往、择业等方面有了困惑、烦恼），都可以去做发展心理咨询。

（5）健康心理咨询：不管因为什么事情，只要不良情绪（纠结、郁闷、伤心、紧张、绝望等）持续超过两周（说明你的心理进入了亚健康或者生病的状态），都需要做健康心理咨询。

 **延伸阅读**

心理咨询的特点

1. 在陌生的私密空间，面对陌生的专家，陌生会让你感觉这里是与外界不相干的安全地带，并增强咨询师的权威性和你对咨询师的信任。

2. 收费并不仅仅是为了回报心理咨询师的劳动，更能督促来访者去改变自己，来访者为了不让付出的钱财"打水漂"，会更积极地配合咨询师，也不容易过度依赖咨询师。越是严重的心理问题，越需要收费。

3. 你所说的任何内容都会得到保密，除非涉及违法行为和个人生命安全。

4. 心理咨询师要具有中立的价值观，对来访者无条件接纳；如果咨询师遇到无法对其保持中立的来访者，要负责任地介绍转诊咨询师给来访者。

5. 心理咨询师并不帮你解决具体问题，而是帮你学会与自己相处，自己去发现和认清自己的问题，从而解决自己的问题。

现在很多学校的心理咨询都是免费的，同学们赶紧去体验一下吧！

三、大学生常见心理障碍的表现和应对

了解常见的心理障碍，知道为什么会出现这些情况，不仅有助于加强自己的心理健康建设，也可以及时发现身边同学的情况，及时向老师汇报或给予帮助。

1. 神经症

神经症也称心理症，主要是由心理因素造成的。对于处在青年期的大学生来说，这是一种最为常见的功能性疾病。不健全的个性特征是此类疾病的发病基础。在此基础上，如果遇到重大的心理创伤，便会导致神经症的发生。在大学生中，发病率最高的神经症主要是焦虑症、抑郁症、强迫症、神经衰弱。

（1）焦虑症。

焦虑症是一种常见的神经症。大学生进入新的环境，各方面都要重新开始适应和调整。如果对自己期望过高，压力过大，凡事患得患失，时间长了，就会产生持续性的焦虑、不安、担心、恐慌，并且还伴有明显的运动性不安以及各种躯体上的不舒适感。患有焦虑症的人，其性格上也有一定的特点，大多胆小，做事瞻前顾后、犹豫不决，对新事物、新环境适应能力差。

患有焦虑症的人，常感到无明显原因、无明确对象、游移不定、范围广泛的紧张不安，经常提心吊胆，却又说不出具体原因。焦虑症患者过分关心周围事物，注意力难以集中，从而使工作和学习效率明显下降。对焦虑症，一方面可进行药物治疗；另一方面可进行心理训练，如各种自我松弛训练、生物反馈疗法等，都有一定的效果。

(2) 抑郁症。

抑郁症是大学生中常见的一种心理障碍。主要表现为悲伤、绝望、孤独、自卑、自责等，把外界的一切都看成"灰暗色"的。有的大学生对枯燥的专业学习不感兴趣，对刻板的生活方式感到厌烦，为自己学习或社交的不成功而灰心丧气，陷入抑郁悲观状态。长期的忧郁状态会导致思维迟钝、失眠、体力衰退等，对个体危害是很大的。大学生患抑郁症比例较高，这主要是由于：一方面，他们对社会有各种强烈的需求，极力想表现出自己的才能；另一方面，他们对社会的复杂性缺乏认识，对自身行为的合理性和可能性了解得不够深刻，加上人生观、价值观尚未稳定建立，对挫折的承受能力与心理防卫机能不成熟、不完善，因而很容易表现出抑郁的情绪和心境。

抑郁症的克服，首先是要到医院进行治疗，同时，可以采用以下几种方法：一是学会将自己的忧伤、痛苦以恰当的方式宣泄出来，以减轻心理上的压力。例如，倾诉、写日记、哭泣等，都可以减少心理负荷。二是多与其他同学交往，尝试从另一个角度看待自己所面临的问题，开阔视野。三是有意识地参加一些实实在在的活动，如体育锻炼、文化娱乐活动等，将自己从苦恼中解脱出来。

(3) 强迫症。

强迫症是指患者在主观上感到某种不可抗拒和被迫无奈的观念、情绪、意向或行为存在。患有强迫症的人，明知某种行为或观念不合理，却无法摆脱，因而非常痛苦。这种症状大多是由强烈而持久的精神因素及情绪体验诱发而来的，与患者以往的生活经历、精神创伤或幼年时期的遭遇有一定的联系。大学生患强迫症多与其性格缺陷有关，如：缺乏自信，遇事过分谨慎，生活习惯呆板，墨守成规，常怕出现不幸，活动能力差，主动性不足，等等。强迫症首先要到医院就诊，行为疗法对强迫动作有一定效果。向患者解释精神生活中的各种知识，增强他们的自信心，对缓解症状有一定效果。

(4) 神经衰弱。

神经衰弱也是大学生中极为常见的心理障碍。它的特点是容易兴奋，迅速疲倦，并常常伴有各种躯体不适感和睡眠障碍。引起神经衰弱的原因，是长期存在的某些精神因素引起大脑机能活动的过度紧张，使精神活动的能力减弱。有易感素质和不良性格特征的人，更易患神经衰弱。大学生神经衰弱的发生，主要是由于缺乏面对现实的勇气和良好的适应能力，如：学习负担过重，情绪不稳定，个体自我调节失灵，对社会、对人生思虑过多，在家庭问题上、恋爱问题上犹豫徘徊，等等。所有这些，在患者头脑中产生强烈的思想冲突，使得神经活动过程强烈而持久地处于紧张状态，超过了神经系统本身的张力所能忍受的限度，从而引起崩溃和失调。神经衰弱的学生，首先要到医院诊治，同时，合理安排学习和生活作息，适当参加娱乐活动和体育锻炼，一般可以收到较好的效果。

2. 人格障碍

人格，通俗地讲，就是人的个性。在大学阶段，大学生的人格特征在遗传和后天因素影响下已基本形成。但有些大学生人格中存在着不良特质。一方面，这些不良的人格特质严重影响着他们的学习、人际关系及社会性活动，由此产生各种心理问题；另一方面，当大学生意识到这些不良方面及后果而又无力改变时，会表现出消极性防御反应及自我否定，结果给个体的顺利发展造成严重影响。

一般说来，所谓人格障碍，是指人格系统发展的不协调，主要表现为情感和意志行为方面的障碍。有人格障碍的大学生一般能处理自己的日常生活和学习，智能是正常的，意识是清醒的，但由于缺乏对自身人格的自知，常与周围人发生冲突，并很难从错误中吸取应有的教训加以纠正。人格障碍的种类很多，大学生中较为常见的有三种：

（1）偏执型人格障碍。

这类人格障碍的特点是主观、固执、敏感多疑、心胸狭隘、报复心强。一方面，骄傲自大，自命不凡，总认为自己怀才不遇，自我评价甚高；另一方面，在遇到挫折失败时，又过分敏感，怪罪他人，很容易与他人发生冲突与争执。这类人格障碍多见于男大学生。

（2）情感型人格障碍。

这类人格障碍在大学生中所占比例较高。它可以表现为抑郁型人格、狂躁型人格、郁躁型人格三种形式。抑郁型人格多表现为情绪抑郁，多愁善感，精神不振，少言寡语，看任何事都会从悲观的角度出发，无法体验愉快的心情。狂躁型人格则与此相反，多表现为情绪高涨、急躁、热情、有很多设想，但却有始无终；终日兴高采烈，雄心勃勃，过于乐观，常常表现出无端的欣喜。郁躁型人格则介于上述两者之间，有周期性的起伏波动，时而情绪高涨，对一切都表现出极大兴趣，很是兴奋，时而情绪低沉，一落千丈，完全表现出抑郁型的特点，干什么都没有兴趣。这种波动的程度、持续时间及周期因人而异。

（3）分裂型人格障碍。

分裂，主要是指这类人的人格在情感、意志、行为上的不一致。主要表现为内倾、孤僻、言语怪异、不爱交友、不关心别人对自己的评价，常常处于幻想之中，也可能沉溺于钻研某些纯理论性问题。他们回避竞争性情境，对他人漠不关心，独来独往。具有这种人格障碍的大学生，在孤独的环境中尚可适应，甚至可以在学业上取得突出成就；但在人多的场合，在带有合作性质的任务中，由于与其他人完全不能相容，因此往往很难适应，从而导致极度适应不良。

3. 适应障碍——失落、冷漠、自杀

大学生，尤其是低年级的大学生，心理特征表现为敏感而不稳定。进入大学之后，在学习、生活、人际关系等方面，会遇到一系列问题。如何迅速调整自己，使自己尽快适应眼前的现实，主动接受大学生活的挑战，是每个大学生都面临的最为实际、最为紧迫的问题。适应障碍，就是指由于适应不良而造成的心理障碍。它主要表现为失落感、冷漠感和自杀。

失落感，主要是指大学生对某一事件前后自身感受、评价的强烈反差而形成的一种内心体验。大学生在刚入学时，往往对生活充满希望，觉得迈进大学，一切如愿；然而，随着现实生活的展开，他们发现生活的本来面目并非想象的那样充满浪漫情怀。这一现实，对于思想尚存在片面性、生活一帆风顺而又处于青春躁动期的大学生来说是未曾料到的。这就很容易导致他们心理上的不平衡。他们一下子从希望的塔尖坠入失落的谷底。开始阶段，或许尚有信心奋起，但又时时感到自身力量的弱小，感到改变自己、改变环境的困难，因而很可能索性放弃一切努力，而在情绪上又往往陷入苦闷、彷徨之中。

大学生的冷漠感也是比较普遍的一种现象。它有多种表现形式，如经常觉得"干什么都没兴趣""干什么都没劲"，似乎这个世界上就没有值得自己为之努力的事。进一步分析，这种现象其实是对自己的存在缺乏一种自觉性，不知道自己该干什么，为什么活着。一方面，现代社会信息剧增，大学生往往感到自身的渺小与无力，身在大都市中，孤独感加重，个体丧失了与他人的感通性，因而冷漠丛生；另一方面，通过激烈竞争而升入高校，大学生一下子失去了奋斗目标，有些无所适从之感。再加上人际关系处理不好，对专业不感兴趣，便会倍感心灰意冷，百无聊赖以度时日。

失落与冷漠产生的一个主要原因是目标的丧失。进入大学以前，上大学成了众多中学生的第一大梦想。当梦想成真，他们从狂喜中冷静下来之后，如果未能及时树立起新的目标，或者未来的目标不具备强大的吸引力，就会觉得生活平淡、乏味与无奈。重新奋起需要强大的动力，而人又往往是存在惰性的，很容易就此消沉，以对人对事的冷漠来维持自身的心理平衡。如果这种情况发展到极端，就很可能诱发自杀的意念甚至行动。

严格地讲，自杀不是一种心理疾病，它是人在受挫折之后的紧张状态下产生的一种自毁行为。毋庸置疑，自杀与心理压力有着极为密切的关系。据调查，大学生的自杀比例在同龄人中是较高的。在大学生活环境中，存在着许多引起挫折的因素，如学习上的失败（成绩不理想、考试不及格等）、失恋、学业上的竞争压力、人际关系紧张、专业不理想、就业不顺心等。此外，由于重病或生理上的缺陷而无法胜任学习，在学习和生活中感到困难，也容易产生挫折感。这些挫折是诱发大学生自杀行为的主要因素。由挫折产生了绝望情绪，而自杀便成了摆脱这种情绪的手段。然而，单凭这些，还不能完全解释大学生中的自杀现象。这里还存在一个对挫折的承受能力的问题。当较大的挫折落到一个挫折承受力低的人身上，特别是那些情绪低落、性格孤僻内向的人身上，自杀的悲剧更有可能发生。

第三节　大学生恋爱心理

步入大学，我们感到了成人的喜悦，青春期懵懂的爱恋也终于可以浮出水面。然而，恋爱，我们真的准备好了吗？

一、恋爱与失恋

到底什么是爱？爱需要技巧吗？爱的责任是什么？这些我们知道吗？如果对爱并不了解，有可能给他人和自己带来身心伤害。

1. 说"爱"的时机

心理学家和社会学家发现，异性刚刚结识时，如果双方价值观相似，都会对对方产生好感和进一步了解的冲动，而这种感觉很容易被年轻人当作"喜欢、爱"。从某种角度来说，这种感觉可以说是喜欢，但是这种想要进一步接触的冲动很可能随着了解而减弱，甚至消失，当了解到对方和自己想要的不一样时，丧失兴趣也是很自然的事情。

那么，怎样判断自己对对方只是一时的感兴趣，还是确实很喜欢，想要交往、恋爱呢？

很简单，用"三个月"来判断。

当我们对一个新结识的异性产生好感时，给自己时间慢慢了解，如果接触、了解了三个月后仍然感到很喜欢，那么，这时候可以确定自己是喜欢对方了。千万不要刚认识一个异性，觉得有吸引力，就立刻表白，要求在一起；这样做，很可能在三个月后就要面临是分手当"渣男""渣女"，还是勉强自己继续不合适的恋爱的难题了。

对刚结识的异性产生了好感，要观察三个月才能确定到底是冲动还是喜爱。

爱并不是虚无缥缈的东西，也不是像呼吸、心跳一样我们天生就会、顺其自然的事情，爱是需要学习的。在这里，推荐同学们去看一看弗洛姆的《爱的艺术》一书，该书从理论到技巧，深入浅出而又全面地给我们阐述了"爱的艺术"，看完以后一定会大有收获的。

2. 恋爱中的人身安全问题

案 例

小刘，今年18岁，常德石门人。在校期间，小刘默默喜欢上一女生。他鼓起勇气向心仪的女生表白，但却遭到拒绝。小刘一时无法接受这打击，情绪极度低落，便萌生了自杀的念头。于是他来到了火车站附近，翻越铁路护网，进入铁路准备卧轨自杀。可进入铁路后等了好久，没碰到一辆火车经过，于是他再次穿过铁轨，来到一座铁路桥上，准备跳桥自杀，幸亏民警和保安及时赶到将他救下。经过民警和家长、老师的苦心劝导，小刘最后认识到了自己的错误想法，放弃了自杀念头。

面对异性的求爱，不能顾虑重重、优柔寡断，这样会被对方误认为是害羞或默许而存有希望。当你因不忍心而不拒绝对方时，其实是在伤害对方。所以要快刀斩乱麻，果断地表达自己明确的想法。

不喜欢对方可明确摆出充分的理由，以使对方彻底死心，同时尽量不伤害到对方。可以说："我觉得我们的性格差异太大，不合适"或"你是个很好的人，我很尊重你，但我们只能当普通朋友"。

如果对方感情投入很多，最好连朋友也不要当。不见面、不给希望是你最后的温柔。

拒绝要有艺术，做到既不伤害对方，又能给对方台阶下。在拒绝时也应采用不公开的方法，不要惊动他人，并且考虑言辞，尽量不伤害到对方。

3. 单相思

当人陷入单相思的时候，会觉得对方的光环艳丽灿烂，以至于看不到对方的缺点。如果能客观分析事实，恢复理智，多想想对方的缺点，单相思者就会渐渐从单相思的泥淖中走出来。

在单相思中有一种非常奇妙的现象，那就是在异性间的接触、往来关系中，一方错误地认为对方对自己"有意"，或者把对方正常的交往和友谊误认为是爱情来临，产生爱情错觉。

那么，怎样克服爱情错觉呢？首先，要正确理解爱情的深刻含义。爱情是男女之间相互倾慕并渴望结成终身伴侣的一种真挚、专一、持久的强烈感情。爱情是两颗心碰撞出的火花，是以互爱为前提的。其次要正确判断对方对自己的一些表现是不是恋爱信号。对此，"要三看"。一看反复性。例如，对方对自己微笑，一次可能是偶然的，如果多次反复，就要注意了。二看对比性。例如，一位异性对自己很热情，那么，要看其对别人是不是也这样。如果对别人都是这样的，这可能是一种性格，如果对自己比较特殊，则要注意了。三看联系性。即看双方是否有可能步入恋爱之途，而不要异想天开。例如，一位50岁的已婚妇女待一位20岁的男青年很好，男青年当然不应该对此想入非非，因为，双方的条件相差实在太大了，也许她是以对待儿子的态度来对待男青年。最后要理智驾驭感情，尊重对方的选择。一个人有爱的权利，也有拒绝爱的权利，不能感情用事，耍手段，搞"生米煮成熟饭"或"木已成舟"。一旦事实证明双方已无建立爱情关系的可能，应及时纠正自己的错误认识，做出明智的选择。

如果你想让一个人爱你，最好的心理准备就是不要让自己变成非她/他不可，你要坚强独立，有自己的生活重心，有寄托、有目标，让自己变得更优秀。

4. 如何"安全"地分手

谈分手时，尽量不要在家里单独面对对方，最好是在有相对私密空间的公众场合，例如，商场、公园、咖啡厅等可以与他人保持一定距离的地方。在相对私密的空间谈话是为了尊重对方，在公众场合是为了保护自身安全，以免对方因情绪激动做出过激行为。

分手时，应该给恋人一个坦诚的解释，哪怕是很短的一句话，告诉对方为什么不能继续下去。

为了缓冲分手对对方心理的打击，提出"以后还可以做朋友"，也许能够减轻内疚感，但对对方不一定是件好事，因为，这可能误导对方日后还有机会复合，可能会阻碍双方开始新的感情生活。

分手时难免情绪激动，但要注意维护恋人的尊严。出口伤人可能导致过激行为，要考虑到双方的人身安全问题。对方很激动的情况下，不要坚决地说分手，要留有余地，比如，"让我们暂时冷静一下""让我们暂时停止联系一个礼拜"，切忌喋喋不休地争论，以免出现不可控的冲动行为。人身安全永远是第一位的。

我们在处理恋爱纠纷的时候，要以自己的安全为出发点，以不激怒对方为原则。表明态度时，第一要果断，第二要留有一点余地作为缓冲。

5. 分手后怎么做

分手之后，两个人都会有不同程度的失落感，接下来如何走出失恋呢？

（1）主动退还对方曾经赠予的钱物，除非对方表示不必还。

（2）提出分手后不要再进行任何接触，包括发短信和打电话，尽量不单独见面，特别是避免见所谓的"最后一面"。

（3）加快情感伤口愈合的最好方法就是接受这段关系已经结束的事实。

延伸阅读

恋爱的过程是两个人相互了解和选择的过程。当某一方经过了解，认为对方不适合自己，就会提出中断恋爱关系。被分手的一方则会认为自己的付出应得到回报，分手就代表之前的付出成为"沉没成本";如果不分手,之前的付出就还可以得到收益,因此会抗拒分手。

但是,在一段没有未来的关系中继续投入精力,将造成更大的"沉没成本"。因此,我们要学会及时"止损",去寻找更适合自己的美好未来。

二、恋爱中的性知识

一项由 3 196 名高校女生参与的调查显示,各种避孕措施的使用率分别为:体外排精 30.88%,安全期避孕 29.35%,避孕套 27.38%,紧急避孕药 12.39%。前两种避孕方式占到六成以上,实际上这两种方式均为有效性较低的避孕方式,容易造成意外怀孕。

当意外怀孕发生时,男生可能会内疚、自责、承受心理压力,这个是在男生有道德、有责任心的前提下;而女生不仅仅有心理压力,更会有很多生理(身体)上的伤害。

延伸阅读

流产对女生身体的危害主要有:术中并发症、习惯性流产、继发不孕、月经不调、慢性盆腔炎、妊娠并发症、子宫内膜异位、输卵管堵塞等。

重复流产的危害更大,容易造成大出血、穿孔。此外,还增加了传播性传染疾病的概率。

那么,正确的避孕方式有哪些呢?答案是避孕套和避孕药。

正确使用避孕套,避孕有效率可以达到98%。所谓正确使用,除了正确的佩戴方法以外,还应该在一开始有接触时就使用避孕套。这样做不仅能有效避孕,还能有效防范性病。但是千万不要以为使用避孕套就能百分之百远离性病,就好像有了安全气囊不代表我们可以随意出车祸一样。若要预防性病,除了使用避孕套,更重要的是洁身自好,杜绝不洁性行为、多性伴侣行为。

避孕药的有效避孕率比避孕套还要高,但是不能预防性病。避孕药有短效避孕药和紧急避孕药两种。短效避孕药需要每天吃,紧急避孕药是在事后吃。女性在遭受意外伤害,或者因其他原因进行了无防护性生活,或者避孕失败(如安全套破损、滑脱以及错误计算安全期等)时,要考虑服用紧急避孕药。紧急避孕药事后 72 小时内有效,越早服用效果越好。

三、恋爱中的纠纷

案 例

某日 20 时许,某高校学生李某竟在校园内被一男子泼硫酸,虽然李某立刻在同学的搀扶下到水龙头处用水泼洗,但仍导致其面部、颈部大面积烧伤。后李某被赶来的民警送进了医院,其烧伤面积占全身的 7% 左右,大部分集中在脸部。

李某今年 23 岁,相貌美丽,成绩优秀,性格开朗,深受老师和同学欢迎,还当选了系学生会主席。犯罪嫌疑人刘某也是该校学生，已毕业工作。刘某在一次社团活动上认识李某，开始追求李某，直到刘某毕业进入一家化工厂工作，两人终于确定了恋爱关系。刘某自认为在恋爱过程中为李某付出了许多，但两人因为性格不合，还是常常会吵架。随着争执不断升级，年轻气盛的两个年轻人用言语刺激着对方，感情也在拉锯战中消耗殆尽。没过多久，李某下定决心，彻底断绝与刘某的关系。刘某发短信威胁李某说："要是不理我的话，别让我找到你，别让我在学校碰到你，碰到你之后就用硫酸泼你。"看到这样的短信，李某并不相信，以为他只是吓唬自己而已。没想到在化工厂上班的刘某早已做好了准备，他利用工作的便利竟偷出了一些浓度达98%以上的浓硫酸。

刘某本来设想，先把李某毁容，自己再吞服硫酸自杀。但是当他看到李某的惨状之后犹豫了，选择了逃离。最终警方将刘某捉拿归案，等待他的将是法律的严惩。

高校中的恋爱纠纷主要源于两类情况：一是单恋者的纠缠；二是终止恋爱关系后的纠缠。无论是哪一种情况，都会对当事人造成一定的困扰，也会对生活产生一定的影响。如果没有妥善处理，就有可能引发更多的人身伤害行为，甚至性侵害、故意杀人等恶性案件。为避免这些恋爱纠纷的产生，我们应做到以下几点：

1. 态度明朗，答复明确

在面对求爱的告白时，要仔细考虑，明确答复。如果自己并无恋爱打算，对于单恋的追求者，则要明确拒绝；如果自己想要终止一段恋爱关系，则要冷静考虑，下定决心，明确告诉对方自己的想法和决定，让其打消念头，不要左右摇摆，给双方都造成痛苦。

2. 遵守道德，讲究技巧

恋爱也有其自身的规则和道德，作为高校学生，应认真对待恋爱，不要玩弄感情，不要同时交往多个恋人，不要有"备胎思想"，否则很容易给对方造成伤害，还有可能使其做出过激行为，最后只能是害人害己。在拒绝对方的要求时，要以理服人，耐心说服，同时要尊重对方人格，不可挖苦嘲笑，更不能在别人面前透露对方隐私。

3. 正常相处，节制往来

恋爱双方在交往过程中，首先，要量力而行，作为在校大学生，经济尚未独立，不要因恋爱而花费过多，也不要盲目攀比。其次，在行为上也要有所节制，要做对自己和对方都负责任的事，这样才是真正地爱慕对方、爱护对方，即使最后恋爱失败，也可以在一定程度上降低对双方的伤害，让对方尽快走出失恋的阴霾。另外，如果求爱失败，恋爱不成，双方仍是同学、朋友，切不可结怨，更不要成为仇人，二人应正常相处，当然，在拒绝初期还是要注意相处方式，避免给双方造成不必要的误会。

思考题

（1）分手时如何和对方沟通？有什么原则？
（2）避孕的方式有哪几种？
（3）成熟的恋爱关系有哪三个要素？

第四节 远离毒品

近年来,明星吸毒事件层出不穷,在社会上引发热议。毒品真的是太危险了!我们从小听着"珍爱生命,远离毒品"的宣传,但是毒品到底有多可怕?

一、毒品的原理、种类

《刑法》第三百五十七条规定:毒品是指鸦片、海洛因、甲基苯丙胺(冰毒)、吗啡、大麻、可卡因以及国家规定管制的其他能够使人形成瘾癖的麻醉药品和精神药品。

毒品的分类方法有很多,可从不同的角度进行不同的分类:根据毒品对人体的作用,可分为麻醉剂、抑制剂、兴奋剂、镇静剂和致幻剂,根据毒品来源和生产方法不同,可分为天然毒品和合成毒品;根据国际公约的有关规定,可将毒品分为麻醉药品和精神药品。

常见的毒品有以下几种:

1. 传统毒品

(1) 鸦片:从罂粟中提炼出来的一种天然制品。吸食鸦片后,初致欣快感、无法集中精神、产生梦幻现象,导致高度心理及生理依赖性,长期使用后停止则会发生渴求药物、不安、流泪、流汗、流鼻涕、易怒、发抖、寒战、厌食、便秘、腹泻、抽筋等戒断症,过量使用造成急性中毒,症状包括昏迷、呼吸抑制、低血压、瞳孔变小,严重的致人死亡。

(2) 大麻:大麻为桑科的一年生草本植物,雌雄分株。这种植物的花枝顶端、叶、种子及茎中含有一种脂样物质,主要毒性成分为四氢大麻粉,具有致幻作用。大量或长期使用大麻,会对人的身体健康造成严重损害。

神经障碍:吸食过量大麻可发生意识不清、焦虑、抑郁等,对人产生敌意冲动或有自杀意愿。长期吸食大麻可诱发精神错乱、偏执和妄想。

记忆和行为损害:滥用大麻可使大脑记忆及注意力、计算力和判断力减退,使人思维迟钝、木讷、记忆混乱。长期吸食还可引起退行性脑病。

(3) 海洛因:俗称"白粉",学名二乙酰吗啡,是吗啡的合成品。使用几分钟后,人进入昏睡状态,造成感觉迟钝、记忆力减退、反应能力降低、瞳孔收缩等,极易成瘾并难以戒断。

延伸阅读

海洛因属于阿片药物。在正常人的脑内和体内一些器官,存在着内源性阿片肽和阿片受体。在正常情况下,内源性阿片肽作用于阿片受体,调节着人的情绪和行为,比如,我们因为美食、美景、友情和爱情会产生幸福的感觉。人在吸食海洛因后,控制了内源性阿片肽的生成(无法自发地产生幸福的感觉),逐渐形成在海洛因作用下的平衡状态(只能在注射海洛因时感受到幸福快乐),一旦停用就会出现不安、焦虑、忽冷忽热、起鸡皮疙瘩、流泪、流鼻涕、出汗、恶心、呕吐、腹痛、腹泻等。这种戒断反应的痛苦，反过来又促使吸毒者为避免这种痛苦而千方百计地维持吸毒状态。

2. 新型毒品

新型毒品是相对于鸦片、大麻等传统毒品而言的，主要指人工化学合成的致幻剂、兴奋剂类毒品，能够直接作用于人的中枢神经系统，使人兴奋或抑制。

（1）冰毒：化学名称为甲基苯丙胺，因其外观与冰极相似，故称为"冰毒"。由于冰毒的刺激性、持久力强，使用一次就会上瘾，因此，被称为"毒品之王"。口服冰毒会导致"兴奋—抑制"滥用循环，非常折磨人。吸食者的精神依赖性很强，每天必须使用冰毒以保持兴奋，否则难以度过；夜晚时必须用安眠药镇静高度兴奋的神经，弥补冰毒作用后期的不快效应，否则也很难过。次日又开始这种恶性循环，如此反复，不能自拔。

冰毒对人体的危害，就是直接对人体大脑的摧残，破坏人体的大脑组织。每月吸食冰毒5次以上者，两年左右便可产生明显的精神病人的症状。此外，比起吸食海洛因的人，吸食冰毒的人具有大得多的攻击性。

（2）摇头丸：又称"甩头丸"，服用后会产生强烈的兴奋作用。听到音乐即摇头不止，可长达6~8小时，且引起幻觉和激动，易造成疯狂、狂喜、忘我行为等失控表现。

（3）K粉：又名氯胺酮，英文Ketamine，俗称K仔、K他命、克他命，在台湾被称为"裤子"。目前，还发现有把K粉溶于水中骗取年轻女性服用后实施性侵犯的情况，因此也被叫作"强奸药"。

二、毒品的危害

毒品的危害可以概括为"毁灭自己，祸及家庭，危害社会"。

延伸阅读

《2016年中国毒品形势报告》显示：当前，我国吸毒人员低龄化趋势明显。在全国现有的234.5万名吸毒人员中，35岁以下人员有146.5万名，所占比例高达62.4%。2015年，大学生贩毒案陡增，大学生贩卖大麻案竟占到所有贩卖大麻案的三分之一。如今随着网络的飞速发展，网络已经成了贩卖毒品尤其是年轻人贩卖毒品的重要工具。在这种青少年染毒严峻的情势下，我们当代大学生应当对毒品及其危害有切实的了解，不因无知、好奇而被毒品所诱惑。

（一）吸毒对身心的危害

（1）吸毒对身体的毒性作用。毒性作用是指用药剂量过大或用药时间过长引起的对身体的一种有害作用，通常伴有机体的功能失调和组织病理变化。中毒主要特征有：嗜睡、感觉迟钝、运动失调、幻觉、妄想、定向障碍等。

（2）戒断反应。这是长期吸毒造成的一种严重的、具有潜在致命危险的身心损害，通常在突然中止用药或减少用药剂量后发生。许多吸毒者在没有经济来源购毒、吸毒的情况下，或死于严重的身体戒断反应引起的各种并发症，或由于痛苦难忍而自杀身亡。戒断反应也是吸毒者戒断难的重要原因。为了避免戒断反应，就必须定时用药，并且不断加大剂量，这使得吸毒者终日离不开毒品。

（3）精神障碍与变态。吸毒所致最突出的精神障碍是幻觉和思维障碍。吸毒者的行为围绕毒品转，甚至为吸毒而丧失人性。撒谎（骗钱）成性是吸毒者身上常见的一个特点，为了吸毒而做出各种恶性犯罪行为甚至杀人的也不在少数。

（二）吸毒对家庭、社会的危害

（1）对家庭的危害。家庭中一旦出现了吸毒者，整个家庭都会受到巨大打击，每个家庭成员都会受到影响。吸毒者在自我毁灭的同时，也会使家庭陷入经济破产、妻离子散甚至家破人亡的困难境地。

（2）对社会生产力的巨大破坏。吸毒导致吸毒者身体疾病，影响生产，造成社会财富的巨大损失和浪费。

（3）毒品活动扰乱社会治安。毒品活动加剧诱发了各种违法犯罪活动，扰乱了社会治安，给社会安定带来巨大威胁。

延伸阅读

毒品的成瘾机制

当你使用毒品时，你的神经系统受到药物刺激，感觉极度愉悦。但这种刺激过大，身体会形成一种相反的机制，造成极度痛苦，以抵消过度愉悦的刺激。这时，你就希望再次使用毒品，以摆脱痛苦。使用毒品，愉悦之后，你又进入痛苦……陷入一个死循环。

由于人的神经有适应的功能，所以，每次都需要更大剂量才能获得同等强度的愉悦，这不仅增大了你对毒品的依赖，更将你慢慢推向死亡。

更糟糕的是，痛苦的感受会形成条件反射，其触发又十分容易。比如，见到一个狐朋狗友，走到经常交易的地铁站，看到针管，或者仅仅是坐在原来吸毒的地方，都能触发条件反射。当条件反射发生时，身体会自发产生抵抗反应（因为它觉得你要注射了），给你造成极大的痛苦，产生各种生理反应，逼迫你不得不使用毒品来减轻这种痛苦。

这也是为什么很多已经"成功戒毒"的人，当他们回到熟悉的环境后，很快就又重新染上毒瘾。

不要天真地以为毒品可以带来极致的快感和享受，药效一过，你必须面对因为吸食毒品而引发的越来越糟糕的现实。

三、珍爱生命、远离毒品

1. 永远不尝第一口

不要好奇，不要冒险，千万不要相信吸一口没事、吸一次不会上瘾。不要以为你可以战胜它，以为"我能戒掉，别人不行是意志力不够"。戒毒所的干警告诉我们："只有不吸毒的，没有只吸一次毒的。"

心理成瘾＋生理成瘾＝一次吸毒，终生戒毒

沾上毒品，你会成为它终生的奴隶！

2. 正确面对困难和挫折

不要以为吸毒能给你带来快乐，吸毒只会让你痛不欲生，还把身边的亲人、朋友都拉下水，让所有爱你、关心你的人受苦。遇到困难和挫折时，想办法去解决，学会向身边的人求助。办法总比困难多！

3. 保持健康向上的生活态度

什么追求"时髦"、寻找"刺激"，都是因为生活没有明确的目标，一旦忙起来，哪有时间空虚无聊。因为，这种肤浅的原因就去尝试吸毒，这辈子想起来都会羞愧得抬不起头！

另外，交友一定要谨慎，远离不正当的娱乐场所，谨防被坏人下药，被动吸食毒品。

（1）吸毒者的毒瘾为什么会越来越大？

（2）吸毒导致死亡的原因有哪些？

第五节　拒绝赌博

一、为什么想赌博

赌博的动机主要有寻求刺激、好奇、逃避现实、侥幸心理（赚钱）。调查发现，我国青少年参与赌博主要有以下三种形式：

（1）结伙赌博：家庭背景类似、爱好相同的青少年凑在一起赌博。

（2）纠合赌博：即临时赌博。

（3）补缺赌博：由于人数不够被叫来补缺，一开始是被动的，多次参加就可能形成赌瘾。

总的来说，由于对赌博缺乏正确认识，在好奇心驱使、娱乐性诱惑、父母和朋辈影响等因素的作用下，青少年极易步入赌博的深渊。

二、赌博成瘾的过程

赌博是一项刺激的活动，不管输或赢，都可以让人体验到兴奋或紧张。赢钱的时候，大脑更是体验到兴奋的高潮。所以，赌博本身有让人成瘾的特性。

阶段1：赌博仅仅是娱乐和消遣活动，好玩和刺激，赌客身心都得到享受。经济上也没有问题，赌客能理性面对损失，虽然有时会借一点小钱，但很快就会还掉，损失在可以控制的范围之内。

阶段2：赌客开始借钱赌博，借钱的数额不小。或者会动用一些基本的储蓄去赌博，比如，买房的钱、小孩读书的钱。在借钱和动用基本储蓄的时候，会对朋友或家人隐瞒。但朋友和家人不可能毫无察觉，因此，陷入与朋友和家人的冲突之中。生活开始出现严重问题，可能会由于生病、旷工甚至欺诈等而失去工作，也许会离婚，也可能会由于违法行为而被警察抓走。

阶段3：赌客变成了专业的赌徒，他做不好别的工作，因为，工作时脑子里只想着赌博，根本不能集中精神。他变成了家庭的负担，在朋友圈里名声不好，因此，陷入了孤立的状态。他的身体和心理状态开始变差，可能会焦虑、神经质、难以入睡，逐渐地，他变得绝望和无助。

以上是赌博成瘾的三个发展阶段，但并不是所有人都会从阶段一发展到阶段三。从小到大，我们每个人或多或少都"打过赌"，为一些游戏或事情押上金钱，我们都知道这件事和吸毒不一样，我们都至少"赌博"过一次，但并没有上瘾。那么，赌博是怎么上瘾的？什么情况下会上瘾呢？

三、如何判断赌博成瘾

如果一个人在下面的10条症状中有至少5条症状，而且不是因为有别的心理疾病（比如抑郁症）导致这些症状，那就可以说他是赌博成瘾了。

（1）脑子里经常想着赌博。

（2）耐受性。要赌得越来越多或越来越大，以便体验到相同的刺激。

（3）戒断症状。如果停止或减少赌博，会感到焦虑或易发脾气。

（4）逃避。用赌博来缓解情绪或逃避问题。

（5）试图用更多的赌博来赢回输掉的钱。

（6）撒谎。试图对家庭、朋友或治疗师隐瞒赌博的程度。

（7）失控。自己试过戒赌，但戒不掉。

（8）违法行为。做违法行为，以便得到赌资或弥补赌博的损失。

（9）重要关系受损。尽管工作、重要关系（如婚姻）或其他重要的人生机会失去或受到威胁，仍继续赌博。

（10）寻求救济。因赌博输钱而向家人、朋友、其他人或机构寻求经济上的帮助。

以上条目也适用测试其他成瘾症状，只要把"赌博"换成"毒品""网游""手机"等词即可。

延伸阅读

赌博是心瘾，想戒掉需要这样做：

（1）还没戒的时候，手上尽量不要有钱。

（2）建立赚钱和省钱的愿望，比如，要存钱买房子、结婚、买车等。

（3）结交良友，远离损友，为自己构建一个尽量没有赌局的环境。

（4）把时间用在比较有意义的活动上，可以起到一定的分神作用（不会总想着赌博）。

（5）很重要的一点，一定要想明白这一点：天上没有掉下来的馅饼，哪怕刚开始的时候赢钱，赌博最终只会把钱输光。时时刻刻记得这点，天天提醒自己。

 四、嗜赌的危害

（1）从家庭角度看，赌博要占用大量的时间，没有时间跟家人共度时光，并会造成一定的经济损失，严重时会耗尽家庭财产，背上满身债务。很多参赌者还常会虐待妻子（丈夫）和孩子，导致家庭不和、对子女教育不良，甚至与配偶分居或离异等。

（2）从社会角度看，赌博是导致社会不安定的重要因素。很多参赌者因为赌博而背负了巨额债务，从此走上了犯罪的道路，破坏了社会秩序，影响了社会治安。

（3）从医学角度看，赌博更是健康的大敌，赌博成瘾对个人的身心健康影响极大。经常参赌之人，喜怒哀乐变化无常，心绪不宁。或因债台高筑，导致家庭失和，因而吵闹或打闹不休，故烦恼、愤怒；或因一夜之间突发横财，兴奋、激动、狂喜等。各种情绪变化往往交织在一起，长期处在紧张、激动的情绪状态之中，会导致心理、生理上的许多疾病。

"如果一个赌徒赌的时间足够长，必将输得精光。"

思考题

（1）赌博成瘾的原因是什么？
（2）赌博成瘾会带来什么危害？

扫一扫，进入陕西交院"大学生安全教育"微课

第十章　生理健康安全

生命是承载一切价值的基础。如何保养我们自己的身体，让身体更有活力？如何规避疾病和运动损伤呢？

第一节　重视身体健康

一、培养良好的生活习惯

案　例

河北某大学学生小郭，非常喜欢网络游戏，沉溺其中不能自拔。大二开学的第一个月，班里的老师和同学都没有见到小郭的影子，大家很奇怪，以为小郭退学了。就在老师和同学商量给小郭家长打电话的时候，小郭出现在了学校。同学们见到小郭都惊呆了，站在面前的小郭身体消瘦，脸色蜡黄，原来小郭利用家长给的学费在网吧足足待了一个月，这期间基本就是以吃方便面度日。最后，经过老师的教育，小郭才认识到了自己的错误并保证回到学校，好好学习。

(一) 不健康的生活习惯

(1) 作息时间不规律。该休息的时候不休息，甚至彻夜不眠，导致第二天听课时没有精神。某省教育主管部门的一项调查表明：该省 11.4% 的大学生睡眠质量较差，睡眠时间不足，如这样的情况长期存在，必定会影响大学生的身心健康。

(2) 日常饮食不规律。一部分大学生因起床晚，直接省略了早饭；还有一些学生不吃正餐，把零食或方便面当作主食。

(3) 体育锻炼不足。随着近年来网络游戏、电子竞技等活动方式的兴起，大学生中参与体育锻炼的人数呈下降趋势，体能素质下降、肥胖的大学生比例增加。

(4) 宿舍环境不整洁。宿舍环境差，个人物品摆放凌乱，换洗衣物洗晒不及时，生活垃圾清理不及时，不经常开窗透气等，甚至有的同学在宿舍中吸烟，影响同学们的身心健康。

(5) 娱乐休闲无节制。一些大学生沉溺于网络游戏不能自拔，导致退学、延长学制等。

(二) 健康的生活习惯

(1) 合理安排作息时间，形成良好的作息制度。通过社交 App 找到同校的小伙伴并建立小组，每天分享自己的作息，互相监督、鼓励。

(2) 养成早睡早起的习惯。如果条件允许，午饭后可以小睡一会儿，时间控制在 40 分钟以内。

(3) 进行适当的体育锻炼。与其吃减肥药，不如跑步，多做运动，运动能提高幸福度，健美身体，还能增加自信。

(4) 保证适当的营养。养成良好的饮食习惯，吃得简单、清淡。

(5) 要改正或防止吸烟、酗酒、沉溺于网络电子游戏等不良的生活习惯。

二、科学健身

案 例

江苏某高校男生小陈，梦想自己有一身结实的肌肉，听说运动能让自己的梦想成真，于是每天只要没课就在健身房锻炼。一个周末，小陈在健身房晕倒了。医生说因为健身房本身空气流通不畅，大量运动后，导致氧气不够，心脏缺血，幸亏送医及时，否则小陈可能就再也醒不过来了。

体育锻炼应该是以促进身心健康、增强体质、提高身体机能为目的而进行的一类体育活动。现在很多人对这方面认识不多，不是不锻炼就是不知道该怎么锻炼。

1. 大学生体育锻炼的必要性

生命在于运动。大学生长时间静坐在教室、实验室、自习室低头弯腰学习，不参加锻炼，往往会引起各种疾病，如：供血不足、神经衰弱、胸腔狭窄、肌肉软弱无力、心脏疾病、便秘等，因此，大学生一定要经常参加体育锻炼。

2. 错误的锻炼方式

(1) 不顾身体的生理特点，一味追求大运动量。

(2) 运动没有规律。

(3) 运动时不注意环境和卫生。

(4) 不会善始善终，进行突发性锻炼等。

3. 科学的体育锻炼

大学生在进行体育锻炼时，要根据自己的年龄、性别、学习特点、自身的健康状况安排锻炼的时间和进度，充分考虑到季节、地区、自然环境等因素对锻炼效果的影响，运动量、运动强度也要由小到大，并在锻炼过程中逐渐积累经验，掌握好适宜的运动，以期达到锻炼的效果。下面介绍一些常见的科学锻炼项目：

（1）晨练。对大学生来说，每天早晨起床后坚持10~15分钟的运动，可以很好地消除一夜睡眠后人体组织的瘀滞现象，激发一天的情绪。如：做广播操、做健美操、打太极拳等。

（2）下午课外活动的时候锻炼。按照人体生物钟节律运动的最佳时间是下午5点钟和接近黄昏的时间，此时，人体内的糖分增至最高峰，进行各种健身运动时，不会产生能源代谢紊乱和器官机能运转超负荷的现象。

（3）睡前的身体活动。睡前两小时活动身体可以起到促进睡眠的作用。锻炼项目有：散步、做操、仰卧起坐、瑜伽、俯卧撑等。

三、颈椎病和猝死

有的同学一玩手机游戏就是一天，在电脑前一坐也是一天，这样的生活习惯会导致很多疾病，其中以颈椎病和猝死最为典型。

（一）颈椎病

案 例

苏北某医院急诊骨科张医生说："天气越来越热，腰椎、颈椎病也到了高发的时节。而这段时间病患人群低龄化，已经蔓延到了在校的大学生。这不，我一周的时间竟然给七个大学生看颈椎方面的疾病。其中，有一个男生已经到了'卧床不起'的程度了。"

1. 大学生颈椎病产生的原因
（1）长时间低头看书、玩手机。
（2）久坐、熬夜。
（3）躺在床上看电视、看书，高枕、坐位睡觉等。

2. 颈椎病的主要症状
（1）颈肩酸痛，甚至蔓延到头疼和上肢疼痛。
（2）脖子僵硬，活动受限。
（3）一侧肩背部有沉重感、上肢无力、手指发麻、有时不自觉地握物落地。
（4）头晕、重者伴有恶心呕吐、卧床不起，少数有眩晕、猝倒。
（5）视力模糊、两眼发胀、发干、眼睛睁不开、耳鸣、耳堵、平衡失调、心动过速、心慌，胸部紧束感，有的甚至出现胃肠胀气等症状。

3. 颈椎病的并发症
（1）吃东西的时候无法下咽。
（2）视力下降甚至失明。
（3）单侧胸大肌和乳房疼痛。
（4）下肢瘫痪甚至排便、排尿障碍。

（5）脑供血不足所致猝倒。

颈椎病的"可怕"在于其病变都是退行性的，一旦发生损伤就无法复原，只能保持、维持。

4. 颈椎病的预防

（1）加强颈肩部肌肉的锻炼，在学习的空闲，做头及双上肢的前屈、后伸及旋转运动，既可缓解疲劳，又能使肌肉发达，韧度增强。

（2）纠正不良姿势和习惯，避免高枕睡眠，更不要一个姿势保持时间太长。

（3）注意颈肩部保暖，避免头颈负重物，避免过度疲劳。

（4）及早彻底治疗颈肩、背软组织劳损，防止其发展为颈椎病。

对大学生近一年来既往病史的调查显示，大学生常患疾病按发病率从高到低排列如下：流行性感冒（29.9%）、眼科疾病（26.7%）、耳鼻咽喉疾病（16.5%）、口腔疾病（15.9%）、急性肠胃炎（10.1%）、慢性胃炎（9.1%）皮肤病（7.6%）、神经衰弱（5.0%）、泌尿系统感染（1.8%）、高血压病（1.6%）、病毒性肝炎（1.3%）、风湿病（1.1%）。

（二）猝死

2012年11月27日，广东工业大学信息学院一名陈姓男生被发现猝死于宿舍当中。事发当天7时，同宿舍同学发现小陈无法叫醒，并出现抽搐症状，随即拨打120，但最终小陈还是因抢救无效死亡。小陈的同学说，他在电信专业读大三，今年刚满21岁。小陈是不太爱运动的"宅男"，平常睡觉的时间都在凌晨1点至2点间。

2012年6月，烟台某高校20岁女生欢欢猝死，她因为考研跟找工作的压力，猝死前两个月长期熬夜；2012年11月，成都大学学生张炳强参加校园活动时猝死，生前他曾在网上留言："10天4个半通宵顺利完成作业。"

2012年2月28日，西安交通大学城市学院大二学生张金东，上体育课时猝死。

2012年11月18日，广东农工商职业技术学院学生陈杰，参加广州马拉松比赛时猝死。

2013年5月12日，浙江理工学院体育馆内一名大学生猝死。

到底什么原因会导致人的猝死呢？

1. 猝死的原因

猝死并不是无缘无故地突然死亡，猝死者通常患有心脑血管疾病，而自己却不知道。常见死因有：先天疾病、过敏、中毒、肺栓塞、脑血管疾病、冠心病、急性心肌梗、恶性心律失常等。

2. 预防猝死的措施

要想预防猝死，除了定期体检，及时发现隐疾以外，就是保持科学健康的生活方式，减少患心脑血管疾病的风险。

（1）戒烟限酒。吸烟者的冠心病发病率比不吸烟者高 3.6 倍，尼古丁可使冠心病冠状动脉痉挛，加大猝死的风险。

（2）合理膳食。选择高蛋白质、易消化的食物如鱼、牛奶、大豆等。控制甜食，少吃煎炸熏烤和腌制食品，用餐不宜过饱。

（3）防止肥胖。肥胖者给心血管系统带来不利的负担，体重超过标准体重的 5 千克，心脏负担增加 10%。

（4）避免精神过度紧张。精神紧张可以使血压升高、心脏负担加重、心律失常、情绪激动等，很容易诱发冠心病等身心疾病。

（5）生活要规律。按时起床、按时睡觉、定时进餐、适量锻炼、适当休息，劳逸结合，保持良好的卫生习惯。

（6）运动适量。运动要适量，不要心血来潮就加大运动量，超过身体的承受力。

四、预防食物中毒

案 例

为了庆贺毕业，上海一所高校 4 个学院 150 多位毕业生和几十位老师在某酒店聚餐。餐后 220 名师生中有 150 多人出现不同程度的腹泻与呕吐，经调查，是由于食物经长时间的冷冻后细菌超标所致。食物中毒往往是不注意饮食卫生，或者误食了过期变质的食物引起的。一般食物中毒后常见的症状有头晕、呕吐、腹痛、腹泻或伴随发烧等。

1. 导致食物中毒的原因

（1）生产经营者疏于食品卫生管理，对食品加工、运输、储藏、销售环节中的卫生安全问题注意不够。

（2）滥用食品添加剂或使用非食品原料。

（3）误食。主要是误食亚硝酸盐、河豚、毒蘑菇和被农药污染的食物所引起的，这类中毒事件发生的数量多，中毒者病情严重，死亡率极高。

2. 如何预防食物中毒

（1）养成良好的个人卫生习惯，饭前、便后要洗手，外出不方便洗手时要用消毒餐巾擦手。

（2）餐具要卫生，每个人要有自己的专用餐具，饭后洗干净存放。

（3）学生要学会辨认食品 QS 标志，不购买、食用三无食品、饮品；不食用过期、变质的食品。

（4）生吃瓜果要洗净，不要吃隔夜变味的饭菜，更不要吃腐烂变质的食物和病死的禽肉，剩饭菜要热透再吃。

（5）不喝生水，不随意食用野菌、野菜、野果，以防中毒。

（6）不吃不明药物，防止和消除由于药物滥用所带来的对身体的危害；吃药时要遵照医嘱，不要超剂量服用；药物同时服用要遵医嘱，以免混合产生副作用。

3. 各类食物中毒后的处理方法

（1）扁豆中毒：中毒轻者经过休息可自行恢复。

（2）蘑菇中毒：一旦误食毒蘑菇中毒要立即催吐、洗胃、导泻并马上送医院。

（3）服用药物过量中毒：立即送医院，送医院的过程中可让其喝几口淡盐水，然后催吐。

（4）亚硝酸盐中毒：不新鲜的蔬菜、腌制不够充分的咸菜会产生一种有毒的亚硝酸盐，多吃这些食物会中毒，中毒后需立即送往医院。

（5）霉变甘蔗：甘蔗发生霉变，食用后会中毒，发现中毒者要立即拨打120。

（6）酒精中毒：酒精中毒后可以取两条毛巾，浸上冷水，一条敷在醉酒者后脑上，一条敷在胸膈上，并不断地用清水灌入口中，可使酒醉者渐渐苏醒。还可以在热毛巾上滴数滴花露水，敷在酒醉者的脸上，此法对醒酒止吐有奇效。可沏上些绿茶给醉酒者喝，由于茶叶中所含的单宁酸能分解酒精，酒精中毒的程度会减轻。

第二节　运动安全

很多同学都喜欢运动，大家进行运动时，一定要事先去学习相关的安全知识，做好安全防护，科学健身。

一、运动前的着装准备

体育活动多是全身性运动，活动量大，还要运用很多体育器械，如跳箱、单双杠、铅球……所以为了安全，衣着有一定的讲究。

（1）衣服上不要别胸针、校徽、证章等。

（2）上衣、裤子口袋里不要装钥匙、小刀等坚硬、尖锐锋利的物品。

（3）不要佩戴各种金属的或玻璃的装饰物。

（4）头上不要戴各种发卡。

（5）患有近视眼的，如果不戴眼镜可以体育活动，就尽量不要戴眼镜。如果必须戴眼镜，做动作时一定要小心谨慎。做垫上运动时，必须摘下眼镜。

（6）不要穿塑料底的鞋或皮鞋，应当穿球鞋或一般胶底布鞋。

（7）衣服要宽松合体，最好不穿纽扣多、拉锁多或者有金属饰物的服装。有条件的应该穿着运动服。

二、运动时讲科学

1. 要掌握动作要领

在体育运动中，了解和掌握动作要领及方法，不仅能够在运动过程中发挥好技术动作，达到体育锻炼的目的,而且还能消除心理上的恐惧,增强自信心,避免不必要的伤害。

2. 要正确使用器材

要掌握器材的功能及使用方法。要严格遵守相关操作规程,在一些体育器械(如铅球、实心球等)的使用中,要注意选择适当场地,确保自身安全,同时还要注意不要伤及他人。

3. 运动负荷要适当

参加体育活动要根据身体素质条件,选择最有利于增强体质的运动负荷。可循序渐进,由易到难,从小到大。负荷过小,对身体作用不大;负荷过大,会损害身体;只有适宜的运动负荷,才能有效地增强体质,提高健康水平。

三、运动后要恢复

1. 认真做恢复整理活动

做恢复整理活动的目的就是使人体更好地从紧张运动状态过渡到安静状态,使心脏逐渐恢复平静,放松身心。如果突然停止运动,就会造成暂时性的贫血,产生心慌、晕倒等一系列不良现象,对身心健康造成损害。

2. 自我检查运动反应

如果感到十分疲劳,四肢酸沉,出现心慌、头晕,说明运动负荷过大,需要好好调整与休息。运动后经过合理的休息感到全身舒服,精神愉快,体力充沛,食欲增加,睡眠良好,说明运动负荷安排比较合理。

3. 适当补充能量

参加体育运动要消耗大量的能量,所以,在运动后(运动前也应适当补充能量)要科学饮食,保证身体的需要,确保取得最佳的锻炼效果。

① 半小时至 1 小时后进餐。
② 避免喝含有咖啡因的饮料。
③ 5~10 分钟后饮水(含盐)。

第三节 常用急救知识

案 例

某大学的学生小邓在开水房接开水的时候,不小心暖壶爆裂,一壶开水洒在了小邓的小腿和脚上,小邓疼得大叫,其他同学见状立刻将小邓扶去了医务室,可是当医生想要脱掉小邓的裤子和鞋时,发现小邓小腿上的裤子已经粘在了腿上,小邓只能忍着痛苦让医生帮忙把粘在腿上的裤子脱掉后再进行治疗。

由于缺乏急救知识，小邓不仅受了烫伤的苦，还得受一次把粘在伤处的衣服剥离的苦，如果同学们知道烫伤后的急救知识就可以避免这些情况，可见急救知识是我们应当学习的常识。

1. 心脏骤停的急救

（1）心脏骤停可能发生在任何年纪。如果同学在学校发生心脏骤停，一定要立刻拨打120，同时请校医院的大夫到现场处置。

（2）抢救前，可对心脏骤停者实施心肺复苏抢救，有条件时，最好请专业人员操作，千万不要随便搬动病人。

（3）运送病人去医院必须使用急救车，不要使用出租车和其他车辆。

2. 休克的急救

（1）立刻拨打急救电话。

（2）让休克者平卧，下肢略抬高，以利于静脉血回流。如有呼吸困难可将其头部和躯干抬高一点，以利于呼吸，保持其呼吸通畅，同时使其头部偏向一侧，以防呕吐物和分泌物误入呼吸道。

（3）给体温过低的休克患者保暖，盖上被子、毛毯等，对伴有高烧的休克病人应给予降温。

3. 烧烫伤的急救

（1）烧伤后应迅速脱离或消灭热源，用水将火浇灭或跳入附近的水池灭火，或者迅速卧倒，慢慢在地上打滚，压灭火焰。

（2）烫伤后要立刻脱掉被热液浸渍的衣裤进行冷疗，可将烫伤的创面在自来水龙头下冲洗，或浸入冷水中，或用冷水浸湿的毛巾敷于创面。

（3）为防止感染，不要将牙膏等涂到创面上，应避免用容易使组织染色的药物，如紫药水、红药水等，以免影响医生对烧伤深度的判断。

4. 化学烧伤的急救

这类烧伤应立即用大量的清水冲洗创面。

（1）强碱烧伤用大量清水冲洗。

（2）生石灰烧伤应先去除干净石灰粉粒后，再用大量清水冲洗，千万不要将沾有大量石灰粉的伤部直接泡到水中，以免加重伤势。

（3）磷烧伤最好浸泡在流水中冲洗，除去磷颗粒后用湿纱布包扎创面，忌用油质的药膏。

5. 触电的急救

人体触电烧伤后应立即切断电源，在未切断电源以前，急救者千万不要赤手接触伤员，以免自身触电。

对触电者进行现场急救的原则是：迅速、就地、准确、坚持。

（1）迅速：动作迅速，切不可惊慌失措，要争分夺秒、千方百计使触电者脱离电源，并移动到安全的地方。

（2）就地：在安全地方就地抢救触电者。

（3）准确：抢救的方法和施行的动作姿势要正确，如进行心肺复苏抢救。

（4）坚持：这一条最重要，急救必须坚持到底，直到医务人员到来判定触电者已经死亡，无法抢救时，才能停止抢救。

扫一扫，进入陕西交院"大学生安全教育"微课

第十一章 网络与信息安全

互联网已经融入我们的生活,成为现代社会不可缺少的学习、社交的工具和载体。互联网是一个虚拟的世界,在这个世界中,我们也会遇到犯罪分子的侵害,也会遇到各种各样的安全问题。

第一节 信息与网络安全事故的表现形式

案 例

2012年6月,就读于漳州一所高校的福建省永泰县女学生林某,通过QQ网络聊天认识了黑龙江的男子于某。多次聊天后,二人发展成男女朋友,还视频裸聊。2012年11月,两人相约在厦门一宾馆见面,并发生了关系。后林某父亲坚决反对他们的关系,要求两人分手,但两人仍偷偷交往。直至2015年7月,林某拧不过父亲,再次提出分手。此时,于某就以裸照相威胁要求林某用钱赎回,经过协商,林某答应以104万元买回照片。几天后,于某见款未到就登录林某的微信号将林某的裸照发给其父亲,后又将裸照转发到林某的朋友圈相威胁。受害人报警后,于某被警方抓获,并判决其敲诈勒索罪,判处有期徒刑6年8个月,罚金2万元。

点 评

本案例中,于某将照片资料发给林某的父亲和朋友圈,并勒索大量钱财,给当事人带来了极大的伤害,造成了严重后果,属于侵犯个人隐私。随着计算机技术的迅速发展,基于网络连接的安全问题也日益突出。因此,计算机安全问题,应该像每家每户的防火防盗问题一样,做到防患于未然。

(一) 网络社交安全事故

随着互联网络日益进入人们生活中的各个方面,网络社交活动也成为日益盛行的新型社交方式,在大学生中更是如此。网络世界的虚拟性,决定了网络社交具有与现实社交相异的许多特性,也决定了网络社交具有与现实社交不同的特性。同学们在进行网络社交活动时，要注意规避风险，免遭伤害。

1. 网瘾综合征

网瘾综合征也叫互联网成瘾综合征，简称IAD，即我们平常所说的"网瘾"，是一种现代心理疾病。患者因为缺乏社会沟通和人际交流，将网络世界当作现实生活，脱离时代，与他人没有共同语言，从而出现孤独不安、情绪低落、思维迟钝、自我评价降低等状况，严重的甚至有自杀意念和行为。

一份针对北京市四所正规高校的调查表明，一所招生规模在5 000人左右的大学，每年约有50人退学，其中80%的退学大学生都和网络成瘾有关，主要表现为长时间沉湎网络，导致旷课或者所"挂"科目过多。

2. 网恋陷阱

在网络交往中，由于网络交往的双方一般只是通过对方的语言及自己的直觉、想象来感知和认知对方，极易因对对方了解不全面及自己直觉和想象的偏差，导致对对方的美化。正处于青春期的大学生很容易因为这种对对方形象的美化及个人情感的冲动而陷入虚幻的网恋之中。

网恋一旦被别有用心的人利用，它就好似一个玫瑰式的陷阱，给受害的当事一方带来巨大的身心伤害。我们要充分认识网络世界存在着的虚拟性和险恶性，对网络恋情时刻保持警惕性。

3. 网上购物陷阱

随着网络时代的发展，网上购物也悄然进入人们的生活，它有着快捷便利、信息量大、价格相对低廉等方面的优势。网上购物这种对传统观念造成冲击的新兴消费方式越来越受到人们的喜爱，同样也成为当代大学生的一种时尚。然而，并不是所有的网上购物都是安全的，经常有一些不法商人利用目前电子商务体系的不完善进行网上欺诈活动。

案 例

女大学生网购明星演唱会门票，付5 760元后被踢出群。

杭州大学生小俞，是BigBang的铁杆粉丝，从初中开始，小俞就非常喜欢韩国的这个组合，手机里装满了BigBang的歌曲和图片。2015年，得知他们要在中国开演唱会，小俞非常激动，省吃俭用就想着能够亲自到现场。

或许是票太火热，通过官方的购票途径根本抢不到票。后来，小俞通过微博认识了一个叫"小叶子"票务的账号。"小叶子票务"是在微博发起BigBang演唱会门票话题的主持人，并声称能够买到任何场次的门票，只是价格要贵一点。"他们几个人马上要去当兵了，以后要看他们全部都在的演唱会，估计要等7年之后，所以大家都觉得机会难得。"

小俞想只要能够见到偶像，钱不是问题。按照"小叶子票务"微博上的通知，购票前得先加入粉丝群，"对方一共有6个群，里面都是买票的粉丝，大家也可以相互交流，我加了第三个群，对方要求我们交定金600元，我的座位是内场的票。2015年2月22日，对方又让我们付完全款，总共5 760元，说会通过快递，把票寄给我们。"一付了钱，小俞心就定了。然而，让小俞万万没有想到的是，2015年2月24日早上4点的时候，小俞无意中发现，QQ群被解散了，之前付款的"小叶子票务"也联系不上了。在网上联系其他粉丝，发现大家都被踢了。

小俞在微博上输入"BigBang""小叶子票务"等关键词查询，发现大量被"小叶子"骗钱的信息。大家都是和小俞同样的遭遇，付完钱后，一夜之间全部被管理员踢出群，事后，大家多次用微博、微信以及对方支付宝绑定的电话号码联系"小叶子"，都没有回音。

点 评

近年来，网上购物已经极为普及，同时也滋生了大量的骗局，网上购物时，一定不要听信非官方渠道上所谓的低价、内部、优惠等诱导手段，防止被骗。

4. 网络求职陷阱

随着高等教育由精英教育向大众教育的转型，大学生就业压力日益增大，网络求职也日益成为同学们毕业求职的重要途径。然而，随着网络求职需求的扩大，越来越多的骗子、违法犯罪分子也从中设置了重重陷阱。

面对竞争激烈的就业环境，作为求职者谁都不想放过待遇优厚的求职机会，但是面对鱼目混珠的求职市场，对于轻而易举的职位诱惑及唾手可得的高薪机遇，还是应该小心为好。除此之外，在网络求职过程中，还应注意防范一些网站收集和盗取个人信息后出售牟利。

（二）网络违法犯罪事故

网络犯罪是指以网络为犯罪工具，或以网络为犯罪对象实施危害网络信息系统安全的犯罪行为。自从1994年我国发生第一例大学生张男电子邮件诈骗案以来，大学生利用网络技术实施犯罪的报道时有见诸报端。

1. 有害信息的传播

互联网有害信息，是指在互联网上可能对现存法律秩序和其他公序良俗，造成破坏或者威胁的数据、新闻和知识。对于这些在互联网上编造、传播有害信息的行为，国家已颁布一系列相应的法律、法规予以严厉打击和遏制。但是，在高校中仍存在为数不少的学生频频触"界"现象，对于这些现象，轻者则予以警告，重者则受到法律的制裁。按其性质和事故的情节轻重，主要分为两大类：

第一类：犯罪行为。这类行为直接触犯了法律的有关规定，主要包括利用互联网捏造事实、散布谣言、攻击政府等行为。

第二类：一般违法行为。这类行为的情节较轻，尚不构成犯罪，但在大学生中存在的情况较为普遍，主要包括查阅、复制或下载有害信息等。

2. 网络色情

网络色情，是指在网络上以性或人体裸露为主要诉求的讯息，其目的在于挑逗、引发使用者的性欲，表现方式有色情文字、声音、影像、图片、漫画等。

大学生正处于身心成长的重要阶段，一方面是生理和心理逐渐成熟，性、情意识逐渐活跃；另一方面是社会经验欠缺，性、情克制力较差，很容易成为网络色情的受害者，甚至成为制造和传播网络色情的违法者。

3. 侵犯知识产权

据统计,"获取信息"是网民上网的最主要目的,但在"获取信息"的过程中,一些网民却忽略了侵犯知识产权的问题。在大学生中,这一情况较为普遍,包括非法下载、使用他人享有著作权的软件、影视和音乐作品,抄袭他人论文,窃取他人技术成果等。

4. 侵犯个人隐私

随着网络技术的发展,人们在享受网络信息资讯的同时,个人隐私也遭到了前所未有的威胁。一方面,从事信息服务的经营者不遗余力地收集包括个人信息在内的各种信息;另一方面,用户有时不经意泄露的自己或家庭的私生活秘密会被他人收集、利用和传播。为此,有关"网络隐私"的话题越来越引起社会各界的关注,大学生群体由于其特殊性成为侵犯他人网络隐私的群体。

5. 网络病毒

网络病毒是指以干扰计算机操作、记录、毁坏或删除数据等为目的,可自行传播到其他计算机和整个Internet上,由设计者蓄意设计的软件程序。

目前,计算机病毒的种类在20种以上,在互联网的环境中潜伏、传播并造成危害。故意制作和传播计算机病毒则是一种违法行为,我们千万不能凭借自己的计算机技术,出于好奇或者其他目的,在网络上制作和传播病毒。

6. 网络黑客

"黑客"是英文单词"hacker"的音译,其原意有两种:一是指精通电子计算机技术,善于从互联网中发现漏洞并提出改进措施的人;二是指通过互联网非法侵入他人的电子计算机系统,查看、更改、窃取保密数据或干扰计算机程序的人。我们平常所讲的"黑客"侧重于第二个定义。

由于互联网的开放性,尽管网络软件开发商、网络服务商在各个层次上对网络安全问题进行了多方努力,但是互联网络系统仍然存在许多安全漏洞,给实施窃取信息、破坏活动和犯罪活动的"黑客"提供了方便之门。所以,大学生在使用互联网络时,除了要注意做好防范"黑客"侵入的相关措施外,还要清醒地认识到非法入侵他人计算机的行为是违法行为,不要以身试法。

第二节 网上不良信息的侵害及预防

一、防病毒及黑客

在信息安全里,利用公共通信网络,如互联网和电话系统,在未经许可的情况下,进入对方系统的被称为黑帽黑客,调试和分析计算机安全系统的被称为白帽黑客。现代黑客

经常通过与犯罪分子买卖用户个人信息来获取利益,而犯罪分子在获得个人信息后则对我们实行诈骗、盗刷等犯罪行为。应对措施为:

(1) 虽然病毒大多是黑客发明出来的,但很少有黑客会"光顾"普通人的电脑来恶意植入病毒。大多数病毒都是通过点击、下载、运行一些网页和程序后进入我们的电脑中的。所以,要想预防电脑中毒,我们只需做到不去随便点击不靠谱的网站和下载不靠谱的文件即可。比如,很多看似很"诱人"的色情网站广告,一旦点击,就会自动跳转到一个下载网页,迅速下个"小木马"在电脑里,把你的个人隐私信息、银行账户信息传输给犯罪分子。

要想防病毒,我们可以选择一个合适的在线杀毒软件,并随时升级它的防毒代码,对可能带有恶意代码的不良网站保持警惕,在没有通过病毒检测前不要轻易打开来路不明的文件。

(2) 别按常规思维设置网络密码,要使用由数字、字母和汉字混排而成,令"黑客"难以破译的口令密码。另外,要时常变换自己的口令密码。

(3) 对不同的网站和程序,要使用不同的口令密码,尤其是涉及财产的电商、支付类系统中使用独特的用户名和登录密码,开启手机验证和支付密码,并将登录密码和支付密码设为高强度的复杂密码,提高账户安全等级。千万不要图省事使用统一密码,不要所有账户都用同一个密码,尤其是不同安全级别的账户用同一套密码。在黑客中有一种"撞库"的说法,指的就是利用手头已有的某账户的密码,去尝试登录别的网站账户,如果你的账户都使用同一套密码,黑客就可以"撞库"成功了。

延伸阅读

数据泄露背后,信息黑色产业链环环相扣

最近,黑市上出现重磅"炸弹",一个12G的数据包开始流通,其中包括用户名、密码、邮箱、QQ号、电话号码、身份证等多个信息数据多达数千万条。

而黑市买卖双方皆称,这些数据来自某购物平台。据了解,个人信息主要有三个用途,第一个是用于推广,包括短信、EDM(电子邮箱营销)等推广方式,可以获得不菲的广告费。第二个是用于销售,数据买家掌握了精准的人群之后可以更好地进行推销,如买房的就推销装修、建材、家电等产品,针对买车的就推销维修保养、保险等服务。第三个是用于诈骗,由于数据买家清晰掌握个人信息,诈骗难度降到更低。

"这些数据通常会被多次倒手,价格不一。"移动安全专家表示,"单次数据售卖的价格看起来并不高,大量的数据只需要几千元,但对于买家的潜在价值非常大。""三年前的系统漏洞导致的数据泄露到现在才被发现,是因为黑市的交易非常封闭,外人几乎无法知晓,通常是过了很长时间之后,数据才被流传到正常的交际圈中。正常的'圈子'和黑市交易的'圈子'之间会有很长时间的延迟。"

多位业内人士对记者表示,由于个人信息常被反复售卖,并且买家之间的信息往往不共享,导致信息安全事件发生之后,立案调查成本高,也很难寻根溯源找到售卖数据的组织,由此导致通过法律手段进行制裁的难度加大。

（4）对来路不明的电子邮件或亲友电子邮件的附件或邮件列表要保持警惕，不要一收到就马上打开。要首先用杀病毒软件查杀，确定无病毒和黑客程序后再打开，也不要轻易点开里面的链接或下载附件。

（5）要尽量使用最新版本的互联网浏览器软件、电子邮件软件和其他相关软件。

（6）下载软件要去声誉好的专业网站，既安全又能保证较快速度，不要去资质不清楚的网站。

（7）不要轻易在别人的网站留下你的电子身份资料，不要允许电子商务企业随意储存你的信用卡资料。

（8）只向有安全保证的网站发送个人信用卡资料。

（9）要注意确认你要去的网站地址，注意输入的字母和标点符号的绝对正确，防止误入钓鱼网站，落入网络陷阱。

二、防网络色情

什么是网络色情？严谨的定义是：凡是网络上以性或人体裸露为主要诉求的讯息，其目的在于挑逗引发使用者的性欲，表现方式可以是文字、声音、影像、图片、漫画等。

网络色情绝非获取正常性知识的途径，性教育的滞后，不能成为漠视网络色情传播的理由。不法分子钻法律漏洞，或利用法律对网络的管制不力，在色情网站上肆意散布低俗的淫秽影像等，其目的是牟利。扭曲、变质的性知识易使青少年沉溺于淫秽色情，稍有不慎，便误入歧途。调查显示，很大一部分青少年犯罪与长期沉溺色情网站有很大关系。沉溺色情网站，不仅可能引发犯罪，还可能成瘾，使人无法正常生活、恋爱。

应对措施：

对付色情陷阱的最根本方法就是不去浏览色情网页，转移自己的注意力，如：听听音乐、打打球等，使自己的兴趣逐渐转移到健康的活动上去。如果想要获取性知识，可以通过正确的渠道，如性教育的图书、纪录片等。

三、防网络诈骗

网络诈骗由于具有隐蔽性，已经成为骗子最爱使用的手段之一。网络诈骗主要有以下几种类型：

1. 网络传销

交钱入会，靠发展下线赚钱，上线赚下线、下下线的钱，与传统传销相比，网络扩散范围更广、速度更快，而且还乘着互联网的"东风"用各种各样的新名头如微商、P2P投资、网络兼职、网络刷单等包装自己。

应对措施：

熟记网络传销的几个特点：小投资赚大钱的说法、高大上的包装、上线赚下线的奖金模式、纯资本运作或鼓吹得特别好但其实无用的产品等，了解传销的话术模式，通常其说法都是一个味儿，一旦遇到传销就可以轻松辨认出来。

2. 电信诈骗

无论是假冒"公检法"调查唬人，还是冒充亲属朋友以紧急情况作为借口借钱，或以中大奖、廉价机票等为诱饵，目的其实都只有一个，就是诱骗消费者告知银行卡卡号、密码、验证码等身份验证信息，进而实施盗刷行为。

应对措施：

（1）不要轻易相信互联网上中奖之类的信息。

（2）不要轻易相信互联网上来历不明的测试个人情商、智商、交友之类的测试软件，这类软件大多要求提供个人真实的资料，这往往就是网络陷阱。

（3）不要轻易将自己的电话号码、手机号码在网上注册，一些网民在注册成功后，不但要缴纳高额的电话费，而且会受到一些来历不明的电话、信息的骚扰。

（4）不要轻易相信网上公布的快速致富的小广告，"天下没有免费的午餐"，一旦相信这些信息，绝大部分人都会赔钱，甚至血本无归。

（5）现在大多数人都开通了银行短信功能，一旦账户异常，便会立刻收到短信提示，这时需第一时间联系银行客服，告知事件的来龙去脉，并请求冻结银行账户，从而避免更大的经济损失，然后拨打110报警，寻求警方的帮助。如果资金流转涉及第三方支付公司，应保留相应的交易证据并在报警之后马上联系。

3. 网上购物诈骗

网络的虚拟性使犯罪行为难以追踪，所以，很多犯罪分子就盯上了网上购物诈骗，因为购物本来就是要花钱的。网上购物诈骗通常有钓鱼网站、低价诱惑、支付诈骗、货不对版、放长线钓大鱼等多种手段。同学们可以利用网络资讯，搜索"购物骗局""网购骗子"等关键词，随时更新、学习有关骗局的最新案例。

应对措施：

（1）选择合法的、信誉度较高的网站交易。网上购物时必须对该网站的信誉度、安全性、付款方式，特别是以信用卡付费的保密性进行考察，防止个人账号、密码遗失或被盗，造成不必要的损失。

（2）一些虚拟社区、BBS里面的销售广告，只能作为一个参考，特别是进行二手货物交易时，更要谨慎，不可贪图小便宜。

（3）避免与未提供足以辨识和确认身份资料，缺少登记名称、负责人名称、地址、电话的电子商店进行交易，若想对该商店加以深入了解，可通过电话或询问当地消费者组织了解电子商店的信誉度等基本资料。

（4）若网上商店所提供的商品与市价相距甚远或明显不合理时，要小心求证，切勿贸然购买，谨防上当受骗。

（5）消费者进行网上交易时，应打印出交易内容与确认号码之订单，或将其存入电脑，妥善保存交易记录。

4. 网上交友诈骗

案 例

2018年9月底,赵女士微信收到一名陌生男子添加好友的请求,看对方头像是个帅哥,便通过了验证。对方自称是经商的浙商,有几家彩票店和服装店,家境殷实,男子还发了些自己的车、房照片给赵女士。

两人越聊越投机,男子便提出见面。男子告诉赵女士,自己要到昆明谈生意,让赵女士来昆明找他,还说趁着国庆假期带赵女士到大理、香格里拉等地游玩。赵女士便答应了。

10月5日,赵女士乘火车来到昆明,"网友"如约到火车站接她。见面男子就说,自己的车被朋友借走了。随后两人打车来到西昌路的一家酒店入住。

第二天上午,赵女士醒来时,却发现这名"优质男"已不辞而别,一同消失的还有自己的挎包。赵女士急忙报警。据其清点,自己的iphone6s手机,装有800元现金、银行卡、身份证的提包被盗,后经查询,发现银行卡账户内的钱少了一万元。

民警抓获犯罪嫌疑人后,在三部嫌疑人的手机上发现了七个微信号,其中有五个性别为男,两个为女,每个"女微信号"上的零钱余额达10万余元。通过查看聊天记录,民警发现,嫌疑人不但冒充富商骗女性,同时,也装成卖淫女或纯情少女对男网友实施诈骗。嫌疑人在外省作案时,就冒充卖淫女与网友约定性交易,在骗取对方微信支付的定金后,还把对方骗到当地的一家酒店,结果对方到时根本没有人。得手后,就把对方拉黑或删除,反复如此。通过未删除的聊天记录,民警发现有男网友曾向嫌疑人的"女性微信号"先后发微信红包8次,共计1 600元。

民警介绍,嫌疑人会根据与对方的交谈变换"策略",有的直接以性服务谈价格,也有的会以"爆私照"、发视频等方法让对方发红包有偿观看,以此实施诈骗,如果发现对方有警觉或发红包的钱款较少,便会马上将对方拉黑或删除,继而寻找下一个目标。在嫌疑人的"女性微信号"中被拉黑的男网友达400人之多。

纵观各种网络交友诈骗的骗局,我们会发现,这些骗子的手段无非以下几种:接触短时间内就格外热情、还没见面就要求确定恋爱关系;甜言蜜语、万分体贴;自身条件良好;帅哥靓女多金温柔……现在还有假装上进奋斗穷小子型的。他们的最终目的都是钱:遇到意外借钱、投资需要借钱、家人生病要借钱、公司开张要礼物……而被骗者往往受到骗子假冒的优越条件的蒙蔽,为了和骗子有长期发展,不惜投入自己的钱财和感情,最终却受到物质和精神的双重损伤。

网络交友诈骗除了这种目的明确、骗钱骗色的类型,还有单纯骗取个人信息、个人钱财,甚至绑架、勒索、人身伤害、危害国家安全等其他犯罪行为的,我们应该如何预防呢?

应对措施:

(1) 在聊天室或上网交友时,尽量避免使用真实的姓名,不轻易告诉对方自己的电话号码、住址等有关个人真实的信息。

(2) 不轻易与网友见面,许多同学与网友沟通一段时间后,感情迅速升温,不但提供真实姓名、电话号码,而且还有一种强烈见面的欲望。一定不要轻信对方所说的话,不贪图便宜。谨记,天上没有掉下来的馅饼,没有人无缘无故对你好。

(3) 对于表明自身条件优越、炫耀投资获利丰厚的人需要提高警惕,尤其是谈及借钱、出钱等。

(4) 如果与网友见面,要有自己信任的同学或朋友陪伴,不要一个人赴约,约会的地点尽量选择在公共场所、人员较多的地方,尽量选择在白天,不要选择偏僻、隐蔽的场所,否则一旦发生危险情况时,难以得到他人的帮助。

(5) 网络聊天时,不要轻易点击来历不明的网址链接或来历不明的文件,以防中病毒或被盗取个人信息。

(6) 警惕网络色情聊天,反动宣传。有一些组织或个人利用社交工具进行反动宣传、拉拢、腐蚀、间谍活动等,这些都应引起大学生的警惕。

5. 网络赌博诈骗

网络赌博其实就是赌博,为了躲避司法部门的追踪,很多网络赌博伪装成不是赌博的样子,令很多人掉入陷阱。

案 例

四个月前,张珊珊听同事介绍,玩"一元购"可以花很少的钱中大奖,她就尝试了。"我一开始投入很少,慢慢越投越多。"张珊珊说,一开始输几百元,就投1 000元想回本,输到几千,就投5 000元,一直想回本,慢慢就投了上万元。

起初,张珊珊往里投的是自己的存款,输完之后,她办了信用卡。一张信用卡有几万元的透支额度,快的时候她半小时全部输完。输完后,她接着申请信用卡。

"一元购开奖非常快,十几秒钟就能开一期,我一期投几百元,冲动的时候一期投一两千。"张珊珊说,"以前我连麻将都很少打,沾上这个就没办法控制自己。"

短短一个月时间,张珊珊输光所有积蓄,还负债二十多万元,"我才知道没有回头路了。"

张珊珊自责,同时,也认为一元购的模式容易使人沉迷,"开奖的速度按秒来算,根本让人没有冷静的时间。而且拿起手机就能玩,隐蔽性强,不像那些进赌场的,亲友可以阻拦。还有它的支付通道非常便捷,微信、支付宝都可以,还能绑定信用卡。"

在前面的章节中,我们已经介绍过赌博的成瘾性,没有任何人能够保证自己不会陷入赌博,你可能是为了赢更多的钱,可能是为了逃避现实,可能是单纯觉得好玩,可能是"不信邪",认为自己肯定不会上瘾、想要"挑战自我"……然而一不小心你的大脑就可能被"玩坏了",进入了病理状态,更何况有可能你本身就是很容易沾染上赌瘾的"体质"。赌博成瘾的最后结果,都是负债累累、生不如死、家庭破碎,有很多人自杀了事,将债务和压力留给家人。

记住,赌博都是骗局,玩家都是输钱的,庄家永远是挣钱的。

应对措施:

首先要学会辨识网络赌博，远离网络赌博。其次，凡是涉及钱的，不管是被骗钱、赌博时输钱，都要及时清醒、及时止损。最后，如果发现自己已经上瘾，一定要勇敢面对，告诉身边的亲朋好友，寻求支持，并求助于专业的心理咨询机构。

延伸阅读

网络赌博的几种常见形式：

一是利用网站或 App 通过直播的方式把线下赌场搬上网络，赌客只要注册个人账户并充值后，即可参与赌博。

二是基于体育竞技、福利彩票的结果等进行外围赌博，比如，赌球网站等。

三是不法分子恶意利用移动支付平台和网络红包衍生出的新型赌博形式。他们利用网络红包的随机性，进行押尾数大小、单双等形式的赌博。

还有一种网络赌博是利用一些休闲游戏平台，不法分子通过盗号、外挂、作弊等非法手段获取大量游戏币，并向玩家兜售，与人民币进行双向兑换，利用差价和"汇率"牟利。

网警温馨提示：网络赌博是违法行为，为了家庭幸福，请远离赌博！

思考题

（1）网络上有哪些不良信息或侵害？
（2）如何保护自己的网上账户？
（3）沉溺网络色情有什么危害？
（4）网络诈骗有哪些形式？
（5）网络赌博是什么？危害有哪些？

第三节　上网的心理生理安全

一、使用电脑的心理健康

电脑作为工具，和当初的纸笔一样存在于我们的生活当中，必不可少。多数人都不会对电脑上瘾，但是多多少少有使用过度的嫌疑。使用过度时，就需要多多参照我们上文提到的方法，注意身体健康，另外，也要有意识地去调整自己的生活方式，多参与现实生活中的活动。

网络成瘾有以下不同种类：

（1）计算机依赖成瘾。使用者没有任何明确目的，不可抑制地长时间操作计算机或上网浏览网页、玩游戏等，几乎每天上网 5~6 个小时，常熬夜上网，网瘾日益严重。

（2）网络交际成瘾。在现实生活中不愿和人直接交往，不合群，沉默寡言，但喜欢网络交际，经常上网聊天或通过其他网络交流方式与人交流思想情感，一天不上网交际就浑身不舒服。

（3）网络色情成瘾。上网者迷恋网上的所有色情音乐、图片以及影像等。有专家指出，每周花费 11 小时以上用来漫游色情网站的人，就有色情成瘾的嫌疑。

（4）强迫信息收集成瘾。这包括强迫性地从网上收集无用的、无关紧要的或者不迫切需要的信息。

（5）游戏成瘾。包括不可抑制地长时间玩计算机游戏，这是较普遍存在的现象，不但在家中的电脑上可以轻松地进行联网游戏，网吧更是绝佳的去处，既可以逃避家长的耳目，还可众人一起联机，使游戏更加刺激有趣。

（6）如果一段时间不能上网，就会产生失落感、焦虑症、空虚感，烦躁不安，想找人吵架或想攻击别人，有的人心情郁闷，会产生悲观厌世情绪和自杀念头。

成瘾的特征：对网络的使用有强烈的渴求或冲动感。减少或停止上网时会出现周身不适、烦躁、易激惹、注意力不集中、睡眠障碍等戒断反应，上述戒断中通过使用其他类似电子媒介，如电视、掌上游戏机等来缓解。

二、如何预防网络成瘾

（1）如果你觉得网络诱惑太大，自己抵抗力太小，以下的三点具体建议，可以帮助你预防网络成瘾：不要把上网作为逃避现实生活问题或者消极情绪的工具；上网逃脱不了现实，"逃得过初一，逃不过十五"；更重要的是，你的上网行为在不知不觉中会得到强化，网瘾加重，一定要提高警惕。

（2）上网之前先定目标。每次花两分钟时间想一想你要上网干什么，把具体要完成的任务列在纸上。不要认为这个两分钟是多余的，它可以为你省 10 个两分钟，甚至 100 个两分钟。

（3）上网之前先限定时间。看一看你列在纸上的任务，估计一下大概需要多长时间。假设你估计要用 40 分钟，那么，把小闹钟定到 20 分钟，到时候看看你进展到哪里了。

总之，我们在享受高科技带来的全新概念时，不能忘记很重要的一个原则，网络的精彩内容、快速便捷以及其他的种种优点都只是对现实生活的一个补充、辅助，网络生活只是现实生活的小小一部分，更重要的是我们在现实世界中的作为和成果。

第四节　网络违法犯罪的预防

一、遵守互联网法律法规

如果看到了色情信息，转发给好朋友，这违法吗？如果帮助他人发起"人肉搜索"，这违法吗？在网络上匿名攻击他人，这违法吗？

作为一名遨游在网络中的当代大学生，我们应当对法律法规有一定的认识，不仅要做到自己知法懂法，并且能够传播正确的知识和良好的风气。

1. 不要传谣"传黄"

我们经常在网上看到一些被大家频频转发的"谣言"，号称什么不能吃了、什么疫情来了，等等。或许有人会轻信，还"好心"转发，却不知这可能触犯了我国法律。

作为当代大学生，我们应当具有一定的独立思维能力和判断力，不要轻易跟风。凡是涉及可能破坏社会公共秩序、影响社会和谐稳定的言论，都不要随意转发。至于那些黄色信息，你不小心点开看到没关系，但是如果发给其他人，也是属于"传播"，有触犯法律的风险。

《中华人民共和国刑法》第三百六十四条第一款、第四款规定：传播淫秽的书刊、影片、音像、图片或者其他淫秽物品，情节严重的，处2年以下有期徒刑、拘役或者管制。向不满18周岁的未成年人传播淫秽物品的，从重处罚。

2. 拒绝网络暴力和人肉搜索

网络暴力是网民在网络上的暴力行为，是社会暴力在网络上的延伸。网民们若想获得自由表达的权利，也要担当起维护网络文明与道德的使命。

网络暴力不同于现实生活中拳脚相加、血肉相搏的暴力行为，而是借助网络的虚拟空间用语言文字对人进行伤害与诬蔑。这些恶语相向的言论、图片、视频的发表者，往往是一定规模数量的网民们。这些语言、文字、图片、视频都具有恶毒、尖酸刻薄、残忍凶暴等基本特点，已经超出了对于事件正常的评论范围，不但对事件当事人进行人身攻击，恶意诋毁，更将这种伤害行为从虚拟网络转移到现实社会中，对事件当事人进行"人肉搜索"，将其真实身份、姓名、照片、生活细节等个人隐私公布于众。这些评论与做法，不但严重地影响了事件当事人的精神状态，更破坏了当事人的工作、学习和生活秩序，甚至造成严重的后果。

人肉搜索的力量是强大的，特别是在当前互联网越来越发达的情况下更是如此，假如正好网上有人对你发起人肉搜索，很有可能认识你的人会将你的相关信息在网上公布。

当然，人肉搜索经常和个人隐私相关联，也非常容易涉及法律和道德问题。所以，我们在互联网上不应该轻易地公布他人的隐私，一旦公布将是覆水难收，有可能对他人造成无法挽回的伤害，这是对他人隐私的不尊重，同时也会使自己陷入法律困境。

一般来说，人肉搜索的起因是一起事件。事件发生后，相关人或对事情真相好奇者，往往在网络论坛上发表帖子，列出已掌握的人物资料，号召网民帮助查出该人的身份和详细的个人资料。而响应者通过互联网、人际关系等手段，寻找到更多的资料，并以总结形式再次发布到网上。《最高人民法院关于审理利用信息网络侵害人身权益民事纠纷案件适用法律若干问题的规定》第十二条规定：网络用户或者网络服务提供者利用网络公开自然人基因信息、病历资料、健康检查资料、犯罪记录、家庭住址、私人活动等个人隐私和其他个人信息，造成他人损害，被侵权人请求其承担侵权责任的，人民法院应予以支持。

延伸阅读

《中华人民共和国治安管理处罚法》规定：散布谣言，谎报险情、疫情、警情或者以其他方法故意扰乱公共秩序的，处5日以上10日以下拘留，可以并处500元以下罚款。

《中华人民共和国刑法》规定：明知是编造的恐怖信息而故意传播，严重扰乱社会秩序的，处5年以下有期徒刑、拘役或者管制，造成严重后果的，处5年以上有期徒刑。

最高人民法院、最高人民检察院于2013年9月9日公布了《关于办理利用信息网络实施诽谤等刑事案件适用法律若干问题的解释》。解释规定，具有下列情形之一的，应当认定为刑法第二百四十六条第一款规定的"捏造事实诽谤他人"：一是捏造损害他人名誉的事实，在信息网络上散布，或者组织、指使人员在信息网络上散布的；二是将信息网络上涉及他人的原始信息内容篡改为损害他人名誉的事实，在信息网络上散布，或者组织、指使人员在信息网络上散布的。此外，明知是捏造的损害他人名誉的事实，在信息网络上散布，情节恶劣的，以"捏造事实诽谤他人"论。

根据我国《刑法》第二百四十六条第一款规定：以暴力或者其他方法公然侮辱他人或者捏造事实诽谤他人，情节严重的，处3年以下有期徒刑、拘役、管制或者剥夺政治权利。

我国《刑法修正案（九）》规定：编造虚假的险情、疫情、警情、灾情，在信息网络或其他媒体上传播，或者明知是上述虚假信息，故意在信息网络或者其他媒体上传播，严重扰乱社会秩序的，处3年以下有期徒刑、拘役或者管制，造成严重后果的，处3年以上7年以下有期徒刑。

二、增强法律意识，预防网络犯罪

在我国，故意制作、传播计算机病毒等破坏性程序是违法犯罪行为，要受法律制裁。在中国法律管辖的范围内，所有利用计算机信息系统及互联网从事活动的组织和个人，都不得进行相关的违法犯罪活动，否则，必将受到法律制裁。

1. 关于计算机方面大学生必须遵守的法律规定

（1）遵守《中华人民共和国计算机信息系统安全保护条例》，禁止侵犯计算机软件著作权。

（2）任何组织或者个人，不得利用计算机信息系统从事危害国家利益、集体利益和公民合法利益的活动，不得危害计算机信息系统的安全。

（3）计算机信息网络直接进行国际联网，必须使用工信部国家公用电信网提供的国际出入口信道。任何单位和个人不得自行建立或者使用其他信道进行国际联网。

（4）任何组织或个人，不得利用计算机国际联网从事危害国家安全、泄露国家秘密等犯罪活动，不得利用计算机国际联网查阅、复制、制造和传播危害国家安全、妨碍社会治安和淫秽色情等信息。发现上述违法犯罪行为和有害信息，应及时向有关主管机关报告。

（5）任何组织或个人，不得利用计算机国际联网从事危害他人信息系统和网络安全，侵犯他人合法权益的活动。

（6）国际联网用户应当服从接入单位的管理，遵守用户守则，不得擅自进入未经许可的计算机系统，篡改他人信息，不得在网络上散发恶意信息，冒用他人名义发出信息，侵犯他人隐私，不得制造、传播计算机病毒及从事其他侵犯网络和他人合法权益的活动。

（7）任何单位和个人发现计算机信息系统泄密后，应及时采取补救措施，并按有关规定及时向上级报告。

《计算机信息网络国际联网安全保护管理办法》第四条到第七条的规定如下：

第四条　任何单位和个人不得利用国际联网危害国家安全、泄露国家秘密，不得侵犯国家的、社会的、集体的利益和公民的合法权益，不得从事违法犯罪活动。

第五条　任何单位和个人不得利用国际联网制作、复制、查阅和传播下列信息：

（一）煽动抗拒、破坏宪法和法律、行政法规实施的；

（二）煽动颠覆国家政权，推翻社会主义制度的；

（三）煽动分裂国家、破坏国家统一的；

（四）煽动民族仇恨、民族歧视，破坏民族团结的；

（五）捏造或者歪曲事实，散布谣言，扰乱社会秩序的；

（六）宣扬封建迷信、淫秽、色情、赌博、暴力、凶杀、恐怖、教唆犯罪的；

（七）公然侮辱他人或者捏造事实诽谤他人的；

（八）损害国家机关信誉的；

（九）其他违反宪法和法律、行政法规的。

第六条　任何单位和个人不得从事下列危害计算机信息网络安全的活动。

（一）未经允许，进入计算机信息网络或者使用计算机信息网络资源的；

（二）未经允许，对计算机信息网络功能进行删除、修改或者增加的；

（三）未经允许，对计算机信息网络中存储、处理或者传输的数据和应用程序进行删除、修改或者增加的；

（四）故意制作、传播计算机病毒等破坏性程序的；

（五）其他危害计算机信息网络安全的。

第七条　用户的通信自由和通信秘密受法律保护。任何单位和个人不得违反法律规定，利用国际联网侵犯用户的通信自由和通信秘密。

2. 不做"黑客"

（1）正确使用互联网技术，不随意攻击各类网站，一则这样会触犯相关的法律，二则可能会引火上身，被他人反跟踪、恶意破坏、报复，得不偿失。

（2）不要存在侥幸心理，自以为技术手段如何高明。互联网技术博大精深，没有完全掌握全部技术的完人，作为一名大学生更要时刻保持谦虚的态度，不在互联网上炫耀自己或利用互联网实施犯罪活动。

三、做文明网民

讲究社会公德和 IT 职业道德，用掌握的计算机知识技术服务社会，造福社会，自觉维护国家安全和社会公共利益，保护个人、法人和其他组织的合法权益，不以任何方式、目的危害计算机信息系统安全。

珍惜网络匿名权，做文明的网民。

尊重公民的隐私权，不进行任何电子骚扰。

尊重他人的知识产权，不侵占他人的网络资源。

尊重他人的知识产权、通信自由和秘密，不进行侵权活动。

诚实守信，不制作、传播虚假信息。

远离罪恶、色情信息，不查阅、复制、制作或传播有害信息。

遵守《全国青少年网络文明公约》：

要善于网上学习，不浏览不良信息。

要诚实友好交流，不侮辱欺诈他人。

要增强自护意识，不随意约会网友。

要维护网络安全，不破坏网络秩序。

要有益身心健康，不沉溺虚拟时空。

思考题

（1）传播谣言是违法的吗？涉及哪些法律？如何定罪？

（2）传播色情信息是违法的吗？涉及哪些法律？如何定罪？

（3）做"黑客"是违法的吗？如何定罪？

扫一扫，进入陕西交院"大学生安全教育"微课

第十二章　旅游安全

旅游已经成为现代人的一种时尚，尤其是大学生，对外面的世界充满了好奇，旅游也不失是一个了解世界的好途径。旅途中应该注意什么？参加户外活动的时候应该注意什么？如何应对突发事件呢？

第一节　旅游安全常识

案例1

2002年"五一"期间，上海大学生华某攀登太白山时，在海拔三千四百多米处遇险；

2004年7月，成都6名在校大学生骑自行车出游，在川藏线失踪；

2005年"十一"期间，西安某高校7名大学生登山爱好者进入秦岭腹地探险，其间遭遇山洪暴发，女研究生祁某被激流冲走，10月9日经证实，祁某已经遇难……

一个个鲜活的生命在瞬间消失，令人扼腕叹息。

案例2

某高校两名学生暑假相约乘火车外出旅游，晚上10点抵达目的地。刚出站口，一年轻貌美女子便迎上来搭讪，热情相邀他们到她家的旅社住宿，声称住宿条件、服务皆佳，离车站又近，价格每天仅10元。还能提供卫生、可口又便宜的快餐。两人一听心动了，随即跟着这个美女前去住宿，在路上转了一条又一条小巷终于抵达该旅社，进店后两个大汉帮忙接过行李并催促他们交钱，每人每天100元，两名大学生不愿意，提出要离开，几名"店小二"涌上来一顿拳脚相加，二人只能乖乖住下，次日清晨，两人来不及洗漱便匆匆逃离了"狼窝"。

因为安全意识不强，大学生往往不能充分认识到可能出现的危险，在知识储备和心理准备不足的情况下就贸然外出旅游，甚至探险，对于个人、学校、家庭都可能产生一定的影响。那么，在旅游时需要注意哪些安全呢？

一、跟团游的注意事项

1. 选择旅行社

（1）跟团游要选择在当地比较有实力的、知名度大的旅行社，尽量不选择价格非常诱人的小旅行社。

（2）仔细检查旅行社资质。旅行社分为不同类型，目前，中国将旅行社分为两类，一是"国际旅行社"，二是"国内旅行社"。而"国际旅行社"中又分为两类，一类可以经营出境旅游，另一类可以经营入境旅游及国内旅游。仔细检查你选的旅行社属于哪一类。

（3）检查旅行社是门市部还是总部。首先，要看他们是否在明显的位置悬挂营业执照；其次，看有没有旅游局颁发的许可证，还有是否悬挂旅游局的投诉牌，千万不要看复印件；最后，要看是否有旅游局监制的正规旅游合同，是否能出具正规发票，如果以上缺少一样，就不要选择。

（4）注意鉴别旅行社所承诺的宾馆的星级。最好要求在旅游合同中写明酒店的名称及所住的是否是主楼等，并向一些相关机构咨询酒店的档次。

（5）谨防价格陷阱。可以多找几家正规旅行社进行比较，主要是看性价比，即价格与质量的比值，而不是单纯看价格，不合理的价格不可能得到合理的服务，这是市场经济的规律。

（6）转团与并团。如果参加的旅游团发生了转团或者并团的情况，一定要求旅行社在签订旅游合同的时候将转并团的旅行社名称写进合同中，且合同中要说明旅行社对你在旅游过程中的一切问题负责。

2. 详细阅读合同

（1）明确旅行的行程安排、食宿标准、旅行时间等问题。

（2）问清楚合同中一切你不明白的问题之后再确定参团旅行。

3. 理智消费

（1）注意购物陷阱：一般来说，没有特别注明不购物的团队，都会安排购物，但购物要注意导游带你进的购物点必须是旅游局认可的定点购物点（当然你自己要求进的商店、路边小店等除外），均应有明确的旅游局定点商店的招牌。最重要的一点，任何人不能强迫你购物，也不能诱骗你购物。一旦发现所购买的是假、冒、伪、劣商品，或质价不符的商品，只要你能出具发票或证据，均可要求退还或赔偿损失。

（2）注意自费项目陷阱：一般旅游团除了规定的必游项目之外，还会有自费项目，自费项目原则上只能游客自愿，不得强迫。

（3）注意免费陷阱：为了吸引游客，很多非法旅行社或违规旅游部门会采取免费赠送某些景点等方式来吸引游客。俗话说，世上没有免费的午餐，其实这些赠送要么是已经含在所收的旅游费中，要么就是另有陷阱，要特别注意。

二、自助游的注意事项

（1）自助游要有计划性，出发前要对目的地的情况有所了解，最简单的方式就是上网查询和开口询问。不要到未开发的景区、疫区、震区、洪区等地方去旅游；要明确旅行的目的地和行动计划，以及每日行程的目的地、到达之后的行动等，以保证旅行安全、顺利地进行。

（2）将一切机票、游玩的门票、旅店等都事先在网上订好，这样避免到时候因为买不到票或者订不到房间而着急。

（3）出发前要了解清楚旅行地的天气和疫情等情况，根据旅行地的气候携带更换的衣物、鞋袜及洗漱用具。

（4）要了解旅游地的风土人情，到少数民族地区要尊重民族风俗，注意语言、行为、购物、饮食方面的忌讳，以免发生不必要的麻烦和问题。

（5）建议与熟人结伴出游，不要单独出游，尤其是女生。在游玩的过程中更要跟陌生人保持距离，随时提高警惕。

（6）不要轻易露财，建议将贵重的物品如珠宝首饰，奢侈包、表等留在家中。

（7）要熟记同行朋友的手机号码，也可以将自己的手机号码留给朋友，以便在走失或紧急情况下联系。

（8）最好到正规的餐馆就餐，不要随便食用当地小吃。不轻易喝陌生人给的水、吃陌生人给的食物。

（9）出行前将同行伙伴的电话留给家人。

自助游时住旅店要注意以下几点：

（1）外出旅行前，可以在相关网站上可以了解各地宾馆、饭店的分布情况和价格；也可以从黄页中查到一些宾馆、饭店、招待所的电话，通过电话了解它的价格和房间情况，也可以通过电话预定。

（2）不要住"路边店""黑店"。所谓的"路边店""黑店"，就是指那些设在车站、码头、机场附近，经营不正规的旅店。

（3）睡觉时要关好房门，外出时要锁好门。

（4）遇到旅店突然停电时，要把贵重的物品调整位置，以防犯罪分子事先掌握情况，实行突然抢劫。

三、旅游装备提醒

（1）准备好学生证、身份证、信用卡等必要的证件和消费卡，保留复印件、电子文档在身边或邮箱中。万一重要的证件丢失，一定要第一时间联系导游或者当地的公安机关，让他们协助办理临时证件。

（2）准备药品，如治疗感冒、中暑、肠胃感染、晕车（船）等常用药，擦伤、碰伤时用的云南白药、创可贴、红花油等，有心脏病和哮喘等特殊疾病的同学一定要随身携带足够量的相应药物。

（3）准备其他装备，如驱蚊虫液、防晒霜、雨伞、手电筒、雨具、多功能小刀、打火机、哨子、墨镜、充电器等。

（4）带一些食品，以防到旅游地因吃不惯当地的食物而挨饿。

（5）如果是露营，帐篷和睡袋是必不可少的。帐篷自然是选择轻便又质量可靠的，防水性要好。帐篷搭建在平坦安全且远离山沟的地方。

四、旅游安全提醒

（1）做好通信保障。外出前，手机中话费要充足，避免在外地充值不便的情况发生。

（2）保持通信畅通。个人旅行，最好定时与亲友联系，告知自己所处位置和进一步的行程安排。

（3）购买意外保险。如果是旅行，也要购买短期意外保险。这样，万一发生意外，还可以获得保险公司的理赔，减少损失。

（4）避免在高温、高湿、大雨、台风等极端天气下外出。

（5）合理安排作息时间，避免过度劳累，保证睡眠。

（6）注意饮食卫生，外出就餐注意选择卫生条件较好的场所，尽量少食生冷食物，不食用和饮用野外采集的食物和水源。

（7）搞好个人卫生，带好个人卫生用具，勤洗手，勤洗澡，勤换衣。

（8）随身携带紧急清单。内容包括：个人的基本情况、简单病史和常用药以及血型和过敏史、保险状况、紧急联系人（多写几个紧急联系人及电话）等。

（1）选择旅行社时应该注意什么？

（2）自助旅游时应该注意什么？

（3）无论是跟团游还是自助游，都应该准备哪些旅行装备？

第二节　旅途安全

案　例

昆明某高校机电专业的学生卢某等11人相约租借自行车环滇池旅行。一行人行驶到老高海路2 700米处，突遇前方驶来一大货车，由于租借的自行车制动不好，卢某在紧急刹车无效的情况下，因避让不及被迎面驶来的货车刮倒，并被货车后车轮碾压致死。

旅行前要做好安全准备，旅途中也要注意交通安全、人身安全。

一、远离黑车

旅行中，为了方便，很多人会乘坐"黑出租车"或"五类车"。什么叫"五类车"呢？就是小型人力"黑车"，包括电动车、摩托车、三轮车、残疾人机动轮椅车、改装（拼装、报废）车。我们对"黑车"要有充分的认识。

1. 安全系数极低

"黑车"中，有二手车、拼装车，甚至报废车等，车况普遍较差，且每天都在超里程运行，没有日常的保养维护，导致车辆本身性能受损，比正规车辆更容易发生安全事故。

2. 不遵守相应的交通规则

"黑车"司机长期不参加安全教育，安全意识淡薄，容易发生人为肇事事故，且未经客运服务培训，不了解服务规范，无法提供优质服务，常有甩客、倒客、宰客等现象发生，乘客权益得不到保障。

3. 人身安全得不到保证

"黑车"从业人员及乘坐"黑车"的人员结构十分复杂，极易发生偷盗、抢劫、打架、调换假钞、酒后闹事等治安事件。

4. 极易引发安全行车事故

为争客、抢客、躲避运管部门检查，驾驶员经常违规超速行驶、超员载客、分散驾驶精力、疲劳开车。

5. 没有能力赔付

由于保险手续不齐，发生重特大事故后，车主经常弃车逃跑，乘客的生命财产得不到保证。

出行时一定要选择正规的车辆，安全有保障。

选择正规车辆是保证交通安全的前提，但并不是选择了正规的车辆就一定会避免交通事故的发生，还需要做好在车上的安全防护。那么，在乘坐交通工具时需要注意什么呢？

二、乘坐交通工具时的注意事项

1. 乘坐火车需要注意的事项

（1）按照车次的规定时间进站候车，以免误车。

（2）在站台上候车要站在站台一侧的白色安全线以内，以免误被列车卷下站台，发生危险。

（3）不要在车门和车厢连接处逗留，那里容易发生夹伤、扭伤、卡伤等事故。

（4）不带易燃易爆的危险品（如汽油、鞭炮等）上车。

（5）坐卧铺列车时，睡上、中铺要特别谨慎，防止掉下来摔伤。

（6）保管好自己的行李物品，注意防范盗窃分子。

（7）不要随便和陌生人说话，更不要随意吃、喝陌生人递过来的食物和饮料。

2. 乘坐汽车时需要注意的事项

（1）不乘坐无牌无证的车辆。

（2）乘车时要排队上下车，先下后上，不要拥挤，以免踩伤或为小偷作案提供条件。车停稳后才能上下车，不能追车、扒车。

（3）车辆运行时不可将头或手伸出窗外，不能在车上玩耍或随意走动，坐前排座位时要系好安全带，以免受到伤害。在车上，最好不要睡觉，因为睡眠时，若司机急刹车，巨大的惯性可能会造成伤害。

3. 乘坐轮船需要注意的事项

（1）认真核对船票、船名、航向、日期，然后依次上船，对号入座，不能任意挑选和挪动位置，注意保管好自己的行李财物。

（2）严禁把国家限制运输的物品及爆炸品、燃烧品、自燃器、腐蚀品、有毒物品携带上船。

（3）船舱内禁止吸烟，夜间更不准躺在床铺上吸烟。在指定的地点吸烟时，烟头及火柴棍要随手掐灭，扔到烟灰缸或其他指定容器内，严防火灾的发生。

（4）夜间航行时，灯光不能外泄，故不要随意打开窗帘或用手电筒向外探照。

（5）船上电路及蒸汽开关很多，不要乱摸乱动，在船上也不要乱走动。尤其是遇到有风浪，船左右摇摆不定时，更不要在船上随意走动。上下船时，要拉好两边扶手，以防摔伤。

（6）船到码头停稳后，听从工作人员指挥，依次下船，不要拥挤以免发生危险。

4. 乘坐飞机时需要注意的事项

（1）虽然遇到空难的概率极小，但是遇到气流颠簸的概率几乎是百分之百。所以，最好全程系好安全带。

（2）飞机上要全程关闭手机。因为，机长需同地面工作人员保持无线电联系，确定机位、滑行路线等，而手机发射的无线电波，有可能干扰机载电子系统。

（3）根据国际惯例，包括手机、笔记本电脑、iPad、MP3、游戏机等便携式电子设备不允许在1万英尺（1英尺＝0.3048米）以下的高空使用，而当飞机到达1万英尺之上时，除手机之外，其他的电子设备都可以使用。

（4）上了飞机，第一件事情就是环顾一下周围环境，特别注意找一下离自己最近的安全出口，记住和安全出口间的距离。

（5）不要随意打开安全门，飞机安全门不仅打开一次赔偿十万元，还会给飞机的起飞和航行埋下安全隐患。

以上都是乘坐交通工具时需要注意的事项，一旦在乘坐的交通工具上遭遇突发事件，该如何自救呢？

三、应对突发事件

1. 乘坐火车、汽车遭遇突发事件的自救措施

（1）如座位靠门窗，要迅速离开门窗趴下，抓住牢固的物体，以防碰撞或被抛出车厢。

（2）如座位不靠门窗，则应留在原位，身体紧靠在牢固的物体上，低下头，下巴紧贴胸前，以防头部受伤。

（3）看清周围环境，如果环境允许，则原地不动等待救援人员的到来。此外，要呼救，想办法尽快将遇险的信息传递出去。

2. 乘坐轮船遭遇突发事件的自救措施

（1）登船后，应了解自己和船上备用救生衣的存放位置以及救生艇、救生筏的存放位置，要熟悉和了解本船的各个通道、出入口以及通往甲板的最近逃生口的位置，以便在紧急情况下能迅速地离开危险地方。

（2）做好自我保护。当发生突发事故时，一定要先稳定情绪，不要慌乱，迅速穿好救生衣，保持清醒，振作精神。

（3）想办法弄清船舶出事的准确位置，并设法呼救。

（4）落水之后不要喝海水。海水会让身体失水更快，严重时还会出现精神错乱。

（5）在求生的过程中要尽量节省食物，在没有充足淡水供应时，应注意少进食，以免大量消耗体内水分。

3. 乘坐飞机时发生突发事件的自救措施

（1）飞机最容易发生危险的时刻是在起飞和降落时，被称为"黑色13秒"，上飞机后，应留意靠近自己座位的安全门及开启方法，万一失事，要能在浓烟中找到出口，会开门。

（2）取下眼镜、脱下高跟鞋，取下口袋里的尖锐物品，如钥匙、钢笔，以防碰撞伤害身体。如果机舱内有浓雾，最好用湿毛巾掩住口鼻，走向安全门时尽可能俯曲身体，贴近舱底。

（3）机舱门一开，充气救生梯会自行膨胀，跳到梯上用坐着的姿势滑到地面。滑到地面后，尽可能快速地远离飞机，不要返回机上取行李。

（4）如果有人受伤，应通知空服人员，因为，他们受过专业的急救训练，会更好地处理。等待救援时，设法和其他乘客交谈，保持求生意志。

四、旅途中的防骗、防抢、防盗

大学生利用假日外出旅游，在乘坐或者使用交通工具时，由于猝不及防的交通事故，造成了对自己或他人的伤害，究其原因，还是缺乏必备的交通安全意识和应对知识。交通规则是安全之本，遵守交通规则对保障交通安全、道路畅通和人身安全有重要意义。出门

游玩，除了要保证交通安全之外，更要注意财产的安全，防骗、防抢、防盗。

1. 防骗

（1）和陌生人打交道时要提高警惕，不轻信、不盲从、不贪图小便宜、不头脑发热。

（2）不要向陌生人透露详细家庭住址、联系电话、亲友姓名等个人信息，任何情况下不要把身份证、银行账户及密码等告知他人。

（3）不要向陌生人转账，不要接受陌生人给的香烟、食品、饮料。

（4）财物不要交给陌生人看管，不借钱物或者手机给陌生人，切忌贪图小利，不要购买价格过低的商品或所谓的中奖商品。

（5）谨防车站码头"旅游串串"，如兜售车票的、拉旅馆住宿的，等等，他们大都具有非常强的察言观色的本领，能投人所好，又能言善辩，一旦得逞，立即闪人。

2. 防抢

（1）旅途中大量的现金、证件、贵重物品应贴身存放，不要随意拿出。

（2）不要在路途中边走路边玩电子产品，以免被抢和发生交通事故。

（3）如果酒店有寄存的服务，可以选择将贵重物品寄存，千万别放在房间里。

（4）如果必须带包出门，要注意背包的方式，比如，前面斜背，确保东西在自己的视野范围内。

（5）当你发现被尾随跟踪时不要惊慌，若摆脱不了，就尽量走入一些人多的场所，比如酒店、餐厅等。

3. 防盗

（1）乘车（船）时，贵重物品和现金要贴身存放，睡觉时不要将小包放在行李架上，做到包不离身，并且放在胸前。

（2）乘车（船）时，行李不要放在靠窗的地方，以免被人"顺手牵羊"。在车（船）中途停下时，不要独自外出。如果有同学陪同出行，需要下车（船）时，可以让自己的同学帮忙看好东西，以免失窃。

（3）在路上行走时，钱包手机等贵重物品放在双肩包里或者挂在胸前，如没有必要就不要佩戴贵重首饰。

（4）要事先准备好零用钱，将暂时不用的钱及贵重物品整理好，放在身上或其他安全的地方，也可以把钱存入银行卡内，随用随取，避免携带大量现金。

（5）携带大量现金外出时，最好结伴而行，并将现金分散保管起来。要避开人多拥挤的地方，以防随身所带钱、物被盗。

思考题

（1）乘坐火车的时候应该注意什么？

（2）乘坐轮船时应该注意什么？

（3）在飞机上遭遇突发事件该怎么自救？

（4）在旅途中如何防骗？

第三节 户外旅游安全

案例1

2014年7月3日,来自北京某高校的3名学生在贵州省六枝县登山,途中在一山洞内休息,列队返回撤出山洞时,排在第三位的黄某因手中所抓石块受力脱落,坠落洞口下的百米悬崖,当即丧生。

案例2

2011年6月15日傍晚,某校外国语学院学生许某,在某度假村外的非游泳区游泳时,由于风大浪急,被海浪卷入深海,救护队迅速赶到现场,许某在溺水失踪十多分钟后被找到,经救护队和医院医护人员抢救无效死亡。

户外运动涵盖野营、登山、攀岩、山地越野、定点穿越、探险等,其中野营和登山是最为普及的活动。户外运动与其他的体育运动有很大的不同,它存在不可预知的因素,比如,气候的突变、方向的迷失、岩石的滑落等。在户外运动时如果不能冷静地面对险情,惊慌失措,便会失去最佳救助时机,所以,进行户外运动的人要具备良好的心理素质,更要懂得一些必要的安全知识。

一、户外活动需要注意的事项

1. 消防安全

不携带易燃易爆物品乘车,到达陌生场所以后,要注意观察消防设施和逃生通道,外出时要切断住宿地点的电源,严格遵守户外运动地点的消防安全管理规定,不要在有易燃或者可燃物的地方吸烟,不要卧床吸烟,不要随意丢弃烟头。

2. 野外活动

避免在危险地带活动,最好不要参加野外登山、探险活动,严禁在野外活动过程中在河流、湖泊、池塘中游泳,雷雨天气不要停留在高处、树下、避雷设施附近,更不要接打手机;严禁在野外用火,尤其是森林、草原等高火险地区,在野外最好穿长裤、袜子和运动鞋,束紧袖口,避免划伤和蚊虫叮咬。

3. 治安防范

禁止酗酒、赌博和进入涉及"黄、赌、毒"的场所,避免和人发生冲突,不参与、不围观打架斗殴。

4. 其他

住宿时尽量选择正规的宾馆、旅馆休息时锁好房门,不轻易给陌生人开门,在公共场所或参加大型活动时要保持秩序，注意自我保护，防止踩踏事件发生。

二、郊游、野营时需要注意的事项以及自救方法

（1）要准备充足的食物和饮用水，不要随便采摘、食用蘑菇、野菜和野果，以免发生食物中毒。

（2）准备好手电筒和足够的电池，以便夜间照明使用。

（3）早晨、夜晚天气较凉，要及时添加衣物，防止感冒。准备一些常用的治疗感冒、外伤、中暑的药品。

（4）要穿运动鞋或旅游鞋，不要穿皮鞋，因为穿皮鞋长途行走脚容易起泡。

（5）活动中不要随便单独行动，应结伴而行，防止意外发生。

（6）最好事先对活动路线、地点进行勘察。

（7）晚上注意休息，以保证有充足的精力参加第二天的活动。

（8）如果遇到突发事件，第一时间向事发地有关部门电话求助。

①交警电话：122，发生交通事故拨打。

②匪警电话：110，遭受人身、财产侵害、发生矛盾纠纷，或遇到其他困难时皆可拨打。

③火警电话：119，发生火险时拨打。

④急救电话：120，突发疾病，身体受到严重损伤时拨打。

⑤消费者投诉电话：12315，购物、用餐、住宿等消费时发生纠纷时拨打。

（9）在没有现代通信工具或者这些工具无法使用的情况下，一旦在野外被困或遇险，就需要使用其他方法来通知他人，求得援救。

①烟火求救。如果是在白天，可在火堆上放些潮湿的苔藓、树枝树叶、橡胶制品等，使之产生浓烟，晚上可放些干柴，加大火势，使火焰升高。

②声音求救。距离不太远时，可以大声呼喊或者利用木棍敲打树干发出响声，如果吹哨子，效果会更好。

③反光求救。在天气晴朗的白天，可以利用镜面反射太阳光求救，没有镜子时，可以利用玻璃、金属片等代替，反射尝试多个不同的方向。

④地面标志求救。如果在比较空旷的地带，如草原、沙漠、雪地等，可以在地面摆出巨大的"SOS""HELP"等标志，便于空中人员发现。

⑤留下标记。如果被困的区域不安全需要转移，请在原地留下标记，便于搜救人员循迹追踪，可以将树枝或者石头摆成箭头状，指向自己离去的方向。

按照国际通行标准，重复三次的行动一般都象征着寻求援助。因此，声音和光信号可以每组三次，相隔一分钟一组。烟火也可以摆放三堆儿。

三、登山时需要注意的事项和自救措施

（1）登山的地点应慎重选择。要向附近居民了解清楚当地的地理环境和天气变化情

况，选择一条安全的登山路线，并做好标记，防止迷路。

（2）备好运动鞋、绳索、干粮和水。在夏季，一定要带足水，因为登山会出汗，如果不补充足够的水分，容易发生虚脱、中暑。

（3）最好随身携带急救药品，如云南白药、止血绷带等，以便在发生摔伤、碰伤、扭伤时派上用场。

（4）背包不要手提，要背在双肩，以便双手抓攀。还可以用结实的长棍做手杖，帮助攀登。

（5）千万不要在危险的崖边照相，以防发生意外。

（6）遇到雷雨天气时应跑向低地，远离高树或密叶树林，远离铁塔，去除身上的金属物，装入塑料袋中，不要聚集在一起，应分散开。小屋内、汽车内、山岩的背阴处或低凹处都是很好的躲避之处，但注意不要靠墙。

（7）如果需要通过易发生落石区域，应戴好安全帽或用厚衣服蒙住头，快速通过，行走中不小心踏落石头时，要立刻喊出声，通知下面的同伴。雪崩前，有雪块、冰片落下时，要确认冰落的方向，然后再决定逃离的方向。如果来不及逃脱而被卷入雪崩，手脚应迅速像游泳一样运动，尽量让头部浮在雪堆外，同时抛掉身上携带的一些物品作为标示物，以便别人发现你被雪埋的具体位置，及时营救。

四、游泳时需要注意的事项和自救措施

（1）不要一个人外出游泳，要结伴而行，以便互相照顾。如果集体组织外出游泳，不能去水域较深，或者有暗礁、暗流和杂草的水塘、水库等场所游泳，必须在安全区域，有安全员在场的地方游泳。

（2）根据个人身体健康状况，量力而行。平时四肢较容易抽筋者不要参加游泳，更不要在深水区游泳，以防发生危险，不要在急流或漩涡处游泳，更不能酒后游泳。

（3）一旦在水下发生抽筋，要镇静，不要紧张，一面呼救，一面设法自救。如果离岸边很近，应立即上岸，按摩抽筋部位的肌肉。如果离岸边较远，不能立即上岸，可以仰浮在水面上并采用牵引、按摩等方法，试着自行救治。如无法自行救治，又无他人帮助，可利用未抽筋的肢体划动上岸。

（4）做好下水前的准备活动。先活动身体，如果水温太低，可以先到浅水区用水淋湿身体，待适应水温后再下水游泳，不要在水里无节制地相互打闹，以防呛水甚至溺水。

（5）要适时休息，不要长时间浸泡在水里，一旦发现有眩晕、恶心、心慌或气短等现象，要立即上岸休息和请求帮助。

（6）游泳时遇到水草，不要继续往前游，应以仰泳姿势原路退回，如被水草缠住，不要惊慌，不要乱蹬乱踢，否则水草会越缠越紧。可以仰躺在水面上，一手划水，一手解开缠在身上的水草，或请别人帮忙解开水草，然后以仰泳的姿势原路返回。

（7）游泳时，万一体力不支，过度疲劳，应停止游泳，仰浮在水面上以保存体力，并伸出一只手臂挥动求救。如没有救援，也不要惊慌，待体力有所恢复后再游回岸边。

五、迷路时的自救措施

在野外迷失方向时，如带有手机，应及时拨打电话求救；集体行动时，当发现与队伍走散后，若其他人走得不太远，高声呼救即可以引起同伴的注意；如走得太远，无法联系，电话也没有信号的时候，可选择较为开阔的地方生火，发出求救信号，但应该注意不要引起山林起火。同时，还可以采用下面的方法来辨认方向：

（1）找出一棵树桩观察，年轮宽面指向的是南方。
（2）找棵树观察，其南侧的枝叶茂盛而北侧稀疏。
（3）观察蚂蚁的洞穴，洞口大都是朝南的。
（4）在岩石众多的地方，找一块醒目的岩石来观察，岩石上布满青苔的一侧是北侧，干燥的一面是南侧。
（5）利用手表来辨别方向，将当前时间除以2再把所得的商数对准太阳，表盘12所对的方向就是北方。

六、身体发生突发事件时的自救措施

1. 急性肠胃炎

旅行时吃了腐烂变质的食物，除腹疼、腹泻外，还会伴有发烧和虚弱的症状，此时，应该多喝些矿泉水和淡盐水，也可以采取催吐的方法将食物吐出来。

2. 中暑

遇上闷热潮湿的气候，人体散热困难，若活动量增大，体内热量增加，容易使体内热量储积过多，当超过人体耐受程度时便发生中暑，这时可以用清凉油或风油精涂抹太阳穴，一般能很快好转；较为严重时要平卧，用湿冷毛巾盖在头部，用冷开水或白酒擦身，同时用扇子扇风，促进皮肤降温，或者喝一些凉白开、清凉饮料等，必要时送医院治疗。

3. 发生外伤

少量出血可用手指直接压在伤口上方，或者用毛巾敷在伤口上后用手施压。严重出血时应采用止血带止血法。

4. 发生骨折

骨折或者扭伤后，不要勉强行走，防止伤处受力。接着可用冷水冷却患处，切忌按摩或热敷。然后用木板等夹住患处，用绷带固定。外露的骨片不要推回体内，避免感染。

5. 被毒蛇咬伤

应放低伤肢，用绷带包扎伤口上方（近心端）用清水或者肥皂水冲洗伤口，用清洁刀片切开创口挤出毒液，或者用瓶子吸出，并紧急送医院治疗。

6. 被蚊虫蜇咬

一般情况下，被蚊子、毛毛虫、蝗虫等昆虫叮咬后，用风油精、清凉油或者红花油涂抹在患处即可。如果是被蜜蜂、马蜂蜇伤，应先将残留的毒针剔除，然后用清水冲洗，如果有条件，对蜜蜂蜇伤处用肥皂水等碱性水清洗，对马蜂蜇伤用醋等酸性水溶液清洗。

思考题

(1) 郊游、野营时需要注意的事项和自救方法是什么？

(2) 登山时需要注意的事项和自救方法是什么？

(3) 游泳时需要注意的事项和自救方法是什么？

(4) 户外活动时身体有可能发生哪些突发问题？该怎么应对？

扫一扫，进入陕西交院"大学生安全教育"微课

第十三章　实习与求职安全

毕业，意味着走出学校大门；求职，意味着跨入社会之门。你知道实习及社会实践中会遇到哪些安全问题吗？办理出国留学的过程中应该注意些什么呢？求职时要面对哪些问题呢？

第一节　兼职及社会实践安全

一、参加兼职或者社会实践时容易发生的安全隐患

1. 诈骗

用虚构事实或者隐瞒真相的方法骗取财物的行为。

2. 传销

指组织者或者经营者发展人员，通过对被发展人员及其直接或者间接发展的人员数量或者销售业绩为依据计算和给付报酬，或者要求被发展人员以缴纳一定费用为条件取得加入资格等方式取得利益。

3. 劳动纠纷

劳动关系当事人之间因劳动的权利与义务发生分歧而引起的争议，又称劳动纠纷。其中有的属于既定权利的争议，即因适用劳动法和劳动合同、集体合同的既定内容而发生的争议，有的属于要求新的权利而出现的争议，是因制定或变更劳动条件而发生的争议。

4. 性骚扰

性骚扰指以性欲为出发点的骚扰，以带性暗示的言语或动作针对被骚扰对象引起对方的不悦感，只要言语或行为令他人感到不悦或有被冒犯的意图，且被认定存有性相关的暗示，都算是性骚扰。

二、打工时如何防诈骗

案 例

大一暑假，小单在QQ群里找到了一份打字员的兼职，对方给小单发过来一张简历表，其中包括姓名、身份证号、电话号码和银行卡号等重要个人信息。随后对方通过平台发送一条验证码到小单的手机上，声称为防止工资发放出错，需要小单将验证码告知公司，以便核对是否为本人。小单没有多想，赶紧将手机收到的"验证码"给对方发送了过去，然而没几分钟小单手机就收到一条提示短信说他的银行卡被转走1 000元。身份证号、银行卡号、验证码等都是必须妥善保管的信息，而小单却轻易将这些重要信息发给网上的陌生人。骗子正是看上了学生的这种单纯，于是不断地将魔爪伸向他们。

找工作时如何才能不被骗呢？下面是防范诈骗的八招。

1. 通过同学或老师

有的同学已经找到了正规的单位，可以通过他们介绍并推荐，当然也要谨防传销组织"同学拉同学"的情况。除了同学介绍外还可以通过老师介绍，这样得到的工作更可靠。

2. 通过知名网站推荐

通过网络找工作是当下最便捷的方式之一，找工作的网站多得让人眼花缭乱，而知名网站信息真实、功能完善且对一些招聘企业有过考察，只有通过知名网站投简历、找工作才是最安全的。

3. 选择正规且稍有规模的企业

正规且稍有规模的企业一般都有正规的运营模式，并且在社会上有一定的知名度和信誉度。在管理上也会对实习或兼职的员工统一备档监管，并进行相关技能培训，这样的企业不仅安全，而且对学生的提升也有很大的帮助。

4. 选择适当的工作

找工作时一定要选择适当的工作，尤其是女生，一定要远离有性侵隐患的工作。

5. 利用学校的勤工助学中心

学校的勤工助学中心，是专门为在校大学生寻找工作的地方，且校内的工作比较多，即便是校外的工作也是经过中心人员仔细考察、筛选的，比较可靠安全。

6. 利用网络辨真伪

对找到的工作存在疑惑时，可以在网络上搜索"公司名+诈骗"，或使用360安全浏览器，开启"网站名片""网站照妖镜"等功能，利用网络辨真伪。

7. 谨慎对待校园张贴的招聘广告

学校内的广告栏中常有很多的招聘广告出现，虽广告贴在学校里，可贴广告的人却鱼龙混杂，不乏骗子，当看到学校的广告栏中有招聘广告时要再三谨慎辨别。

8. 谨慎对待人力资源公司

人力资源公司是以"人力资源"为主要业务的公司,主要业务有职业培训、代理招聘等。但很多骗子也会伪装成"人力资源公司"来骗钱,遇到这样的公司一定要谨慎辨认,避免受骗。

三、如何防范传销

1. 如何辨别传销组织

传销组织通常有三个特点:

(1) 以时髦的说法"招聘上岗",招聘职位多为销售类。传销公司在骗人加入时,会利用很多时髦的说法,如网络直销、加盟连锁、人际网络、网络销售、框架营销、连锁销售、1040阳光工程、纯资本运作、人力资源连锁业、资本运作等。

(2) 许诺高回报、挣大钱。传销组织为了留住骗来的人,一般会先"洗脑"7天,这7天中不断地许诺会挣大钱、是国家扶持的项目、一般人享受不到等。绝大多数人经过7天"洗脑"已经完全受控制,对这个组织深信不疑。

(3) 要求缴纳"会费""提货款"等。传销组织一般在给骗来的人"洗脑"后要求缴纳高额的会费,比如,一份3 800元左右,并承诺只要邀请自己的父母、子女、同学、朋友来就可以有奖励等。

除了以上三个特点,我们还可以在网络上获得辨别传销组织的信息。

反传销网:反传销网是一个反传销门户网站,有很多真实具体的案例,同学们可以仔细阅读一些案例,就会发现传销组织对人宣传、"培训"时那些千篇一律的"话术",全是套路。

国家工商机构网站:国家工商机构网站主要是审查公司的资质和信用,为查询公司的真实性提供参考。现在有些传销公司打着"微商""P2P投资""海外贸易"的旗号,注册公司也是真的,但是并没有实际的海关、货仓、销售收入等具体数据,而这些都是可以通过咨询律师在相关的网站进行查询的。

没有哪个公司的员工会像传销人员一样,不厌其烦地跟你诉说他们有多好、多赚钱、机会多难得,邀请你去参与"一个事业""一个项目"。要警惕,谨防被洗脑的同学、亲人拉人头。

2. 误入传销怎么办

(1) 克服恐惧心理。误入了传销组织,一定要克服恐惧心理,沉着冷静,不做过激的行为,比如,跳楼、拿刀伤人等。

(2) 冷静周旋。传销组织一般都会把骗来的人带到一个他们所谓的"基地",然后开始"洗脑"。这期间会有其他传销人员看管,没有自由的活动空间。在找到稳妥的逃离方法前,一定要冷静周旋,牢记传销是非法的、骗人的。

(3) 保管好身份证、银行卡、手机等物品。如怀疑自己落入了传销组织,要马上跟自己的朋友或家人联系,提醒他们即时报警,更要注意把身份证、银行卡、手机等物品藏起来,不要落入对方手中。

(4) 装病。如果误入了传销组织,可以通过装病外出就医的机会逃跑或报警。

(5) 记住地址,伺机报警。当确定落入传销组织后,要尽力掌握所处的具体位置、楼栋号、门牌号或附近标志性建筑,为报警做准备。

(6) 写纸条求救。如果误入了传销组织,可以在对方不跟随的时候,如上厕所时,偷偷写好求救纸条,趁人不备从窗户扔出求救,这要根据当时的环境随机应变。

(7) "妥协"。这里说的妥协并不是真的妥协,如果被看得很紧,可以假装已经完全被他们"洗脑",骗取对方信任,等对方放松警惕时,再寻找机会逃离。

(8) 利用上街和考察时机逃跑、求救。传销组织一般会给人上街或考察的机会,这也是逃跑的好机会。一旦有机会逃脱,要毫不犹豫,想各种办法挣脱紧跟的其他传销人员,求救并报警。

四、如何处理劳动纠纷

案 例

暑假的时候,小芳在一家超市打了十几天的工。去之前说好工作的最后一天结算全部工资,小芳每天顶着大太阳在街上发传单,又累又晒,最后却没拿到钱。当时小芳也不知道怎么办,不懂得维权,只能自认倒霉,白干了十几天。

案例中有这样一个细节"去之前说好工作的最后一天结算全部工资",小芳跟超市之间只是口头约定,而没有签正式的协议,到最后没拿到钱还不懂得维权。为什么会发生这样的事情呢?究其根本是小芳不知道该怎么保护自己。我们要知道,学生暑期打工期间并不属于劳动法管理的范围。法律规定,暑假期间企业与打工的学生是受民法管理的雇佣关系,企业对学生暑期打工不用缴纳保险,不用实行八小时工作制。

1. 如何保护打工者的权益

与用人单位签订劳务合同、用工协议。

协议包括:

工作时间:每天的工作时间、工作的天数。

工作要求:工作的内容。

工资报酬:工资多少、工资结算方式、加班补助多少、结算方式。

2. 发生劳动纠纷怎么办

(1) 如与用工单位发生了劳动纠纷,立刻拿着之前签订的劳动协议向当地劳动仲裁部门进行投诉。

(2) 如企业没有与你签订协议,可通过工作证、工资条、考勤记录、出入证等来记录与单位存在的劳动关系。

(3) 如有协议外的加班,要留好通知加班的手机短信、可证明是单位所发的节假日加班表等证据,还有拍照、录音等,把能证明劳动关系的证据提供给劳动仲裁部门。

即便是兼职工作也要与单位签订用工协议，并留存好所有与单位有关系的证据。

五、如何应对家教中的性骚扰

案 例

小菲是一名大一新生，通过报纸上的广告，找到了一份给初中男孩做家教的工作，第一次去时，小菲就发觉男孩的父亲用一种怪怪的眼光打量她，因为有男孩的母亲在，又是初次见面，也就没太在意。一次，小菲去上课，正巧男孩的母亲不在家，男孩的父亲表示小菲很辛苦，特意做了几个菜留她在家吃饭。开始小菲一再拒绝，但经不住对方的再三挽留，只好答应留下一起吃饭。吃饭时，男孩的父亲借劝酒之机一下子抓住小菲的手不放，说："小妹妹你真漂亮，今晚上陪我多喝几杯……"小菲吓得不知所措。

案例中的小菲没有找工作的经验，更没想到会遇到一个"色魔家长"。但看完小菲的故事后，也没必要对找家教望而生畏，只要坚持做到以下几点，家教还算是一个不错的工作。

1. 家教工作不能随意找

家教一般是一对一或一对几人地进行授课，授课地点一般是学生家里，因地点和人员的特殊性，所以，家教最好是通过学校的勤工俭学中心来找，这样能保证消息的来源是真实的，或者是老师推荐，这样能保证请家教的人是正常的。

2. 对学生的家庭环境有所了解

上课之前一定要对学生的家庭环境进行初步了解，如：学生的父母在上课时是不是在家，如果在家是父亲在家还是母亲在家，父母亲是做什么工作的，等等。如发觉不对劲，要立刻放弃这份工作。

3. 尽量避免男女单独共处

做家教应注意：不单独前往异性家中，要结伴而行，不与异性家长单独共处一室，不到偏僻的地方去做家教。

4. 该拒绝的一定要果断拒绝

做家教时要时刻提高警觉，言行坚定，上课按时来，下课立刻走，不给他人可乘之机，更不要随意接受异性单独的邀请和馈赠，该拒绝的一定要果断拒绝。

上述案例在发生过程中，由于男方对当事人还没有产生实质性的侵害，所以，在法律上也难以给予相应的制裁措施，只能从道德上予以谴责。因此，请保护自己，规避这种情境！

六、家教中的陷阱

案 例

某高校大二学生依依在街上举着家教求职牌等待机会。一男青年称自己即将上高三，需补习英语。求职心切的依依没多想，跟着他来到他的家中。男青年一进门就将门反锁，提出非分要求。遭拒绝后，双方发生激烈争斗。争斗中，依依打了他一记耳光，更激怒了该男青年。他将依依按在床上刺了148刀，还用菜刀在依依面部砍了5刀。

如果依依不是通过在街上找工作，如果男子提出需要补习英语的时候依依能够多考虑一下，如果依依不是孤身一人跟一个陌生男子来到家中，或许这个惨剧就不会发生。

1. 家教陷阱有哪些

（1）冒充家长实施犯罪。

犯罪分子经常会冒充家长请大学生当家教，然后伺机抢财、劫色，甚至害命。

（2）家教中介。

一些家教中介机构以"办理会员卡即可长期优先获得家教需求信息"为由，要学生缴纳一定费用成为会员，交钱后，却只等来一两次的试讲机会，或根本等不来试讲的机会。

（3）别有用心，图谋不轨。

有的人以请家教为名骗取女大学生信任，等大学生决定做家教之后又提出"包二奶"等各种非分的要求。

（4）无诚意地反复要求试讲。

有的学生家长不断地请不同的大学生到家里试讲，但每次都表示不满意。因为是试讲，学生们拿不到报酬，而其孩子却得到了无数次免费的家教服务。

2. 如何避免家教中的陷阱

（1）通过正规渠道找家教工作，如通过老师、同学介绍或者是通过学校的勤工助学中心找。

（2）初次见面要谨慎观察，发现不对劲立刻离开。

（3）与同学结伴去单身异性家中。

（4）不在偏僻的地方或与异性独处的地方做家教。

（5）如果发生危险要随机应变，不要激怒罪犯，要与之周旋，切记生命最重要。

第二节　求职安全

大学年年扩招，就业压力年年增大，大学生就业问题更是引起了全社会的重视。可是大家一般更为重视的是如何就业，而对就业安全问题关心不够。大学生毕业后该如何找工作？签合同的时候应该注意什么？有哪些就业陷阱需要注意？

案　例

23岁的刘梅是某高校计算机专业的大学毕业生。2009年3月的一天，她在人才交流市场看到某软件开发公司招聘软件开发人员，试用期月薪2 000元，试用期满后，待遇从优，便投了简历。第二天就收到了面试通知，刘梅觉得自己非常幸运，毫无防备地去面试,令她没有想到的是,面试的公司办公条件非常简陋,办公室里除了一张大床外,什么办公用品都没有。该公司经理黄某见到她进来后,猛地将她按到床上,欲行不轨。慌乱中,刘梅咬破了黄经理的嘴唇,夺门而逃。经警方调查,黄某是无业游民,招聘广告中说的软件开发公司也是皮包公司。事后,黄某被拘留。

刘梅就是典型的没有安全意识的同学,只是看到了待遇好,却将自己的安全抛到了脑后,最后很有可能受到伤害。求职期间,我们需要注意防盗、防抢、防传销、防诈骗、防性侵。

一、如何避免掉入求职陷阱

即将走出校门的大学生,缺乏社会经验,在求职中往往处于弱势地位。一些别有用心的人更是利用大学生求职心切的心理,设置陷阱诱使大学生求职上当,导致求职受骗屡屡发生。

1. 求职陷阱的特点

(1) 设置陷阱的目的明确,一般都以敛取钱财、廉价征用劳动力和摄取毕业生智力资源等为目的。

(2) 设置陷阱的单位和中介大多是非正规公司,在招聘时不明确提供详细信息,如单位名称、具体位置、经营范围和招聘要求等。

(3) 提供的职位华而不实或追赶热门,与实际不符。

(4) 承诺给非常高的薪金,吸引毕业生。

2. 常见的求职陷阱

(1) 传销陷阱。

特征:传销的商品价格严重背离商品本身的实际价值,有的传销商品根本没有任何使用价值,参加人员所获得的收益并非来源于商品的合理利润,而是他人加入时缴纳的费用,这实际上就是一种欺诈活动。

温馨提示:毕业生在择业的过程中要全面了解用人单位的真实情况,调查一下该单位是否经过工商部门注册,一旦落入陷阱,要设法与当地公安部门或学校老师、同学取得联系。

(2) 承诺陷阱。

特征:高薪承诺,采取虚假的高薪诱饵来吸引求职者,当求职者上当后不兑现或人为设置兑现障碍。

虚设岗位,用人单位招聘时所承诺的工作和职位或用新名词、新概念包装的岗位与大学生到单位后实际从事的工作和职位有很大差距。

福利承诺:给出包吃住、免费培训、提供劳保福利、年终发红包等承诺,实际根本不兑现。

温馨提示:很多大学生因为急于就业而相信用人单位的一些口头承诺,常常在到岗之后与单位发生纠纷,应该充分利用就业协议的备注栏,将单位的承诺,如休假、住房补贴、解决户口、保险等明确写入备注栏，切实保障自己的合法权益。

（3）关系陷阱。

特征：打着同乡、同学甚至亲戚的幌子招聘大学生去工作，既不签合同，又不办理手续，一旦出现问题，就推卸所有的责任。或夸大自己的能力，承诺为大学生找工作，在得到大学生及其家长的信任之后，逐渐提出各种要求骗取钱财，再假称中间环节出现问题未能兑现承诺，其结果往往是大学生及家长钱花了很多，却不见工作的踪影。

温馨提示：找工作最好是凭自己的实力，到单位后跟公司签订合理的就业合同。如果是凭关系进入的单位，也要跟关系人讲清楚条件，办理相应的手续和合同。

（4）面试陷阱。

特征：招聘单位的面试地点是临时租赁的，如宾馆等。单位招聘时，设立层层考试，如面试、复试、笔试等，其实是利用考试手段骗取设计方案、程序等智力资源，到最后却以通知面试失败而结束。其实，那些单位根本没有招聘意向，只是通过这样的方式骗取资源而已。

温馨提示：如果面试的单位不是正规的地点，要坚决拒绝面试。对于要求完整设计稿和原始文件，并且给足了你时间去制作的公司要提高警惕，建议拒绝制作。

（5）试用陷阱。

特征：只签试用期合同，试用期超过法定期限后便以各种理由续签试用合同而不签正式合同。在试用期内支付较低工资，或随意解除合同，或要求大学生在试用期内承担违约责任等，廉价使用劳动资源，损害大学生合法权益。

温馨提示：在进入单位后，应敦促单位尽快签订劳动合同。试用期间，保存好工资签收单、工作证等证据，一旦与单位发生纠纷时便可以通过劳动仲裁来维护合法权益。

二、避免面试带来的伤害

案 例

川川是即将毕业的大四学生，参加了很多场的招聘会之后终于有了心仪的单位，令川川惊喜的是这个单位给出的待遇非常好，不仅比自己的同学拿到的工资高很多，而且还有很多的福利待遇，川川一心想去这个单位。就在面试的最后时刻，面试官提出，单位是一个非常负责的单位，会给新到的职工做各种职业培训，可是培训是要交钱的，而且公司还会给新到的职工每人定做一套工作服，工作服也是需要交钱的。川川想：这个工作这么好，给的福利待遇、工资都这么高，我要是不交钱，恐怕这么好的工作就没了。于是，面试当天就交了钱，并约定下周正式上班时签合同。可是当川川来上班的时候，发现面试的单位已经人去楼空了。

面试是单位挑选职工的重要手段，它能使公司和应聘者之间相互了解，从而双方都可更准确地做出聘用与否、受聘与否的决定。很多同学只顾着准备面试的资料，却忘了准备应对面试时的安全。

1. 要保持高度的警惕性

面试前一天可先到面试的地点考察，如面试地点偏远、隐蔽，那么面试时就要加倍小心，如单位临时改变面试地点或要求夜间面试时坚决拒绝。

2. 不轻信高待遇

面试过程中如对方所提工作内容空泛不具体，且给的待遇非常好时，不要被迷惑，这很可能是一个陷阱。

3. 不轻易出示重要信息

身份证、毕业证书及印章等不要交给他人，更不可轻易出示银行卡号及密码，以免不法分子有机可乘。如要求提供亲友名单、身份证号码等，亦有诈财之嫌疑，更要注意避免。

4. 学会果断拒绝

面试时果断拒绝喝对方递过来的饮料以及吃对方给的东西，一些不法分子很可能在饮料和吃食中加入了蒙汗药等有害药品，只要面试者吃了就会给他们行不法之事提供机会。面试时果断拒绝不合理的邀约和要求，进行面试的过程中，如果遇到用人单位要求高额的保证金或其他费用（如报名费、训练费、材料费等）时，一定要慎重，千万不要为了保住工作就盲目交费。

5. 走为上

如主试官说话轻浮，暧昧不清，眼神不正常等，这些都是危险的前兆，只要感觉到不正常的状况，要迅速以某种借口离开面试地点。

6. 提前防备

面试时最好有同学陪同前往，并备有适当的防范器物。尤其是女性，要避免夜间到偏僻的地点面试。如果无法结伴而行，至少要将自己面试的时间、地点、场所及电话号码等告诉辅导员或同学。

三、如何签合同

劳动合同是劳动者与用人单位确立劳动关系，明确各自权利和义务，也是劳动争议发生后处理争议的重要依据。劳动合同的签订，不仅事关个人在薪酬福利、保险等方面的物质利益，还涉及诸多培训、晋升等个人长远发展问题，因此，必须慎重对待。

案 例

小王是刚毕业的大学生，通过招聘会找到了自己心仪的工作，因为是第一次跟用人单位签合同，没有什么经验，根本没有仔细看合同的内容就签了。工作一个月之后，满心期待发工资的小王等来的却是公司总部在验资，单位20亿资金不能动。小王一听公司有20亿资金肯定不会克扣自己那一点钱的，于是就等了一周。一周后公司还是以各种理由不发钱，小王很气愤想要辞职拿钱走人，可是，公司却说如果现在辞职的话一分钱都拿不到。无奈小王拿出合同跟公司沟通,却发现合同中根本没有规定发工资的日期、工资额度以及公司的一些义务,两页纸的合同全是小王在工作中应该履行的义务。小王只能拿着打卡记录到劳动仲裁部门投诉。

小王明显是掉入了用人单位设置的合同陷阱,常见的合同陷阱有哪些呢?

1. 比较常见的合同陷阱

(1) 格式条款。单位按照合同范本事先打印好聘用合同,表面看来合同格式规范,但实际条款表述含糊,因此,一旦发生劳务纠纷,用人单位便会按照合同为自己辩护。

(2) 霸王合同。单位严重违反国家相关规定,只约定应聘方有哪些义务、违约责任,且常常是高代价的违约责任,但对于应聘方的权利却没有实质性说明。

(3) 生死合同。单位为逃避责任,违反国家法律规定,签订合同时,要求应聘方接受合同中的"生死协议",即一旦发生病、伤、残、亡等意外事故,单位不负责。

(4) 保证合同。单位违反法律规定,把不合理要求以保证书的形式附于劳动合同上,以此来约束应聘者。

(5) 双面合同。单位与应聘者签订两份合同,一份按照国家规定签订,应付有关部门的监督检查,另一份中可能含有较多不合理规定,这才是双方真正履行的合同。

2. 签合同时的注意事项

(1) 详细了解。签合同前,先了解单位的基本情况,如单位的成立年限、经营状况、用人机制、晋升制度、培训体系、发展方向、老板的人品等。明确应聘职位的工作内容是否与自己的职业发展方向契合,单位的稳定性如何,自己的职业能力是否能够得到提升等。

(2) 要明确试用期期限和合同期限。签一年合同的试用期为一个月至三个月,最多不能超过三个月;若试用期为六个月的,合同期限必须超过三年;试用期最长不超过半年。

(3) 劳动合同中的内容要全面。劳动合同中的内容一定要全面,尤其是一些必备内容一定要在合同中体现,如劳动合同期限、工作内容、劳动保护、劳动条件、劳动报酬、社会保险和福利、劳动纪律、劳动合同终止的条件、违反劳动合同的责任等内容。

(4) 一定要签书面合同,并且自己保留一份。有的单位不愿意与职工签订书面劳动合同,想以此逃避责任。劳动者决定在用人单位上班之前有权要求与用人单位订立合同且必须是书面合同,一式两份,公司一份,劳动者一份。

(5) 试用期也要签合同。试用期签合同这一点不能忽略,有些单位在试用期内,不与职工签订劳动合同,解释为转正后再签。一旦试用期满,又会找种种借口辞退员工,这样用人单位可以不对劳动者负任何责任,但是对于劳动者来说就吃亏了。

(6) 合同的字句一定要完整。劳动合同字句要完整、准确、清楚,不能用缩写、替代或含糊的文字表达,否则就可能在劳动合同执行的过程中产生误解或曲解,从而带来不必要的麻烦或争议,给用人单位和劳动者双方造成损失,也会为合同争议的处理带来困难。

(7) 要明确违约责任。不少单位为了"留住"应聘者,以高额违约金约束应聘者。这时应聘者应该在协商中力争将违约金降到最低,通常违约金不得超过5 000元。

四、报到证和三方协议

案例1

"我的身份证丢了要补办,我的户口和档案是不是在你们这里?"小伙子手里拿着一张皱皱巴巴的报到证询问工作人员,一看报到证,他已经毕业五年了,"一毕业我就到一家公司打工,报到证一直放在身上,以为我的手续会自动放到就业指导中心呢。"前两天,他要买飞机票发现身份证不见了,赶紧补办,才想起这件事情。工作人员表示,这种情况只能是先拿报到证和户口迁移证办理落户,不可能马上完成身份证补办。

小伙子就是没有把报到证当回事,以为只要自己拿着不弄丢就没问题,其实报到证的作用非常大,大学生毕业之后,要尽快办理报到手续,包括档案寄存、户口落户等。

案例2

小勇2008年毕业,他的就业报到证显示派遣地为某省毕业生人才市场,可是五年来他都没有去报到。现在找到下一家工作,单位要他的档案,关系到工龄计算的问题。可工作人员表示,像小勇这种情况,这五年时间是算作工龄的。

小勇也是典型的没有把报到证当回事的同学,到最后只能浪费五年的工龄。报到证是大学生从校园走向社会就业岗位的重要凭证,十分关键,它涉及今后的户籍办理、工龄计算等。按照规定,只有毕业生走完报到手续之后,才能开始正式算工龄,如果不报到,那么该毕业生的工龄就不能计算。

案例3

"我找到新单位了,现在单位要我的档案,能不能改派啊?"一名男生着急得满头大汗,单位让他在这个月完成调档手续。工作人员发现他已经派遣过单位,而且已经有两年了。工作人员解释,这种情况不能改派,只能走工作调动。该男生更加着急了,毕业之后他与一个单位签了协议,工作不到半年就离开了。这么长时间,与原来单位再也没有联系过,那家单位也不知道还在不在。工作人员表示,如果原单位不存在了,意味着档案丢失了,那么他的麻烦就大了,甚至连工作调动也没办法进行,这都是没有在规定时间内办改派造成的"恶果"。

一些大学毕业生毕业的时候虽然找到了工作,工作一段时间后选择了"跳槽",可是没有再去理会就业报到证改派的事情,直到新单位要本人的档案等手续时才想到要改派,往往已经过了改派的期限,只能履行工作调动手续。案例中的男生就是这种情况。

以上三个案例都是"报到证"惹的祸,可是你知道报到证是怎么来的吗?这还得从三方协议说起。

1. 三方协议

三方协议,就是学校、学生本人、工作单位三方就毕业生离校后就业工作落实所签署的一份协议书，三方协议作为国家统计大学生就业率的一个根据，同时也是国家派遣证发放的一个证明。只有签署了三方协议，拿回学校，学校才会在学生毕业后将派遣证发给他，而毕业生拿着派遣证到工作的单位报到后，就开始计算工龄而且也就拥有了职工身份。

签三方协议要留心以下几个细节：

（1）要看填写的用人单位名称是否与单位的有效印鉴名称一致，如不一致，协议无效，填写自己的专业名称时，要与学校教务处的专业名称一致，不能简写。

（2）外企、合资企业、私企一般采用试用期，根据合同期的长度，可以1~3个月不等，通常试用期为3个月，不得超过6个月。国家机关、高校、研究所一般采用见习期，通常为1年。

（3）当下许多高校为了提高就业率，要求学生找熟人亲属签订"虚假"协议，这对于毕业生来说是不利的。

（4）学生在签订协议时，要严格按照规定的步骤进行。等用人单位填写完毕、盖章后再到学校就业指导中心鉴证盖章。切忌自己填写完毕后就直接到学校毕业生就业指导中心要求盖章。这样带来的后果是，单位在填写时，工资待遇等与过去承诺的大相径庭。学生却因为自己和学校已经签字盖章，回天乏力，或者被动接受，或者就被迫违约赔偿用人单位。

2. 报到证

派遣证一式两份，一份是派遣证，另一份是报到证。

派遣证会在毕业生毕业后放入其档案。报到证的全称是全国普通高等学校本专科毕业生就业报到证，由教育部直接印制，省级高校毕业生就业管理部门单独签发，列入国家就业计划的毕业生才能持有效报到证件。用人单位以报到证为依据，接收安排毕业生工作，并接转毕业生的人事档案、户口迁移手续等，报到证代表了毕业生的干部关系。报到证只能一人一份，由其他部门印制或签发的报到证无效。毕业生对报到证要妥善保管，不论什么原因，凡自行涂改、撕毁的报到证一律作废。如报到证遗失，应由毕业生本人向学校就业办公室提出申请，由学校核实后，出具证明材料，毕业生本人持证明材料到省级高校毕业生就业指导中心办理报到证遗失证明。

报到证的作用：

（1）报到证是教育主管部门正式派遣毕业生的凭证。

（2）报到证是毕业生到用人单位报到的凭证，凭报到证报到以后，方可开始计算工龄。

（3）报到证是用人单位接收毕业生的重要文字证明。

（4）报到证是任何一个合法的人才中心、档案管理机构接收毕业生档案的证明。

（5）报到证是用人单位给毕业生落户、接管档案的重要凭证和依据。

（6）报到证证明持证的毕业生是纳入国家统一招生计划的学生。

（7）报到证是毕业生的干部身份证明。如果没有报到证，毕业生将会失去干部身份，而且人才中心无法接收毕业生的档案。

对于普通高校正式应届毕业生来说，在现有体制下，报到证的作用必将影响其毕业之后的生活。

(1) 如何准备简历?
(2) 常见的求职陷阱有哪些?
(3) 如何避免面试带来的伤害?
(4) 签合同的时候需要注意哪些问题?

扫一扫,进入陕西交院"大学生安全教育"微课

参 考 文 献

[1] 张果. 当代大学生意识形态安全教育研究 [M]. 北京：人民出版社，2016.

[2] 杨韶春，石宇. 大学生安全教育 [M]. 南京：东南大学出版社，2015.

[3] 侯光明. 大学生安全知识 [M]. 北京：机械工业出版社，2014.

[4] 徐明江，等. 大学生安全教育教程 [M]. 北京：中国传媒大学出版社，2012.

[5] 肖波. 大学生安全教育 [M]. 成都：电子科技大学出版社，2011.

[6] 朱玲. 大学生安全教育知识读本 [M]. 武汉：华中师范大学出版社，2012.

[7] 王秀章. 大学生安全知识指南 [M]. 北京：中央编译出版社，2011.

[8] 周全厚，高飞. 防范与对策——大学生安全教育 [M]. 北京：新华出版社，2013.

[9] 陈伟珂，赵军. 大学校园公共安全应急知识手册 [M]. 天津：天津大学出版社，2013.

[10] 南京大学军事教研室. 大学生国家安全教育的根本遵循 [N]. 中国社会科学报，2019-08-22（007）.

[11] 许永华. 新自由主义思潮对高校大学生消极影响的三重维度——兼论有针对性的提高意识形态安全教育 [J]. 教育现代化，2019，6（55）：234-235.

[12] 姜毅，何恩节. 新时代大学生安全教育课程教学模式转变探索 [J]. 高教学刊，2019（13）：61-63.

[13] 况亚勇. 大学新生安全教育意识的培养与实施 [J]. 产业与科技论坛，2019，18（12）：186-187.

[14] 黄北京. 新时代环境下大学生安全教育课程改革探索 [J]. 教育现代化，2019，6（48）：69-70.

[15] 韩丹丹. 大学生意识形态安全教育制度化建设初探 [J]. 职业，2019（16）：28-29.

[16] 林捷，付玉春. 以易班平台为载体开展大学生安全教育探析 [J]. 教育现代化，2019，6（43）：105-107.